Caro aluno, seja bem-vindo!

A partir de agora, você tem a oportunidade de estudar com uma coleção didática da SM que integra um conjunto de recursos educacionais impressos e digitais desenhados especialmente para auxiliar os seus estudos.

Para acessar os recursos digitais integrantes deste projeto, cadastre-se no *site* da SM e ative sua conta.

Veja como ativar sua conta SM:

1. Acesse o *site* <**www.edicoessm.com.br**>.
2. Se você não possui um cadastro, basta clicar em "Login/Cadastre-se" e, depois, clicar em "Quero me cadastrar" e seguir as instruções.
3. Se você já possui um cadastro, digite seu *e-mail* e sua senha para acessar.
4. Após acessar o *site* da SM, entre na área "Ativar recursos digitais" e insira o código indicado abaixo:

FY9CB - ZNNX2 - JRQKU - NDQ5A

Você terá acesso aos recursos digitais por 12 meses, a partir da data de ativação desse código.

Ressaltamos que o código de ativação somente poderá ser utilizado uma vez, conforme descrito no "Termo de Responsabilidade do Usuário dos Recursos Digitais SM", localizado na área de ativação do código no *site* da SM.

Em caso de dúvida, entre em contato com nosso **Atendimento**, pelo telefone **0800 72 54876** ou pelo *e-mail* **atendimento@grupo-sm.com** ou pela internet <**www.edicoessm.com.br**>.

Desejamos muito sucesso nos seus estudos!

Requisitos mínimos recomendados para uso dos conteúdos digitais SM

Computador	Tablet	Navegador
PC Windows • Windows XP ou superior • Processador dual-core • 1 GB de memória RAM **PC Linux** • Ubuntu 9.x, Fedora Core 12 ou OpenSUSE 11.x • 1 GB de memória RAM **Macintosh** • MAC OS 10.x • Processador dual-core • 1 GB de memória RAM	**Tablet IPAD IOS** • IOS versão 7.x ou mais recente • Armazenamento mínimo: 8GB • Tela com tamanho de 10" **Outros fabricantes** • Sistema operacional Android versão 3.0 (Honeycomb) ou mais recente • Armazenamento mínimo: 8GB • 512 MB de memória RAM • Processador dual-core	**Internet Explorer 10** **Google Chrome 20** ou mais recente **Mozilla Firefox 20** ou mais recente Recomendado o uso do Google Chrome Você precisará ter o programa Adobe Acrobat instalado, *kit* multimídia e conexão à internet com, no mínimo, 1Mb

Para **Viver Juntos**

GEOGRAFIA

ENSINO FUNDAMENTAL 6º ANO

6

São Paulo,
3ª edição
2014

sm

Fernando dos Santos Sampaio
Bacharel em Geografia e Doutor em Geografia Humana pela Universidade de São Paulo (USP).
Professor de Geografia em escolas das redes pública e particular e na
Universidade Estadual do Oeste do Paraná (Unioeste).

Para Viver Juntos – Geografia 6
© Edições SM Ltda.
Todos os direitos reservados

Direção editorial	Juliane Matsubara Barroso
Gerência editorial	Angelo Stefanovits
Gerência de processos editoriais	Rosimeire Tada da Cunha
Coordenação de área	Fábio Bonna Moreirão
Edição	Maria Izabel Simões Gonçalves, Sérgio Paulo Nunes Teixeira Braga, Diogo Costa Gomes, Teresa Hollanda, Denise Costa Felipe
Consultoria	Aline Cavalcanti, Bruno Simões Gonçalves, Camila Salles de Faria, Dalila Pinheiro, Rosemeire Morone, Waldiney Gomes de Aguiar
Assistência de produção editorial	Alzira Aparecida Bertholim Meana, Flávia R. R. Chaluppe, Silvana Siqueira
Preparação e revisão	Cláudia Rodrigues do Espírito Santo (Coord.), Eliana Vila Nova de Souza, Fátima Cezare Pasculli, Fernanda Oliveira Souza, Izilda de Oliveira Pereira, Maíra de Freitas Cammarano, Rosinei Aparecida Rodrigues Araujo, Valéria Cristina Borsanelli, Marco Aurélio Feltran (apoio de equipe)
Coordenação de *design*	Erika Tiemi Yamauchi Asato
Coordenação de arte	Ulisses Pires
Edição de arte	Alexandre Pereira, Angelice Moreira, Felipe Repiso, Luis Frederico Lida Kinoshita, Melissa Steiner Rocha Antunes, Ulisses Pires
Projeto gráfico	Erika Tiemi Yamauchi Asato, Aurélio Camilo
Capa	Erika Tiemi Yamauchi Asato, Aurélio Camilo sobre ilustração de Estúdio Colletivo
Iconografia	Andréa Bolanho, Jaime Yamane, Karina Tengan, Mariana Zanato, Pamela Rosa, Priscila Ferraz, Roberta Freire, Sara Alencar, Tatiana Lubarino Ferreira, Tempo Composto Ltda.
Tratamento de imagem	Claudia Fidelis, Ideraldo Araújo, Robson Mereu
Editoração eletrônica	Adriana Domingues de Farias, Equipe SM
Fabricação	Alexander Maeda
Impressão	Intergraf Ind. Gráfica Eireli

Dados Internacionais de Catalogação na Publicação (CIP)
(Câmara Brasileira do Livro, SP, Brasil)

Sampaio, Fernando dos Santos
  Para viver juntos : geografia, 6º ano : ensino fundamental
/ Fernando dos Santos Sampaio. — 3. ed. — São Paulo :
Edições SM, 2014. — (Para viver juntos ; v. 6)

  Bibliografia
  ISBN 978-85-418-0605-3 (aluno)
  ISBN 978-85-418-0606-0 (professor)

1. Geografia (Ensino fundamental) I. Título. II. Série.

14-06749   CDD-372.891

Índices para catálogo sistemático:
1. Geografia : Ensino fundamental 372.891

3ª edição, 2014

Edições SM Ltda.
Rua Tenente Lycurgo Lopes da Cruz, 55
Água Branca 05036-120 São Paulo SP Brasil
Tel. 11 2111-7400
edicoessm@grupo-sm.com
www.edicoessm.com.br

APRESENTAÇÃO

Diariamente, os meios de comunicação divulgam notícias sobre conflitos e confrontos no Brasil e em outros países, bem como diferentes versões para explicá-los. Por que conflitos ocorrem com frequência e, muitas vezes, de forma violenta? Quais interesses estão em jogo e quem faz a mediação entre as partes envolvidas?

Você já deve ter percebido que vivemos em uma sociedade em constante transformação, globalizada, tecnológica, competitiva e, sobretudo, fundamentada na produção, no consumo e na prestação de serviços. Por que a sociedade está organizada dessa forma? É preciso mudá-la? É possível mudá-la?

Para entender essa dinâmica social, que envolve questões políticas e econômicas, é preciso conhecer a relação entre os elementos naturais e a ação de diferentes grupos humanos sobre esses elementos.

A Geografia reúne conhecimentos que nos permitem refletir sobre as dinâmicas populacionais, os sistemas de produção, as desigualdades, os problemas ambientais, as relações de poder e outras questões. Nesta coleção, você vai encontrar caminhos para conhecer melhor o mundo em que vive e compreender as diversas relações que nele se estabelecem em diferentes tempos e espaços.

Você vai se surpreender com os conteúdos de cada capítulo e, além das consultas ao livro, poderá encontrar mais informações acessando a página desta coleção na internet.

Cada página é um convite à sua participação e ao seu envolvimento na busca por um conhecimento inclusivo, voltado para a construção de uma sociedade sustentável, justa e democrática.

Os autores

CONHEÇA SEU LIVRO

Um breve texto trata dos elementos centrais dos conteúdos que serão estudados no capítulo, mostrando a articulação entre eles.

Cada capítulo é iniciado com uma grande imagem relacionada aos conteúdos que serão estudados.

O que você vai aprender
Apresenta, de forma resumida, os principais conteúdos do capítulo.

Converse com os colegas
Traz questões para você e seus colegas conversarem sobre a imagem e também sobre os conteúdos que serão estudados.

Os capítulos estão divididos por módulos. Em cada módulo, além do texto principal, há imagens variadas relacionadas aos conteúdos. Palavras de compreensão mais difícil estão destacadas e são esclarecidas ao final do livro, no **glossário**.

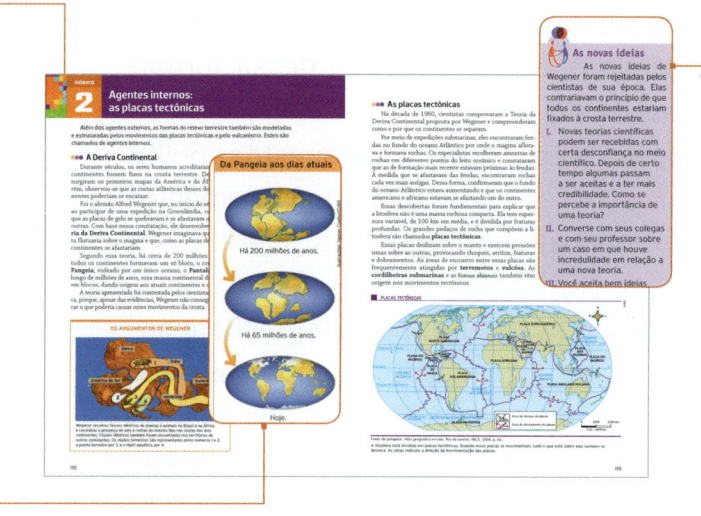

Boxe de valor
Nessa seção são apresentados temas para você discutir com os colegas. Esses temas visam relacionar o assunto tratado no texto principal à realidade em que você vive.

Há, ainda, boxes que trazem assuntos complementares e interessantes sobre os conteúdos desenvolvidos no texto.

Verifique o que aprendeu
Ao final de cada módulo, são propostas algumas perguntas que retomam os principais conteúdos estudados.

Atividades
Nessa seção você é convidado a verificar seu aprendizado por meio de descrições, comparações, leituras, elaboração de sínteses e críticas, levantamento de hipóteses.

4

Mundo aberto

Esta seção apresenta textos que promovem a valorização da pluralidade étnica e cultural e o respeito às diferenças.

Fazendo Geografia

Um momento para ler, comparar, interpretar e analisar diferentes representações cartográficas, como mapas, plantas e imagens de satélite, além de gráficos de diversos tipos.

Lendo Geografia

Aqui você é convidado a ler e interpretar textos citados por diferentes fontes, como jornais, revistas, livros, sites da internet, relatórios governamentais e institucionais.

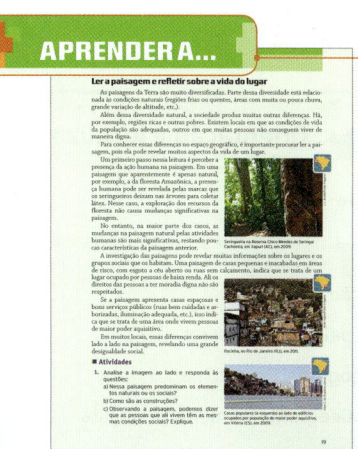

Aprender a...

Apresenta técnicas e procedimentos para que você possa realizar atividades práticas, como elaborar mapas e gráficos, ler e comparar imagens de satélite, construir instrumentos, montar um diário de viagem, entre outras.

Viajando pelo mundo

Por meio de texto, imagens, gráficos e mapas, apresenta diferentes aspectos (históricos, naturais, culturais, econômicos) e curiosidades sobre vários países do mundo.

Caixa de ferramentas/Projeto

Na seção **Projeto**, você e seus colegas vão trabalhar em grupo para desenvolver projetos relacionados aos assuntos estudados. Antes, a seção **Caixa de ferramentas** vai ensinar-lhes determinado procedimento que os auxiliará na realização dos projetos.

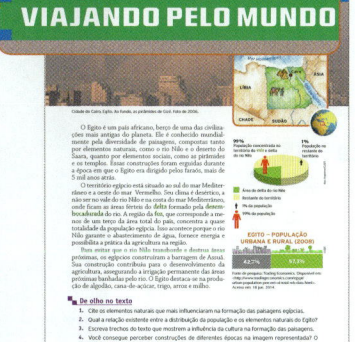

Questões globais

O capítulo é encerrado com novas atividades, que possibilitam aprofundar seus conhecimentos sobre os temas estudados nos diferentes módulos.

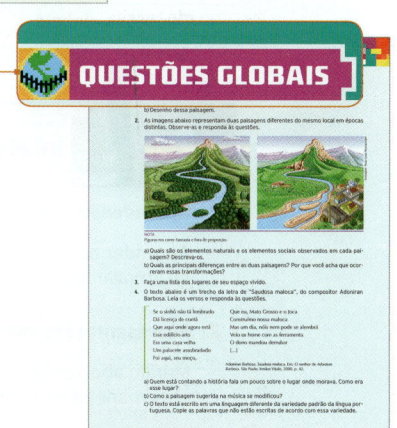

Síntese

Relaciona os principais conceitos estudados, compondo um resumo do capítulo.

Para saber mais

Aqui você encontra sugestões de leitura de livros e de sites da internet para aprofundar os conhecimentos sobre os temas estudados.

5

SUMÁRIO

1 Paisagem e lugar — 9

1. **Paisagem** 10
2. **Lugar e espaço vivido** 14
- **Aprender a...:** Ler a paisagem e refletir sobre a vida do lugar 19
- **Viajando pelo mundo:** Egito 20
- **Lendo Geografia:** O arraial de Meia Ponte 21
- **Fazendo Geografia:** Croquis geográficos 22
- Questões globais 24
- Síntese 25

2 Orientação e localização — 27

1. **Orientação** 28
- **Aprender a...:** Construir e usar uma bússola 33
2. **Localização** 34
- **Viajando pelo mundo:** Israel 38
- **Lendo Geografia:** Perdido nunca mais 39
- **Fazendo Geografia:** Imagem de satélite 40
- Questões globais 42
- Síntese 43

3 Interpretação cartográfica — 45

1. **Aprendendo a ler um mapa** 46
- **Aprender a...:** Utilizar a escala para reduzir ou ampliar objetos 51
2. **Representações cartográficas** 52
- **Mundo aberto:** Cartografia indígena: uma maneira diferente de criar mapas 57
- **Viajando pelo mundo:** Grécia 58
- **Lendo Geografia:** Mapas táteis como instrumento de inclusão social 59
- **Fazendo Geografia:** Elementos de um mapa temático 60
- Questões globais 62
- Síntese 63

Caixa de Ferramentas
Entrevista 64

4 O planeta Terra — 67

1. **A Terra no Sistema Solar** 68
2. **Os principais movimentos da Terra** 72
- **Aprender a...:** Simular a rotação da Terra 77
- **Viajando pelo mundo:** Noruega 78
- **Lendo Geografia:** Cenário: a Lua 79
- **Fazendo Geografia:** Representação de fusos horários 80
- Questões globais 82
- Síntese 83

5 A crosta terrestre 85

1. **A Terra** 86
   - **Mundo aberto:** Transformando lixo em produtos e empregos 93
2. **Combustíveis fósseis** 94
   - **Aprender a...:** Analisar um argumento 99
3. **Os solos** 100
   - **Viajando pelo mundo:** Nepal 104
   - **Lendo Geografia:** Desertificação 105
   - **Fazendo Geografia:** Utilização de símbolos em mapas 106
   - Questões globais 108
   - Síntese 109

6 Formação e modelagem do relevo terrestre 111

1. **Agentes externos: intemperismo e erosão** 112
   - **Mundo aberto:** O Parque Indígena do Xingu 117
2. **Agentes internos: as placas tectônicas** 118
   - **Mundo aberto:** Tradição indígena para salvar a pequena vicunha 123
3. **Agentes internos: vulcões e abalos sísmicos** 124
   - **Aprender a...:** Identificar planos de visão ... 129
4. **As unidades do relevo** 130
   - **Viajando pelo mundo:** Nova Zelândia 136
   - **Lendo Geografia:** A atividade humana agrava desastres naturais 137
   - **Fazendo Geografia:** O mapa como recurso para demonstrar uma teoria 138
   - Questões globais 140
   - Síntese 141

Projeto
Trabalho de campo 142

7 A hidrosfera terrestre 145

1. **A água na Terra** 146
2. **O uso das águas oceânicas** 150
3. **As águas continentais** 156
   - **Aprender a...:** Fazer e ler um gráfico de barras ... 163
   - **Viajando pelo mundo:** Escócia 164
   - **Lendo Geografia:** Haverá água para todos? 165
   - **Fazendo Geografia:** Representação de elementos com distribuição irregular 166
   - Questões globais 168
   - Síntese 169

8 A atmosfera terrestre 171

1. **A atmosfera** 172
2. **Elementos atmosféricos** 176
   - **Mundo aberto:** Quais são as pessoas mais atingidas pelos desastres naturais? 181
3. **Dinâmicas climáticas** 182
   - **Aprender a...:** Ler um climograma 187
4. **Poluição atmosférica e suas consequências** 188
   - **Viajando pelo mundo:** Peru 192
   - **Lendo Geografia:** As mudanças climáticas globais e as alterações na biosfera global ... 193
   - **Fazendo Geografia:** Representação da distribuição das chuvas 194
   - Questões globais 196
   - Síntese 197

9 A biosfera 199

1. **A composição da biosfera** 200
   - **Mundo aberto:** O capim dourado do Jalapão 205
2. **A atuação humana e os ambientes naturais** 206
   - **Aprender a...:** Construir um pluviômetro e medir a precipitação 211
   - **Viajando pelo mundo:** Tanzânia 212
   - **Lendo Geografia:** Relatório Planeta Vivo 213
   - **Fazendo Geografia:** Representação quantitativa da biodiversidade 214
   - Questões globais 216
   - Síntese 217

Projeto
Natureza em nossas vidas 218

Glossário 220

Referências bibliográficas 222

Paisagem é uma combinação dos elementos naturais e sociais que observamos em determinado momento, os quais são transformados pela ação da sociedade e pelos fenômenos naturais.

O **lugar** é o espaço em que vivemos e nos relacionamos com as outras pessoas. Nele estão nossa casa, nossa escola, as ruas por onde passamos. É no lugar que compartilhamos nossas alegrias e tristezas e também é lá que aprendemos as normas da sociedade da qual fazemos parte.

Paisagem e lugar

CAPÍTULO 1

Manaus (AM), 2011.

O QUE VOCÊ VAI APRENDER

- A paisagem e seus elementos
- As transformações da paisagem
- Os lugares do espaço vivido
- A relação entre os lugares e as pessoas

CONVERSE COM OS COLEGAS

1. A imagem ao lado representa uma parte da cidade de Manaus, capital do estado do Amazonas. Identifique e descreva os elementos nela retratados.
2. Quais dos elementos identificados na imagem também estão presentes no lugar onde você mora?
3. Há elementos na imagem que não existem no lugar onde você mora? Quais?
4. Entre as atividades econômicas praticadas em Manaus, estão o setor industrial, o de serviços, o de comércio e o de turismo. Que modificações na paisagem dessa cidade você acha que são provocadas por essas atividades?
5. Você conhece lugares com as mesmas características representadas na imagem ao lado? Em caso afirmativo, cite exemplos.

MÓDULO 1

Paisagem

Em nossas atividades cotidianas nos deparamos com diferentes paisagens em vários lugares. Identificar seus elementos e compreender seu significado são passos importantes para a análise do espaço geográfico.

●●● A paisagem na Geografia

Paisagem é tudo o que observamos em determinado momento. Todos os objetos e seres vivos presentes em um lugar são elementos que formam a paisagem. Esses elementos podem ser **naturais** ou **sociais**.

Montanhas, árvores, rios, mares, etc. são elementos naturais da paisagem.

Ruas, construções, pontes, indústrias, plantações e áreas de pastos são exemplos de elementos sociais da paisagem, pois foram feitos ou modificados pelas sociedades.

Os elementos naturais e sociais da paisagem estão em constante interação e transformação. Identificar e analisar esses elementos possibilita compreender tanto o espaço geográfico quanto as relações entre a sociedade e a natureza.

Além disso, quando observamos a paisagem ao nosso redor, podemos descobrir muitas coisas sobre a história do espaço geográfico. Ler a paisagem é um caminho para entender onde e como vivemos.

Nesta paisagem em Nova Petrópolis (RS), os elementos naturais e os sociais estão intimamente relacionados. Foto de 2010.

Paisagem com elementos naturais em Cachi, na Argentina. Foto de 2011.

Parte da cidade de Kammik, Eslovênia, em 2006, um exemplo de paisagem com muitos elementos sociais.

Modificações das paisagens

As paisagens transformam-se continuamente, como resultado da interação entre a ação da natureza e a ação humana.

A paisagem reflete as ações dos elementos naturais, como os rios, as chuvas, os ventos, os mares, entre outros. Também revela a maneira como as pessoas vivem, seus costumes e a relação que mantêm com a natureza.

A construção de pontes ou a canalização de um rio, o plantio ou a derrubada de árvores são exemplos de interferências sociais sobre os elementos naturais das paisagens. Essas modificações dependem das necessidades e dos interesses dos diversos grupos da sociedade.

Uma paisagem em que predominam elementos sociais, como uma cidade, também pode ser transformada por interferências naturais. É o que ocorre, por exemplo, quando uma chuva forte ou um terremoto destrói parte das construções.

O Grand Canyon, nos Estados Unidos, é um exemplo de transformação da paisagem pela ação da natureza. A ação da água do rio Colorado fez que o seu leito fosse escavado ao longo do tempo. Foto de 2006.

Além da natureza, outros fatores, como a cultura, influenciam na transformação da paisagem. Vista aérea de parte da cidade do Recife, em 2009.

Petra

Foto de 2009.

Petra é uma cidade da Jordânia caracterizada por construções esculpidas nas rochas pelos povos que habitaram a região. A cidade, considerada uma das Sete Maravilhas do Mundo moderno, representa um exemplo da transformação da paisagem natural pelo ser humano.

Compreender a paisagem e sua história

A observação detalhada das paisagens pode ajudar a compreender como as sociedades organizam o espaço, modificando a paisagem ao longo do tempo. Ajuda a entender também o modo de vida das pessoas naquele espaço, nas diversas épocas.

A imagem abaixo mostra o castelo de São Jorge, em Lisboa, Portugal. Preste atenção nas formas do castelo e nas construções do seu entorno.

Vista do castelo de São Jorge, erguido num dos pontos mais altos do centro histórico de Lisboa, Portugal. Foto de 2009.

Esse castelo foi construído entre os séculos X e XI. Ele já teve diversos usos – forte militar, residência real e prisão – e ainda conserva muitas características da época de sua construção. A observação atenta dessa antiga edificação nos fornece informações sobre aquele período.

Com o passar do tempo, a paisagem foi se transformando, e hoje o castelo divide espaço com casas e prédios construídos em épocas mais recentes.

A combinação das formas antigas com as recentes – ambas em constante transformação – compõe as paisagens. Assim, a paisagem é o resultado de diferentes alterações no espaço ao longo do tempo.

Patrimônio histórico

As paisagens do presente guardam marcas do passado, revelando muito sobre a época em que foram realizadas. Muitas dessas construções se tornam **patrimônio histórico** a ser protegido e preservado pelos órgãos públicos.

I. O edifício abaixo é patrimônio histórico e foi construído em 1910. Você acha que ele se mantém intacto, como na época em que foi construído, ou sofreu alguma alteração? Explique.

II. Comente dois aspectos da foto que remetam ao início do século XX e que não vemos em construções contemporâneas.

III. O que os órgãos públicos devem fazer para preservar um patrimônio histórico? E você, que tipo de ação pode ter para contribuir com essa preservação?

São Paulo (SP), 2007.

Verifique o que aprendeu

1. O que é paisagem?
2. Dê exemplos de elementos naturais da paisagem.
3. Dê exemplos de elementos sociais da paisagem.
4. Explique por que a observação das paisagens é importante no estudo da Geografia.

ATIVIDADES

1. Desenhe a paisagem que você observa da janela de sua casa.

2. Observe as paisagens representadas abaixo. Escreva os elementos naturais e os modificados pelos seres humanos em cada uma das imagens.

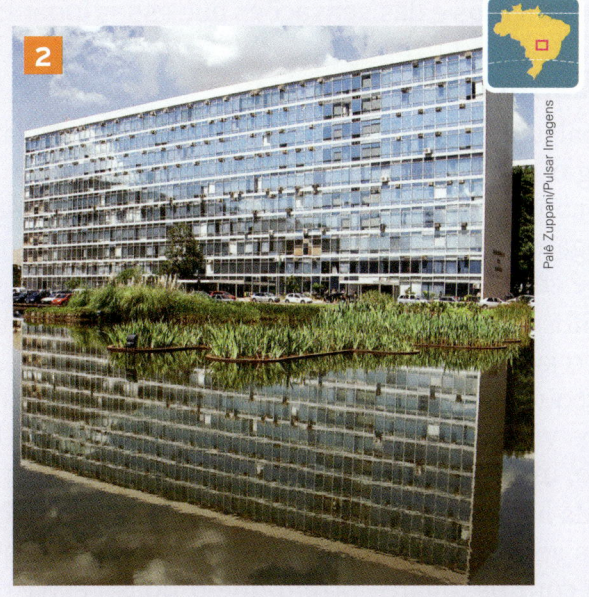

Plantação de milho em Santa Maria (RS), 2011.

Edifício ministerial em Brasília, capital do Brasil, 2009.

3. Você já percebeu como as paisagens se modificam com o tempo? Converse com pessoas mais velhas sobre as mudanças que aconteceram com o passar dos anos na paisagem do lugar onde está localizada sua casa. Depois, escreva um texto relatando o que você descobriu.

4. Observe com atenção as imagens da enseada de Botafogo, na cidade do Rio de Janeiro, no fim do século XIX e início do século XXI.

   Descreva a paisagem representada em cada imagem. Que modificações aconteceram com o passar do tempo? O que permaneceu? Levante hipóteses sobre as causas dessas transformações.

Vista da enseada de Botafogo, cerca de 1885.

Vista da enseada de Botafogo, 2007.

MÓDULO 2
Lugar e espaço vivido

Pense nos lugares que você frequenta. Como eles são? Quais os lugares de que você mais gosta? Reconstitua-os mentalmente e procure lembrar-se dos detalhes, dos sentimentos e das sensações que esses lugares despertam em você.

••• Espaço vivido

A palavra "lugar" tem diversos significados. Para a Geografia, **lugar** quer dizer cada um dos espaços em que uma pessoa vive e com os quais cria diferentes laços afetivos. O conjunto dos lugares onde cada indivíduo mora e cumpre sua rotina diária é chamado de **espaço vivido**.

O nosso espaço vivido é o nosso quarto, a nossa casa, a praça, o jardim. É também a rua em que moramos, os lugares que frequentamos e pelos quais nutrimos sentimentos. Os espaços vividos são os lugares que fazem parte do nosso cotidiano, incluindo os percursos que fazemos rotineiramente.

Cada lugar tem um significado para cada pessoa. As vivências, as sensações, os sentimentos, as relações que estabelecemos com os lugares fazem que o nosso espaço vivido seja único. O lugar é uma pequena parte do espaço geográfico, definido como o espaço ocupado e transformado pelas pessoas ao longo do tempo.

No Rio de Janeiro (RJ), em 2010, crianças jogam bola em rua decorada para a Copa do Mundo, realizada no mesmo ano na África do Sul. A rua onde você brinca, joga bola e anda de bicicleta faz parte do seu espaço vivido.

●●● Cultura e espaço

As relações que os seres humanos estabelecem entre si e com os lugares em que vivem são muito diversificadas. Essas relações são influenciadas, entre outras coisas, pela natureza e pela cultura de cada grupo social. Entende-se como **cultura** o conjunto de valores, crenças, conhecimentos e costumes de cada grupo humano, que o diferencia de outros grupos.

Marcas da cultura no espaço

O espaço reflete os hábitos, os valores, as crenças, os conhecimentos e a tecnologia, a tradição e a religião dos grupos humanos que o modificaram. O espaço traz marcas de diferentes épocas do passado, que se revelam no presente. Istambul, na Turquia, é uma cidade antiga na qual são facilmente identificáveis as transformações ocorridas durante muitos séculos. Nela, passado e presente convivem e testemunham um pouco da história de grupos humanos que habitaram e habitam a cidade.

Outro exemplo de transformação é o palácio de Versalhes, próximo à cidade de Paris, na França. Foi construído no século XVII, pelo rei Luís XIV, para abrigar a família real francesa e os membros de sua corte. O luxo e a grandiosidade são características desse palácio que evidenciam a cultura da época. Atualmente, o palácio é um museu.

Vista de parte da cidade de Istambul, na Turquia, em 2009, em que é possível observar construções antigas, como a mostrada em primeiro plano, e edificações mais recentes, como as que aparecem ao fundo.

O palácio de Versalhes foi sede da corte francesa até o século XVIII; depois disso foi utilizado como hospital, prisão, quartel militar e, em 1837, foi transformado em museu. Conserva até hoje as características de sua construção original. Foto de 2007.

A influência da natureza

Ao longo da história, as sociedades têm se apropriado dos espaços naturais, transformando-os de acordo com sua cultura, suas necessidades e seus interesses. Diversos fatores naturais, como a fertilidade dos solos, a presença de florestas, o relevo, os rios, etc., exercem grande influência nas várias formas pelas quais as pessoas ocupam os espaços.

O clima

O clima é um dos fatores mais importantes na ocupação do espaço pelos seres vivos. Os locais excessivamente quentes ou excessivamente frios são chamados de áreas inóspitas e dificultam a ocupação humana. O mesmo ocorre com os desertos e as altas montanhas. No entanto, o ser humano inventou soluções para se adaptar aos desafios climáticos nessas regiões inóspitas.

Em países frios, as moradias possuem sistemas de aquecimento e lareiras, pois as temperaturas muito baixas dificultam bastante a vida cotidiana. Em casos extremos, as pessoas que não estiverem agasalhadas ou abrigadas podem até morrer. Os telhados são inclinados para não acumular neve e para impedir que o excesso de peso os faça despencar.

Em lugares quentes, como em muitas regiões do Brasil, as casas não necessitam de forte vedação. No entanto, outras necessidades impostas pelas condições do clima têm de ser atendidas. Em alguns locais, a maior preocupação é com o período de chuva ou cheia dos rios. Nesses locais, muitas casas são construídas sobre estacas (palafitas), para ficarem protegidas das inundações.

Nos desertos, as moradias permanentes são possíveis em oásis.

As condições climáticas também influenciam em atitudes, como o uso de agasalhos para o frio, de guarda-chuva e de roupas leves em dias mais quentes. No verão, muitas pessoas vão à praia. No inverno, as áreas turísticas de montanhas são bastante frequentadas.

Moradias típicas de lugares frios cobertas de neve na cidade de Shaftesbury, no Reino Unido, em 2010.

Moradia comum de locais que inundam na época de cheia dos rios, localizada nos arredores de Manaus (AM), em 2009.

Os rios e as cidades

Por fornecer água, alimento e condições de transporte, os rios tiveram grande papel na história da formação das paisagens urbanas atuais.

Muitas cidades grandes do planeta se desenvolveram às margens de rios. É o caso, por exemplo, de Paris (França), Cairo (Egito), Lisboa (Portugal), Londres (Grã-Bretanha), entre outras. No Brasil, São Paulo, Belém e Recife são alguns exemplos.

Outros elementos naturais

Hoje, os materiais de construção são frequentemente produzidos em larga escala, e a técnica de construção das casas também se assemelha em muitos lugares do mundo. Apesar disso, é comum a utilização dos elementos disponíveis na natureza do local na produção das moradias, praças, ruas, etc.

Em áreas pedregosas, por exemplo, as moradias costumam ser feitas de pedra, **matéria-prima*** disponível na natureza.

Em áreas com abundância de matas, a maior parte das moradias era feita de madeira. Ainda hoje esse tipo de construção é muito comum em algumas regiões do Brasil. Em outros países, grupos nômades utilizam tecido como material de construção.

* As palavras e expressões em verde são explicadas no Glossário, nas páginas 220 e 221.

Vista aérea de parte do trecho do rio Tietê que passa pela região urbana de São Paulo (SP), em 2011.

Verifique o que aprendeu

1. O que é lugar?
2. O que é espaço vivido?
3. O que é espaço geográfico?
4. Aponte alguns fatores que fazem que os espaços, os lugares e as paisagens sejam diferentes uns dos outros.

Construção de madeira típica da cidade de Canela (RS). Foto de 2011.

Em Rio de Onor, em Portugal, as rochas são elementos importantes nas construções. Foto de 2009.

17

ATIVIDADES

1. Pense em sua casa e resolva as questões.
    a) Qual é o lugar da sua casa de que você mais gosta? Redija um pequeno texto descrevendo-o.
    b) Por que esse é seu lugar predileto? Que características desse lugar fazem você gostar dele?

2. Leia o poema e responda às questões que seguem.

A calçada

A calçada da minha rua,
de pedra portuguesa,
preta e branca, já se vê,
que é bonita é,
mas não dá pra jogar maré*
e eu já descobri por quê...

Tem desenhos lindos:
– Uma estrela que lembra luz
e ilumina meus pés
na sandália que reluz;
– um trevo de quatro folhas
que dizem dar sorte...
Será que dá?
Passo sobre ele
pra lá e pra cá.
– Um dragão sossegado
porque não é de verdade.
Se fosse, nos dias de chuva,
saltava da calçada
e ia embora na enxurrada.
Pulo sobre ele: Plim... plom... plão!
Ôi, dragão! Não tenho medo, não!

* Maré: brincadeira infantil mais conhecida como amarelinha; o mesmo que academia, amarela, macaca, sapata.

Cleonice Rainho. Disponível em: <http://www.revista.agulha.com.br/cleo30.html>. Acesso em: 18 abr. 2011.

a) Qual é o lugar descrito no poema? Escreva as características desse lugar.
b) Como o uso de uma calçada como a descrita pode ser diferente do uso de uma calçada de terra?
c) As calçadas têm o mesmo significado para todas as pessoas? Explique.

3. Observe a paisagem do bairro onde você mora. Imagine-o daqui a trinta anos. Em sua opinião, que lugares sofrerão mais transformações? Que lugares você supõe que permanecerão como estão? Escreva um pequeno texto mencionando as características da paisagem que você imaginou. Faça também um desenho para ilustrá-la.

4. Cite exemplos de como a natureza influenciou as características da paisagem do bairro onde você mora.

APRENDER A...

Ler a paisagem e refletir sobre a vida do lugar

As paisagens da Terra são muito diversificadas. Parte dessa diversidade está relacionada às condições naturais (regiões frias ou quentes, áreas com muita ou pouca chuva, grande variação de altitude, etc.).

Além dessa diversidade natural, a sociedade produz muitas outras diferenças. Há, por exemplo, regiões ricas e outras pobres. Existem locais em que as condições de vida da população são adequadas, outros em que muitas pessoas não conseguem viver de maneira digna.

Para conhecer essas diferenças no espaço geográfico, é importante procurar ler a paisagem, pois ela pode revelar muitos aspectos da vida de um lugar.

Um primeiro passo nessa leitura é perceber a presença da ação humana na paisagem. Em uma paisagem que aparentemente é apenas natural, por exemplo, a da floresta Amazônica, a presença humana pode ser revelada pelas marcas que os seringueiros deixam nas árvores para coletar látex. Nesse caso, a exploração dos recursos da floresta não causa mudanças significativas na paisagem.

No entanto, na maior parte dos casos, as mudanças na paisagem natural pelas atividades humanas são mais significativas, restando poucas características da paisagem anterior.

Seringueira na Reserva Chico Mendes de Seringal Cachoeira, em Xapuri (AC), em 2009.

A investigação das paisagens pode revelar muitas informações sobre os lugares e os grupos sociais que os habitam. Uma paisagem de casas pequenas e inacabadas em áreas de risco, com esgoto a céu aberto ou ruas sem calçamento, indica que se trata de um lugar ocupado por pessoas de baixa renda. Ali os direitos das pessoas a ter moradia digna não são respeitados.

Se a paisagem apresenta casas espaçosas e bons serviços públicos (ruas bem cuidadas e arborizadas, iluminação adequada, etc.), isso indica que se trata de uma área onde vivem pessoas de maior poder aquisitivo.

Em muitos locais, essas diferenças convivem lado a lado na paisagem, revelando uma grande desigualdade social.

Rocinha, no Rio de Janeiro (RJ), em 2011.

■ Atividades

1. Analise a imagem ao lado e responda às questões:
   a) Nessa paisagem predominam os elementos naturais ou os sociais?
   b) Como são as construções?
   c) Observando a paisagem, podemos dizer que as pessoas que ali vivem têm as mesmas condições sociais? Explique.

Casas populares (à esquerda) ao lado de edifícios ocupados por população de maior poder aquisitivo, em Vitória (ES), em 2009.

VIAJANDO PELO MUNDO — Egito

Cidade do Cairo, Egito. Ao fundo, as pirâmides de Gizé. Foto de 2006.

O Egito é um país africano, berço de uma das civilizações mais antigas do planeta. Ele é conhecido mundialmente pela diversidade de paisagens, compostas tanto por elementos naturais, como o rio Nilo e o deserto do Saara, quanto por elementos sociais, como as pirâmides e os templos. Essas construções foram erguidas durante a época em que o Egito era dirigido pelos faraós, mais de 5 mil anos atrás.

O território egípcio está situado ao sul do mar Mediterrâneo e a oeste do mar Vermelho. Seu clima é desértico, a não ser no vale do rio Nilo e na costa do mar Mediterrâneo, onde ficam as áreas férteis do **delta** formado pela **desembocadurada** do rio. A região da **foz**, que corresponde a menos de um terço da área total do país, concentra a quase totalidade da população egípcia. Isso acontece porque o rio Nilo garante o abastecimento de água, fornece energia e possibilita a prática da agricultura na região.

Para evitar que o rio Nilo transborde e destrua áreas próximas, os egípcios construíram a barragem de Assuã. Sua construção contribuiu para o desenvolvimento da agricultura, assegurando a irrigação permanente das áreas próximas banhadas pelo rio. O Egito destaca-se na produção de algodão, cana-de-açúcar, trigo, arroz e milho.

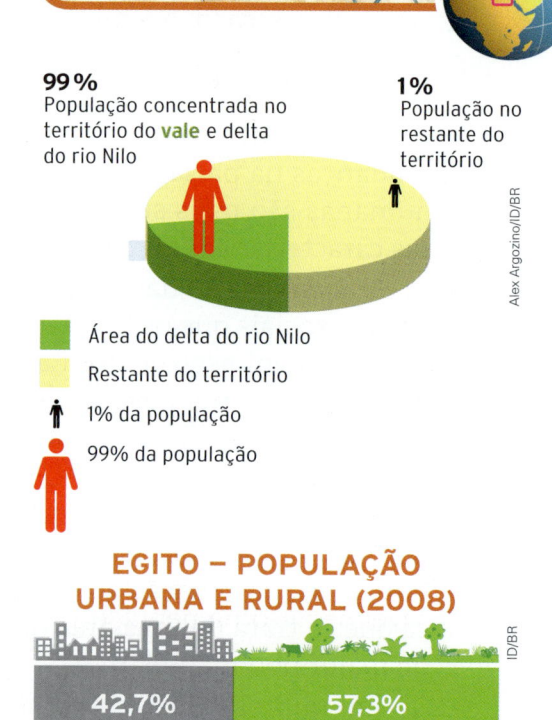

99% População concentrada no território do **vale** e delta do rio Nilo

1% População no restante do território

- Área do delta do rio Nilo
- Restante do território
- 1% da população
- 99% da população

EGITO – POPULAÇÃO URBANA E RURAL (2008)

42,7% | 57,3%

Fonte de pesquisa: Trading Economics. Disponível em: <http://www.tradingeconomics.com/egypt/urban-population-percent-of-total-wb-data.html>. Acesso em: 18 jun. 2014.

De olho no texto

1. Cite os elementos naturais que mais influenciaram na formação das paisagens egípcias.
2. Qual a relação existente entre a distribuição da população e os elementos naturais do Egito?
3. Escreva trechos do texto que mostrem a influência da cultura na formação das paisagens.
4. Você consegue perceber construções de diferentes épocas na imagem representada? O que essa imagem nos revela sobre o modo como as paisagens se modificam?

LENDO GEOGRAFIA

ANTES DE LER

- Observe o título do texto a seguir.
- Identifique a fonte da qual esse texto foi extraído.
- Pelas informações sobre o título e a fonte, você é capaz de antecipar as informações que serão apresentadas no texto?

O arraial de Meia Ponte

O arraial foi construído numa pequena planície rodeada de montanhas e coberta de árvores de pequeno porte. Estende-se ao longo da margem esquerda do rio das Almas [...]. Tem praticamente o formato de um quadrado e conta com mais de trezentas casas, todas muito limpas, caprichosamente caiadas, cobertas de telhas e bastante altas para a região. Cada uma delas, conforme o uso em todos os arraiais do interior, tem um quintal onde se veem bananeiras, laranjeiras e cafeeiros plantados desordenadamente. As ruas são largas, perfeitamente retas e com calçadas dos dois lados. Cinco igrejas contribuem para enfeitar o arraial. A igreja paroquial, dedicada a Nossa Senhora do Rosário, é bastante ampla e fica localizada numa praça quadrangular. Suas paredes, feitas de adobe, têm 12 palmos de espessura e são assentadas sobre alicerces de pedra. O interior da igreja é razoavelmente ornamentado, mas o teto não tem forro.

Auguste de Saint-Hilaire. *Viagem à província de Goiás*. Belo Horizonte: Itatiaia, 1975. p. 36-37.

De olho no texto

1. O texto apresentado é uma descrição. O que o autor está descrevendo?
2. Copie, exemplos de elementos naturais e de elementos sociais que são citados no texto.
3. O texto descreve um arraial no século XIX. Descreva como seria esse lugar nos dias de hoje.
4. Esse texto foi escrito numa época em que o país era pouco conhecido. Discuta com seus colegas qual a importância desse tipo de documento.
5. Esse tipo de informação é importante nos dias atuais? Explique.

FAZENDO GEOGRAFIA

Croquis geográficos

Croqui geográfico é um desenho que pode ser realizado à mão livre, com o objetivo de fazer uma representação simples do espaço geográfico.

Tomemos como exemplo a imagem abaixo, que é a representação fotográfica de uma área de Olinda (PE), em 2011. As fotografias retratam fielmente os elementos que constituem os espaços representados. No entanto, não apresentam legendas ou recursos visuais, como setas ou símbolos, para facilitar a localização de pontos específicos ou determinar roteiros. Isso só é possível se receberem algum tipo de tratamento, como o que localiza a casa de Leonardo. Veja.

Foto aérea de Olinda (PE), 2011.

Os croquis, por sua vez, não apresentam rigor na representação dos elementos e, geralmente, não contêm muitos detalhes. Porém, ao manter apenas os elementos essenciais, como localização ou indicação de trajetos, tornam-se um recurso prático e de fácil interpretação.

Observe, agora, o croqui ao lado. Ele foi confeccionado para auxiliar uma pessoa a se deslocar pelas ruas próximas à casa do Leonardo. Assim, nesse croqui foram indicados alguns pontos de interesse, como uma escola, um hospital, uma padaria, algumas praças, entre outros.

Veja que o fato de as demais casas não estarem representadas no croqui facilita a identificação dos locais de interesse.

Repare também que é preciso recorrer à legenda para a correta leitura do croqui. A legenda apresenta o significado de cada um dos símbolos utilizados na representação.

Etapas de confecção

A Antes de se desenhar um croqui, deve-se dimensionar o espaço disponível no papel para representar a área mapeada e a legenda. Isso é necessário para o croqui caber no papel e para que não haja grandes desproporções entre os seus elementos.

B As ruas devem ser traçadas a começar pelos entornos do ponto que se deseja localizar. É necessária também a representação de pontos de referência (pontos comerciais, estabelecimentos públicos, elementos naturais) e do trajeto por meio de setas ou tracejados.

C Os pontos de referência podem ser indicados anotando-se o nome deles na representação. No entanto, o croqui fica mais prático se os pontos de referência forem representados por símbolos, organizados em uma legenda. A legenda explica o significado de cada símbolo.

D Agora é só fazer a finalização. Pintar o croqui e atribuir cores aos elementos da legenda é uma opção para melhorar a sua estética e facilitar a identificação dos elementos. Além disso, é possível incorporar breves textos para complementar as orientações.

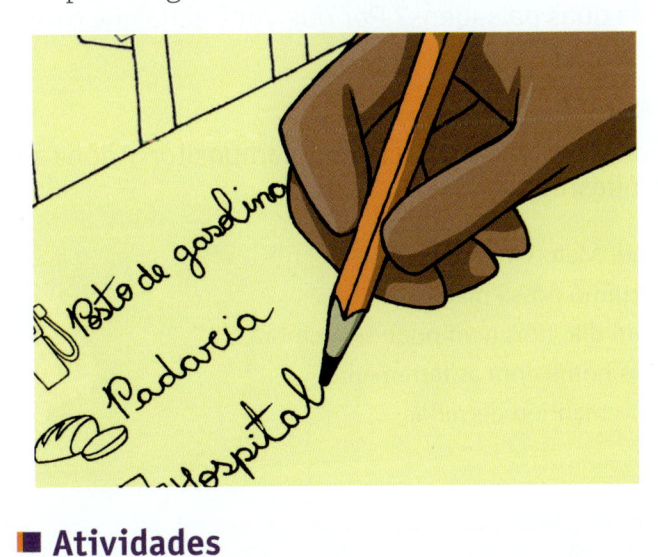

■ Atividades

1. Faça uma caminhada pelo quarteirão da sua casa. Leve lápis e papel e anote o nome das ruas e alguns pontos de referência. Em casa, utilize os registros para construir um croqui seguindo as orientações acima.

Para saber se o seu croqui funciona, troque-o com o de um colega e veja se ele consegue fazer o trajeto até sua casa.

QUESTÕES GLOBAIS

1. Imagine que um parente distante, que não conhece sua cidade, pediu que você descreva o lugar onde vive. Escreva uma carta a esse parente incluindo as seguintes informações.

   a) Descrição detalhada de uma paisagem da cidade onde você vive. Não se esqueça de descrever suas sensações ao estar nesse lugar.

   b) Desenho dessa paisagem.

2. As imagens abaixo representam duas paisagens diferentes do mesmo local em épocas distintas. Observe-as e responda às questões.

   Ilustrações: Paulo Cesar Pereira/ID/BR

   NOTA
   Figuras em cores-fantasia e fora de proporção.

   a) Quais são os elementos naturais e os elementos sociais observados em cada paisagem? Descreva-os.

   b) Quais as principais diferenças entre as duas paisagens? Por que você acha que ocorreram essas transformações?

3. Faça uma lista dos lugares de seu espaço vivido.

4. O texto abaixo é um trecho da letra de "Saudosa maloca", do compositor Adoniran Barbosa. Leia os versos e responda às questões.

   > Se o sinhô não tá lembrado
   > Dá licença de contá
   > Que aqui onde agora está
   > Esse edifício arto
   > Era uma casa velha
   > Um palacete assobradado
   > Foi aqui, seu moço,
   > Que eu, Mato Grosso e o Joca
   > Construímo nossa maloca
   > Mas um dia, nóis nem pode se alembrá
   > Veio os home com as ferramenta
   > O dono mandou derrubar
   > [...]
   >
   > Adoniran Barbosa. Saudosa maloca. Em: *O melhor de Adoniran Barbosa*. São Paulo: Irmãos Vitale, 2000. p. 42.

   a) Quem está contando a história fala um pouco sobre o lugar onde morava. Como era esse lugar?

   b) Como a paisagem sugerida na música se modificou?

   c) O texto está escrito em uma linguagem diferente da variedade padrão da língua portuguesa. Copie as palavras que não estão escritas de acordo com essa variedade.

●●● Síntese

Paisagem e lugar

Paisagem
- Paisagem é tudo o que vemos em determinado momento.
- Os elementos da paisagem podem ser naturais ou sociais.
- As paisagens são resultado das ações da natureza e das sociedades. Elas estão em constante transformação.
- O espaço se modifica em diferentes velocidades, produzindo diferentes paisagens.
- A paisagem é o ponto de partida da investigação geográfica. Pelo seu estudo, procura-se compreender a organização espacial dos lugares.

José Antonio Moreno/Age Fotostock/Easypix Brasil

Lugar e espaço vivido
- Lugar, para a Geografia, significa o espaço em que cada pessoa vive e com o qual cria laços afetivos.
- O conjunto dos lugares onde cada pessoa reside e estabelece sua rotina diária é chamado de espaço vivido.
- Espaço geográfico é o espaço ocupado e transformado pelos seres humanos ao longo do tempo.
- O espaço reflete a cultura dos grupos humanos e traz também marcas de diferentes épocas.
- As sociedades transformam o espaço natural de acordo com suas necessidades e seus interesses.

Mauricio Simonetti/Pulsar Imagens

[PARA SABER MAIS]

Livros

Eu me lembro, de Gerda Brentani. São Paulo: Companhia das Letrinhas.
A autora relata, por meio de texto e desenhos, os eventos que testemunhou no decorrer da vida, desde a primeira chamada telefônica e os bondes até o metrô e os computadores. São fragmentos de memória que mostram como cada pessoa guarda dentro de si o tempo coletivo.

O homem na pré-história, de Rosicler Martins Rodrigues. São Paulo: Moderna.
Uma narrativa ilustrada sobre a longa história da espécie humana, que recria a vida na pré--história e nos leva a reflexões que ajudam a entender o tempo presente.

Site

<http://super.abril.com.br/superarquivo/index_superarquivo.shtml>
No *site* da revista *Superinteressante*, você encontra várias reportagens sobre os povos do Ártico e do polo Norte. Nele você poderá conhecer costumes, moradias e modos de vida de comunidades instaladas em regiões extremamente frias. Basta digitar "esquimó" no ícone de busca, no canto superior esquerdo, e aparecerá uma lista de matérias sobre o assunto. Acesso em: 18 jun. 2014.

Para se orientar e se localizar no espaço, de maneira a percorrer grandes distâncias com segurança, tanto em terra quanto no mar, o ser humano desenvolveu conhecimentos e instrumentos de orientação e localização. Criou também formas de representação dos lugares que conhecia e dos caminhos que percorria.

Orientação e localização

CAPÍTULO 2

O QUE VOCÊ VAI APRENDER

- A necessidade de orientação no espaço geográfico ao longo do tempo
- A rosa dos ventos e os pontos cardeais, colaterais e subcolaterais
- O sistema de coordenadas geográficas
- As linhas imaginárias

CONVERSE COM OS COLEGAS

1. Observe os objetos representados na imagem ao lado. Você sabe para que eles servem?
2. Você já utilizou algum desses objetos? Em que situações?
3. Que maneiras de se orientar e de se localizar você conhece?
4. Você sabe como fazer para se orientar sem usar nenhum tipo de instrumento? Explique.
5. Cite outras situações nas quais você sabe que é necessário o uso de equipamentos de localização e orientação.

Mapas e bússola.

MÓDULO 1 — Orientação

A observação dos **astros** possibilitou a diferentes sociedades orientar-se no espaço. Isso permitiu deslocamentos a grandes distâncias, mesmo em áreas onde não havia outros pontos de referência, como no mar.

●●● Uma nova maneira de descobrir o mundo

Uma maneira de se orientar no espaço sem o emprego de instrumentos de orientação, como a bússola, era por meio da observação de referências físicas da superfície terrestre. Por exemplo, as pessoas acompanhavam o traçado de um rio. Além de garantir água, alimento e transporte, o rio era uma referência para se localizar.

Pontos elevados, como uma **colina** ou uma montanha, também eram usados. Nesse caso, bastava ter mais de um ponto de referência para determinar a direção a seguir. Para voltar era só seguir pelo mesmo caminho, usando os mesmos pontos de referência.

Essas referências, porém, eram pouco eficientes no percurso de longas distâncias e não possibilitavam a orientação no mar, longe do litoral. Para tornar isso possível, foi necessário adotar outro modo de orientação.

Além de determinar pontos de referência na superfície terrestre, as pessoas passaram a observar o céu. Passaram a observar a posição das constelações (grupos de estrelas, como o Cruzeiro do Sul), de uma única estrela (como o Sol) ou da Lua (que é o **satélite** natural da Terra).

Orientar-se pelos astros permitiu as grandes navegações marítimas e a travessia de regiões inóspitas, como o imenso deserto do Saara, na África.

A observação de astros como forma de orientação foi muito importante para a navegação ao longo do tempo. Apesar do desenvolvimento de inúmeras tecnologias, ainda hoje, em muitas situações, pessoas utilizam os astros para orientar-se no espaço. Ilhabela (SP), 2008.

●●● Os pontos cardeais

A observação atenta de astros, como a Lua, o Sol e as estrelas, possibilitou aos seres humanos determinar a direção a seguir, mesmo sem pontos de referência na terra.

Observando o movimento aparente do Sol, foram determinados os chamados **pontos cardeais**. Ao lugar onde o Sol aparece pela manhã convencionou-se chamar de leste e a seu oposto, de oeste. A partir daí estabeleceram-se também o norte e o sul. Observe a ilustração.

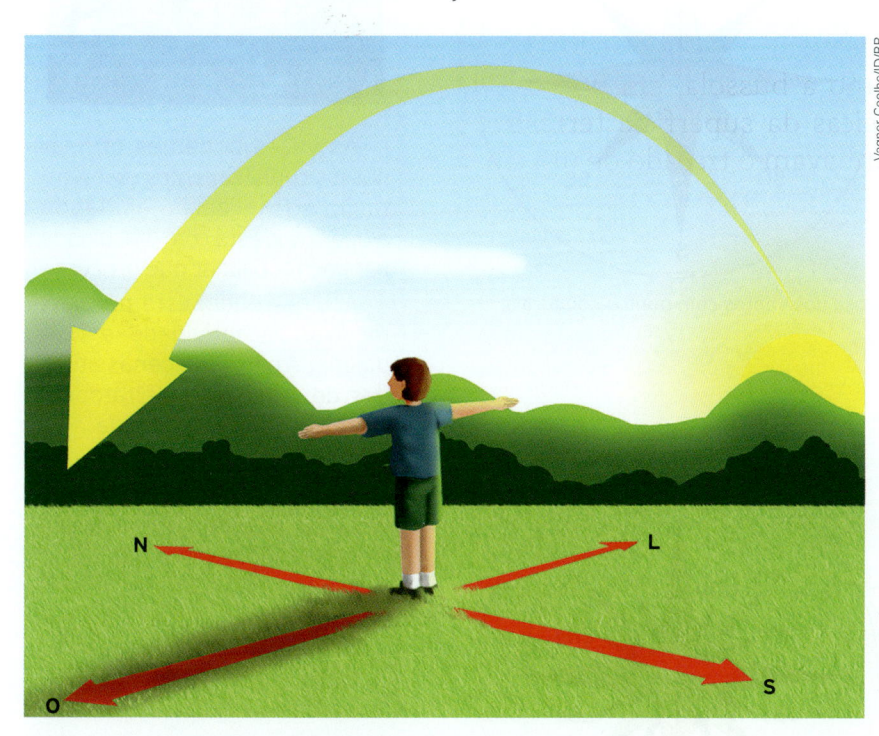

Pela posição do Sol podemos conhecer as direções dos pontos cardeais. A figura ao lado mostra o menino estendendo o braço direito para o lado em que o Sol surge pela manhã (leste) e o braço esquerdo para o lado em que o Sol desaparece à tarde (oeste). Ao proceder dessa maneira, ele olha para o norte, e às suas costas está a direção sul.

NOTA
Representação para fins didáticos. A situação apresentada não acontece da mesma maneira em todas as latitudes.

Com o conhecimento dos pontos cardeais e a invenção de instrumentos, grupos humanos puderam viajar com mais segurança para lugares longínquos e desconhecidos. Registraram também os caminhos para esses lugares, de modo que pudessem retornar ao local de origem.

A rosa dos ventos

Determinar direções era uma necessidade, principalmente para orientar os navegantes. Como não há pontos de referência no mar, os navegantes utilizavam os pontos cardeais.

Hoje, quando você observa mapas de qualquer tipo, encontra a indicação dos pontos cardeais, ou pelo menos do norte, na representação. Isso serve para que a pessoa que lê o mapa possa orientar-se adequadamente. Essa indicação geralmente é feita por meio da **rosa dos ventos**. Veja ao lado.

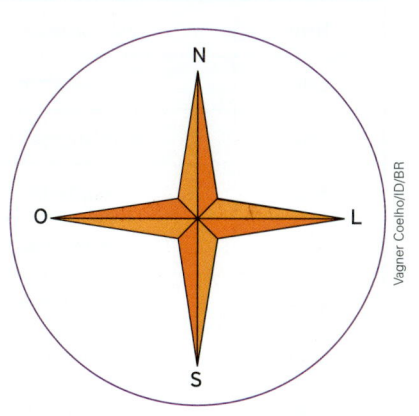

Pontos cardeais	Siglas
norte	N
sul	S
leste	L
oeste	O

Rosa dos ventos com pontos cardeais.

Pontos colaterais e subcolaterais

Além dos pontos cardeais, foram criados também os pontos colaterais e os subcolaterais. Todos esses pontos, indicados na rosa dos ventos, possibilitam a localização no espaço com maior precisão.

Os **pontos colaterais** são pontos intermediários entre os cardeais. Assim, entre o norte e o oeste fica o noroeste (NO); entre o norte e o leste fica o nordeste (NE); entre o sul e o oeste fica o sudoeste (SO); e entre o sul e o leste fica o sudeste (SE).

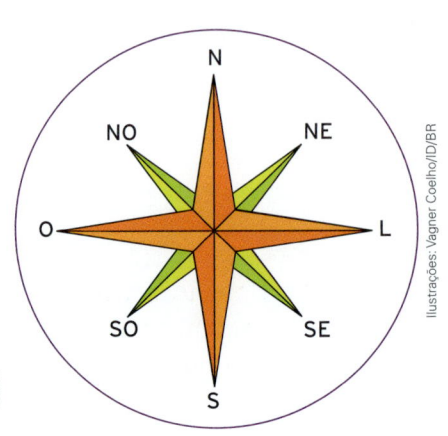

Pontos colaterais	Siglas
nordeste	NE
sudeste	SE
noroeste	NO
sudoeste	SO

Rosa dos ventos com pontos colaterais.

Entre os pontos cardeais e os colaterais, existem ainda os **pontos subcolaterais**. Assim, por exemplo, entre o norte (N) e o nordeste (NE) está o ponto nor-nordeste (NNe); entre o leste e o nordeste está o leste-nordeste; entre o leste e o sudeste está o leste-sudeste, e assim por diante.

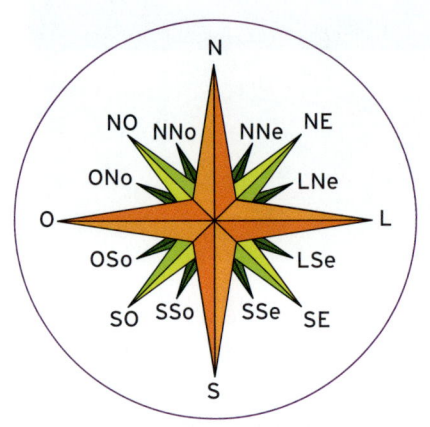

Rosa dos ventos com pontos subcolaterais.

Siglas	Pontos subcolaterais	Localização
NNe	nor-nordeste	Entre o norte e o nordeste
LNe	leste-nordeste	Entre o leste e o nordeste
LSe	leste-sudeste	Entre o leste e o sudeste
SSe	sul-sudeste	Entre o sul e o sudeste
SSo	sul-sudoeste	Entre o sul e o sudoeste
OSo	oeste-sudoeste	Entre o oeste e o sudoeste
ONo	oeste-noroeste	Entre o oeste e o noroeste
NNo	nor-noroeste	Entre o norte e o noroeste

Fornecendo uma informação

Às vezes podemos utilizar nossos conhecimentos de orientação e localização ajudando alguém que está com dificuldade para achar o lugar que procura.

Acolher quem está perdido, mostrar receptividade e cordialidade não são apenas atitudes de respeito, mas também um exercício de cidadania.

I. Na foto acima, um senhor explica a uma senhora como chegar a algum lugar, baseando-se no mapa que ela tem nas mãos. De que maneiras você acha possível orientar uma pessoa que precisa de ajuda?

II. Imagine uma situação em que você precise explicar a um novo colega da classe como chegar a algum lugar da escola que ele não conhece. Como faria para orientá-lo?

III. Temos o hábito de indicar lugares apontando e mostrando. Como fazer para orientar uma pessoa portadora de deficiência visual?

••• Instrumentos de medição

O instrumento mais antigo utilizado para determinar direções é a bússola. Acredita-se que ela tenha sido inventada pelos chineses há aproximadamente 4 mil anos. Foi levada para a Europa pelos árabes, e, nos séculos XV e XVI, seu uso se generalizou nas navegações europeias.

O ponteiro da bússola aponta aproximadamente para o **norte geográfico** da Terra. A partir dele, são determinados os outros pontos (cardeais, colaterais, subcolaterais), possibilitando a orientação no espaço.

O GPS

Nas últimas décadas tem sido muito utilizado um aparelho chamado **GPS** (*Global Position System*). Utilizando uma rede de satélites artificiais, o GPS pode apontar com precisão a localização de qualquer lugar na superfície terrestre e, consequentemente, a direção a seguir para chegar a outros lugares.

No início, o GPS era utilizado para fins científicos, militares e por aventureiros e esportistas em expedições, esportes de aventura, etc. Recentemente, seu uso se popularizou, incorporando-se a automóveis e aparelhos celulares para determinar caminhos no trânsito, principalmente nas grandes cidades.

Bússola. Observe o ponteiro indicando aproximadamente o norte geográfico da Terra. Foto de 2008.

Aparelho de GPS. Foto de 2009.

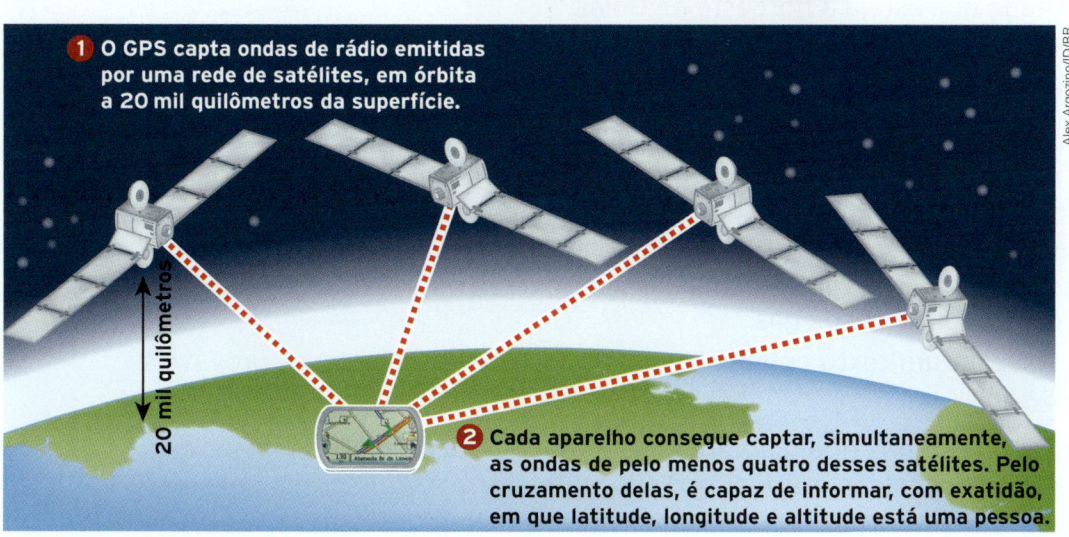

1. O GPS capta ondas de rádio emitidas por uma rede de satélites, em órbita a 20 mil quilômetros da superfície.

2. Cada aparelho consegue captar, simultaneamente, as ondas de pelo menos quatro desses satélites. Pelo cruzamento delas, é capaz de informar, com exatidão, em que latitude, longitude e altitude está uma pessoa.

Disponível em: <http://veja.abril.com.br/251198/p_125.html>. Acesso em: 18 jun. 2014.

Verifique o que aprendeu •••

1. Com que objetivo os seres humanos desenvolveram sistemas e instrumentos de orientação?
2. Como as pessoas se orientavam observando a natureza?
3. Quais são os pontos cardeais e os colaterais?

ATIVIDADES

1. Desenhe uma rosa dos ventos e complete-a indicando os pontos cardeais e os colaterais.

2. Observe o mapa abaixo e resolva as questões seguintes.

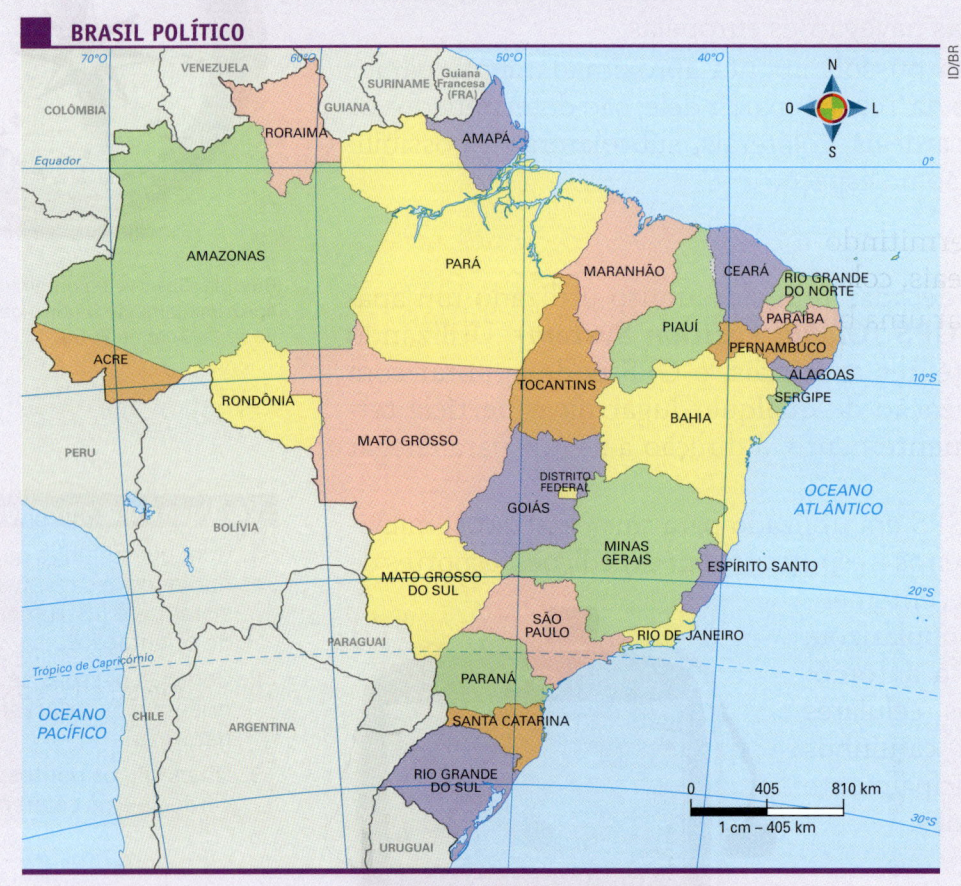

BRASIL POLÍTICO

Fonte de pesquisa: *Atlas geográfico escolar*. Rio de Janeiro: IBGE, 2009. p. 90.

a) Cite um estado a leste de Minas Gerais.
b) Cite os dois estados localizados ao sul do Paraná.
c) Indique dois estados localizados ao norte do Rio Grande do Sul.
d) Cite um estado que esteja a nordeste de Goiás.
e) Em relação a Rondônia, em que direção se localiza o estado de Roraima?
f) Cite um estado situado ao norte e outro situado ao sul do estado em que você vive.

3. Em 1984, o navegador Amyr Klink realizou uma viagem solitária entre a África do Sul e o Brasil, a bordo de um barco a remo. Nessa viagem, que durou mais de três meses, ele não contou com GPS (*Global Position System*).

a) Crie uma hipótese para explicar como ele se orientava no oceano. Compare sua resposta com a dos seus colegas.
b) Depois, escrevam um texto coletivo registrando todas as hipóteses prováveis levantadas.

4. Discuta com seus colegas qual a importância da introdução da bússola para as navegações transoceânicas europeias dos séculos XV e XVI. Escreva um texto com as conclusões da turma.

APRENDER A...

Construir e usar uma bússola

A bússola é um instrumento que permite ao ser humano orientar-se no espaço e determinar o posicionamento de pontos de referência (a casa, a escola, a praça, etc.) de acordo com os pontos cardeais.

As bússolas industrializadas, como as representadas na fotografia ao lado, assemelham-se a relógios de ponteiro. No entanto, o ponteiro da bússola tem outra função: ele sempre aponta para a mesma direção, ligeiramente deslocada do norte geográfico da Terra, permitindo a determinação de todos os pontos cardeais, colaterais e subcolaterais.

Ao utilizar uma bússola para conhecer o posicionamento aproximado de um objeto situado à sua frente, de acordo com os pontos cardeais, verifique a posição do objeto em relação à direção apontada pelo ponteiro da bússola. Mesmo a direção não sendo exata, considere que a bússola indica a direção norte e utilize o que você já aprendeu sobre pontos cardeais, colaterais e subcolaterais, nas páginas 29 e 30, para determinar a posição do objeto: se o objeto estiver situado na posição oposta à direção apontada pela bússola, ele se encontra ao sul da posição onde você está; se ele estiver à esquerda do eixo norte-sul, ele se situa a oeste; e se estiver à direita do eixo norte-sul, situa-se a leste.

Bússolas de vários tipos.

Construindo

Agora, você vai aprender como se constrói uma bússola artesanal. Para isso, são necessários um ímã, uma rolha de cortiça, um recipiente com água e uma agulha. Para a realização da atividade, é preciso a ajuda do professor ou de outro adulto.

Siga as instruções

1. Um adulto vai magnetizar a agulha, esfregando nela o ímã, sempre no mesmo sentido.
2. O adulto vai também inserir a agulha já imantada na rolha.
3. Depois, é só colocar a rolha com a agulha num recipiente com água e observar. Mesmo que você mexa a rolha, ela voltará para a posição anterior, com uma das extremidades da agulha apontada na direção aproximada do norte.

Modelo de bússola artesanal. Você pode utilizar a bússola para descobrir a direção em que o Sol nasce, a direção em que estão as casas de seus amigos, a escola ou qualquer outro lugar.

■ Atividades

1. Determine pontos de referência na sua escola e verifique, utilizando a bússola que você construiu, a posição de um em relação a outro, de acordo com os pontos cardeais.

33

MÓDULO 2

Localização

Os seres humanos criaram sistemas para determinar direções e encontrar qualquer ponto na superfície do planeta.

●●● O sistema de coordenadas

Os **sistemas de orientação** determinam a direção a partir de um ponto de saída e outro de chegada. Os **sistemas de localização** têm o objetivo de mostrar a localização exata de um único ponto por meio do cruzamento de uma linha vertical com uma linha horizontal. Compare.

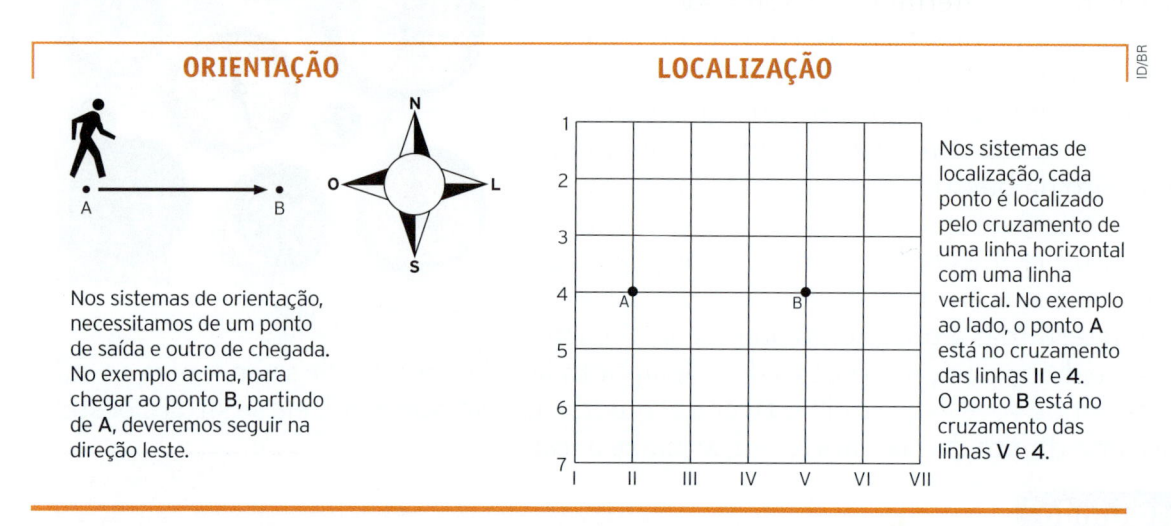

ORIENTAÇÃO

Nos sistemas de orientação, necessitamos de um ponto de saída e outro de chegada. No exemplo acima, para chegar ao ponto **B**, partindo de **A**, deveremos seguir na direção leste.

LOCALIZAÇÃO

Nos sistemas de localização, cada ponto é localizado pelo cruzamento de uma linha horizontal com uma linha vertical. No exemplo ao lado, o ponto **A** está no cruzamento das linhas **II** e **4**. O ponto **B** está no cruzamento das linhas **V** e **4**.

Para localizar qualquer ponto na superfície da Terra por meio do cruzamento de linhas, foi criado um sistema de linhas imaginárias denominadas **coordenadas geográficas**. Observe abaixo o sistema de coordenadas na esfera terrestre.

COORDENADAS GEOGRÁFICAS

eixo terrestre
polo Norte
polo Sul

No sistema de coordenadas geográficas, as linhas que vão do polo Norte ao polo Sul se cruzam com as linhas que dão uma volta completa ao redor da Terra no sentido leste-oeste. Figura em cores-fantasia.

As linhas imaginárias

Quando observamos um mapa, geralmente encontramos linhas azuis nos sentidos horizontal e vertical. Essas linhas são imaginárias, ou seja, não existem na realidade. Elas foram traçadas para facilitar a localização de elementos e fenômenos na superfície terrestre.

Os paralelos

As linhas imaginárias que dão uma volta completa em torno da Terra no sentido leste-oeste são chamadas de **paralelos**. O paralelo principal é o **Equador**, que divide o planeta em duas metades, os hemisférios (hemi = metade) Norte e Sul. Os demais paralelos foram determinados tomando como base o Equador.

Os paralelos são uma das referências usadas para a localização de pontos na superfície terrestre. Além disso, cumprem a função de situar a ocorrência de fenômenos de maior abrangência, como as zonas térmicas.

As zonas térmicas são faixas da superfície terrestre delimitadas por quatro importantes paralelos: **círculo polar Ártico**, **trópico de Câncer**, **trópico de Capricórnio** e **círculo polar Antártico**. Em cada uma os raios solares incidem com determinada inclinação.

OS PARALELOS

O hemisfério Sul é também denominado **Meridional**. O hemisfério Norte é também chamado **Setentrional**. Figura em cores-fantasia.

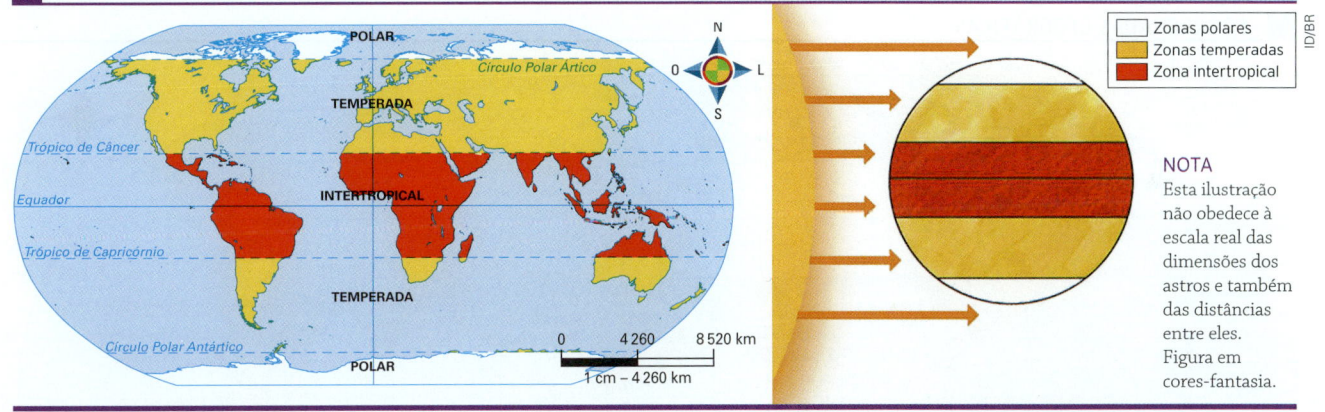

ZONAS TÉRMICAS DA TERRA

Fonte de pesquisa: *Atlas geográfico escolar*. Rio de Janeiro: IBGE, 2009. p. 58.

A área localizada entre os trópicos é chamada de **zona intertropical**. Nela predominam temperaturas elevadas ao longo do ano. As áreas entre os círculos polares e os polos são denominadas **zonas polares**. Elas são muito frias o ano todo. As áreas intermediárias entre os trópicos e os círculos polares são chamadas de **zonas temperadas**, nas quais as quatro estações do ano são bem definidas.

Para poder estabelecer uma rede de referência, além dos principais paralelos mencionados acima, foram traçados vários outros. Ao todo são 90 paralelos ao norte e 90 paralelos ao sul do Equador, formando as **latitudes** norte e sul.

LOCALIZAÇÃO DOS POLOS

Figura em cores-fantasia.

Os meridianos

Os **meridianos** são linhas que cortam o planeta perpendicularmente aos paralelos. Os meridianos vão do polo Norte ao polo Sul e todos têm o mesmo tamanho.

Assim como os paralelos, os meridianos foram traçados com o objetivo de estabelecer uma rede de coordenadas geográficas para localizar qualquer ponto na superfície da Terra.

Por convenção internacional, foi estabelecido que o meridiano de referência para todos os demais seria o meridiano de Greenwich. Esse é o nome do observatório nos arredores de Londres, na Inglaterra, por onde passa essa linha.

Os meridianos determinam a **longitude**. Como o planeta possui forma esférica, ele foi dividido em 360 graus, que correspondem a 360 linhas de longitude. São 180 a leste de Greenwich (Oriental) e 180 a oeste de Greenwich (Ocidental).

OS MERIDIANOS

Figura em cores-fantasia.

Menina brinca sobre traçado do meridiano de Greenwich. Ao fundo, o observatório. Em Londres, Inglaterra, 2011.

Verifique o que aprendeu

1. O que são coordenadas geográficas?
2. Cite o nome de importantes paralelos da Terra.
3. Quais são o principal paralelo e o principal meridiano da Terra?

COORDENADAS GEOGRÁFICAS

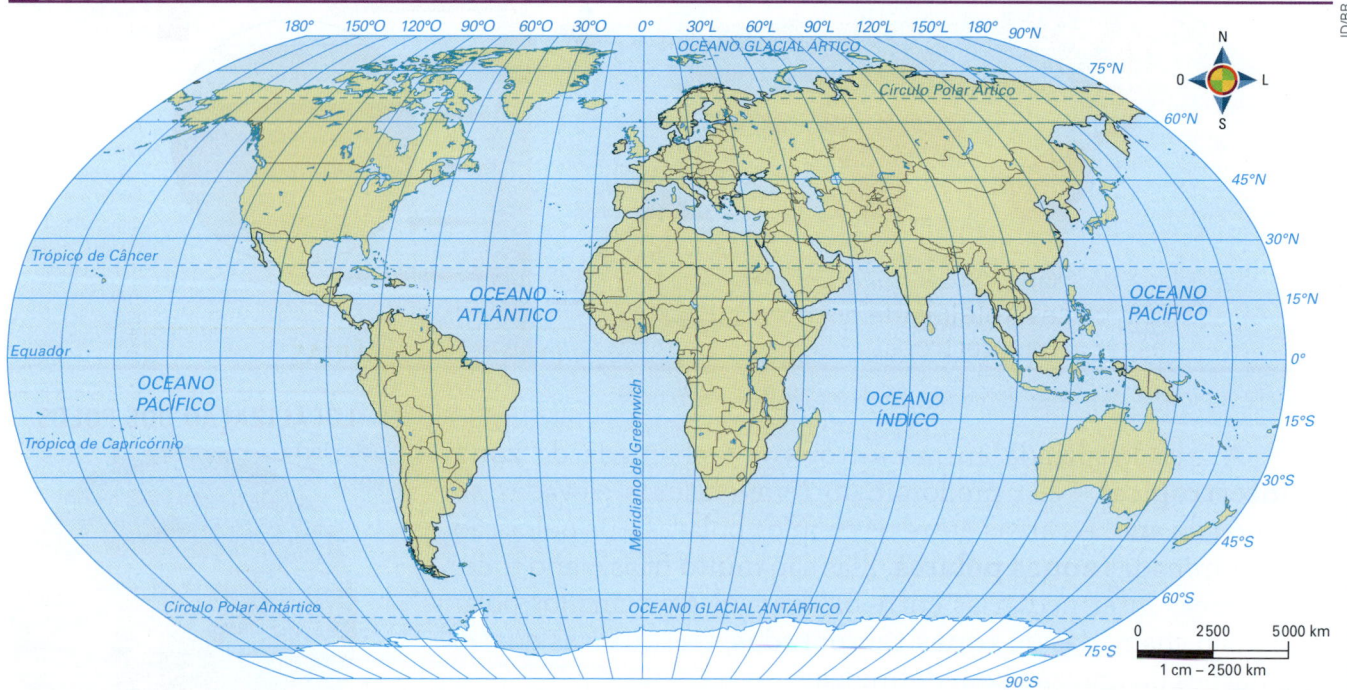

Fonte de pesquisa: *Atlas geográfico escolar*. Rio de Janeiro: IBGE, 2009. p. 32.

NOTA
Em todos os mapas desta coleção, a fronteira entre o Sudão e o Sudão do Sul foi delimitada com base no The World Factbook. Disponível em: <https://www.cia.gov/library/publications/the-world-factbook/geos/od.html>. Acesso em: 18 jun. 2014.

ATIVIDADES

1. Consulte o mapa do Brasil para responder às questões.
   a) Em quais hemisférios o território brasileiro está situado?
   b) Que parte do Brasil está localizada no hemisfério Norte?
   c) Que parte do Brasil está localizada fora da zona intertropical?

2. Qual a diferença entre paralelos e meridianos? O que eles determinam?

3. Qual a importância das coordenadas geográficas?

4. Observe o mapa abaixo e indique os países conforme cada item a seguir.

MAPA-MÚNDI POLÍTICO

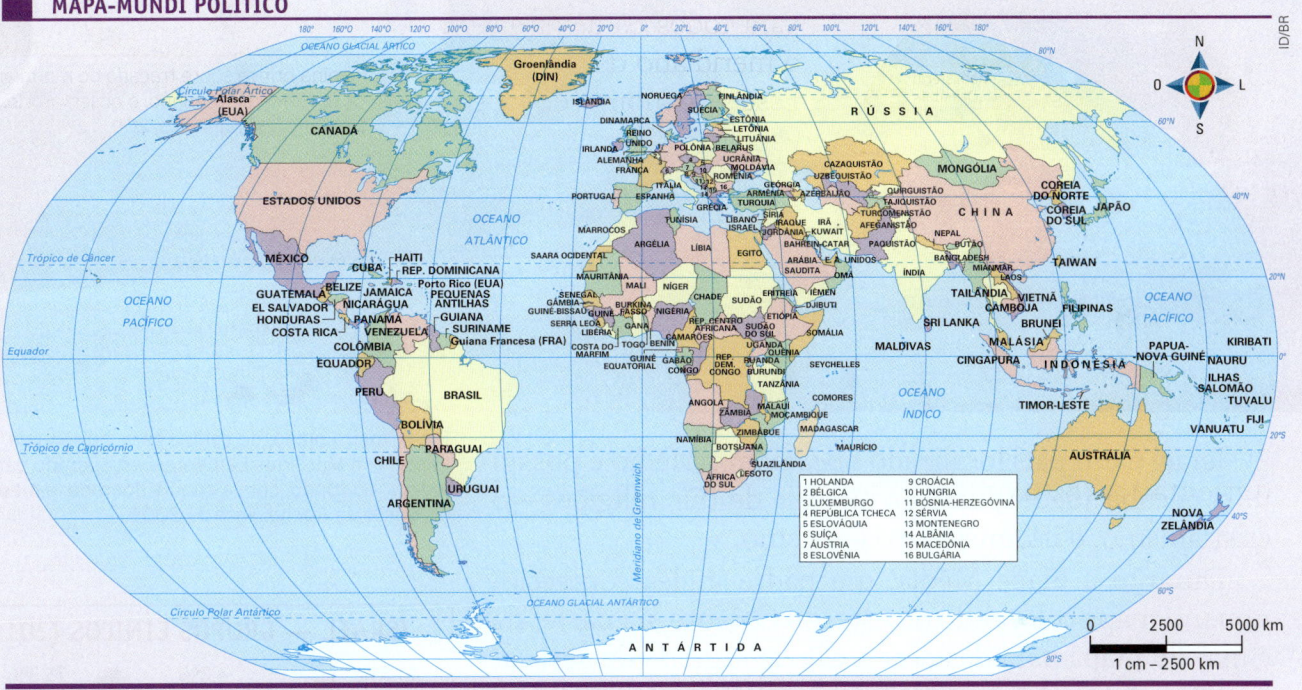

Fonte de pesquisa: *Atlas geográfico escolar*. Rio de Janeiro: IBGE, 2009. p. 32. (*Ver nota na página 36.)

   a) Três países cortados pelo Equador.
   b) Três países cortados pelo meridiano de Greenwich.
   c) Três países totalmente localizados na zona temperada.
   d) Três países totalmente localizados na zona intertropical.

5. Observe a figura ao lado e faça o que se pede:

   LINHAS IMAGINÁRIAS

   a) Escreva o nome de cada uma das linhas de referência de acordo com a numeração.
   b) Responda: qual a relação entre os principais paralelos e as zonas térmicas do planeta?

   Figura em cores-fantasia.

37

VIAJANDO PELO MUNDO — Israel

Em primeiro plano, do centro para a direita da imagem, o Muro das Lamentações, sagrado para os judeus; ao fundo, com a cúpula dourada, a mesquita do Domo da Rocha. Foto de 2009.

Israel é um país localizado no Oriente Médio e possui uma peculiaridade: guarda a história de três religiões – o cristianismo, o islamismo e o judaísmo.

Durante a Idade Média, um padre inglês confeccionou um mapa colocando o Leste, ou Oriente, na parte "de cima" do mapa para destacar a cidade sagrada de Jerusalém. Dessa forma, ir em direção ao Oriente, onde estava Jerusalém, significava ir em busca da salvação e da purificação do espírito. Até hoje, o termo "orientar-se" significa buscar uma direção, um caminho.

O turismo é uma das principais atividades econômicas em Israel, já que o país tem muitos locais de grande importância histórica e religiosa. Também se destacam a agricultura e a indústria, apesar dos escassos recursos naturais, pois 85% das terras são desérticas. O Estado de Israel foi criado pela Organização das Nações Unidas (ONU) em 1948.

ISRAEL — GRUPOS ÉTNICOS (2011)

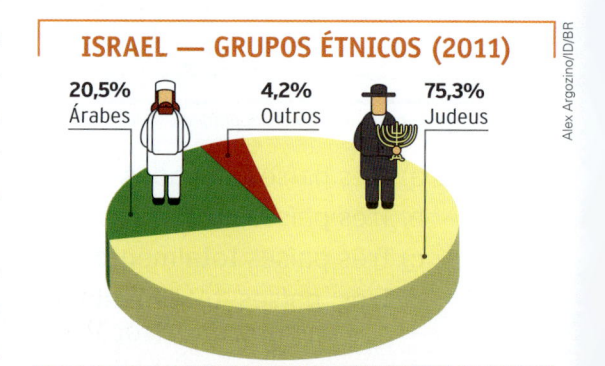

- 20,5% Árabes
- 4,2% Outros
- 75,3% Judeus

Fonte de pesquisa: Israel Central Bureau of Statistics. Disponível em: <http://www1.cbs.gov.il/www/hodaot2011n/11_11_101e.pdf>. Acesso em: 18 jun. 2014.

ISRAEL – DISTRIBUIÇÃO DA POPULAÇÃO URBANA E RURAL (2008)

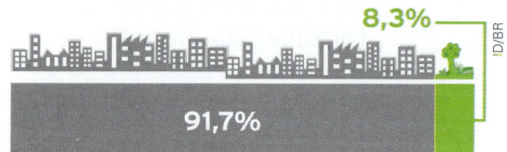

- 91,7%
- 8,3%

Fonte de pesquisa: Trading Economics. Disponível em: <http://www.tradingeconomics.com/israel/rural-population-wb-data.html>. Acesso em: 18 jun. 2014.

De olho no texto

1. Escreva o que significava "orientar-se" na Idade Média e qual o sentido desse termo nos dias atuais.
2. Em grupo, pesquisem em livros, revistas, enciclopédias ou na internet a importância cultural que Jerusalém tem para diversos povos.

LENDO GEOGRAFIA

ANTES DE LER
- Alguma vez você já se sentiu perdido? Conte como foi.
- A partir do título do texto, levante hipóteses sobre o assunto que será tratado.

Perdido nunca mais

No Acre, eram 16 horas. Em Pernambuco, 14 horas. No dia 3 de junho, enquanto o indigenista Sydney Possuelo sobrevoava a Floresta Amazônica em busca das malocas de uma tribo desconhecida, a milhares de quilômetros dali o mergulhador Miguel Ângelo Oliveira afundava no mar azul-turquesa da costa pernambucana para visitar um navio naufragado. Nessas missões diferentes e distantes, os dois foram ajudados por um instrumento que promete ser tão popular e indispensável no próximo milênio quanto hoje são o telefone e o relógio de pulso. A nova ferramenta chama-se GPS e realiza um trabalho simples mas precioso. Ele marca as coordenadas de latitude, longitude e altitude de qualquer ponto da superfície terrestre. Com ele, ninguém mais no mundo se perde, e encontra o que procura com maior facilidade.

O GPS está ajudando transportadoras a monitorar suas frotas de caminhões, empresas de resgate médico a controlar suas ambulâncias, jipeiros a encontrar suas trilhas, aviões a acertar o rumo e cientistas a fazer descobertas. O aparelho parece ter mil e uma utilidades. Cada pessoa inventa uma. Nos Estados Unidos, deficientes visuais estão substituindo os cachorros guias por eles. Lá também, uma locadora já oferece carros em que o motorista vê onde se encontra e como fazer para chegar ao destino em um mapa digitalizado. Os técnicos do Instituto Nacional de Colonização e Reforma Agrária, Incra, usam o GPS para descobrir o verdadeiro tamanho das fazendas e definir áreas para desapropriação. Seu maior impacto, contudo, é sentido em regiões de dimensões gigantes e raros pontos de referência, como a selva amazônica, o mar, o céu, o deserto, ou o Ártico e a Antártica.

Marcação de fronteiras – Na Amazônia, o aparelhinho está modificando fronteiras, ajudando a reprimir a extração clandestina de madeira e salvando a vida de pilotos de avião perdidos na selva. [...] Nessa selva, o aparelho também ajuda a marcação das fronteiras. Há vinte anos, os 2 200 quilômetros de extensão da fronteira entre Brasil e Venezuela eram delineados por 291 marcos. Hoje existem 2 680, fincados com ajuda do GPS. "O aparelho nos permite identificar o ponto exato da fronteira", observa o chefe da Primeira Comissão Demarcadora de Limites, Dalberson Monteiro.

Criado com fins militares, o GPS só ganhou uso civil em meados dos anos [19]80. Os primeiros a adotar a nova tecnologia para fins pacíficos foram aviões e navios, que precisam da ferramenta para navegação. Com o desenvolvimento de aparelhos cada vez menores e mais baratos, o uso se disseminou.

Klester Cavalcanti e Ricardo Villela. Disponível em: <http://veja.abril.com.br/251198/p_125.html>. Acesso em: 18 jun. 2014.

Uso do GPS no Parque dos Pirineus, em Pirenópolis (GO), 2010.

De olho no texto

1. Retire do texto exemplos de uso do GPS.
2. Por que o texto afirma que o aparelho pode se tornar um instrumento "tão popular e indispensável no próximo milênio quanto hoje são o telefone e o relógio de pulso"?

FAZENDO GEOGRAFIA

Imagem de satélite

As imagens obtidas de sensores instalados em satélites são o resultado da evolução da ciência e da tecnologia espacial. Esses sensores captam a energia emitida pela superfície da Terra e a transformam em sinais elétricos, que são registrados e transmitidos para estações de recepção na Terra equipadas com enormes antenas parabólicas. Os sinais enviados para essas estações são transformados em dados em forma de gráficos, tabelas ou imagens.

A representação dos objetos nas imagens varia do branco (quando refletem muita energia) ao preto (quando refletem pouca energia). Ao projetar e sobrepor essas imagens através de filtros coloridos – azul, verde e vermelho – é possível gerar imagens coloridas para facilitar a visualização dos detalhes representados.

A imagem ao lado foi obtida com base em informações enviadas por um satélite e representa alguns aspectos físicos da América do Sul. Por meio dela é possível identificar principalmente as características do relevo.

A imagem de satélite abaixo representa parte da bacia Amazônica. Percebe-se uma grande mancha de vegetação, evidenciada

Imagem da América do Sul obtida de dados enviados por satélite. Uso de cores artificiais.

pela cor verde-escura, e a presença de rios que passam pela região. Diferentemente dos mapas, onde os rios são sempre representados em azul, nesta imagem é possível visualizar a diferença de coloração entre os rios maiores (rio Negro em azul-escuro e rio Solimões em bege). As manchas brancas, principalmente na parte inferior esqueda da imagem, correspondem às nuvens que estavam sobre a superfície no momento em que o satélite fazia a varredura sobre o local.

Imagem de satélite da região amazônica. Nela vemos, em bege, o rio Solimões e, em azul-escuro, o rio Negro. Nas proximidades desse rio, acima, está a cidade de Manaus. Foto de 2008.

A fotografia abaixo representa uma vista aérea da bacia Amazônica. Observe como os elementos vegetação, rios e nuvens são representados nos dois tipos de imagem.

Vista aérea do rio Negro, em trecho localizado a 100 km de Manaus (AM), em 2010.

É possível apreender muitos detalhes, tanto nas fotos como nas imagens de satélite. Estas, contudo, possuem uma vantagem: como os satélites giram continuamente na **órbita** da Terra, através deles é possível gerar grande quantidade de imagens das mesmas localidades e posições, em períodos diferentes. Isso permite comparações mais precisas entre elas.

Imagem de satélite do globo terrestre de 2000, com destaque para o continente americano.

■ Atividades

1. Cite os elementos que você observa na imagem do globo terrestre.
2. Quais as cores utilizadas para representar os elementos descritos na questão anterior?
3. Pesquise as aplicações práticas das imagens de satélite nos dias atuais.

QUESTÕES GLOBAIS

1. O que foi feito para superar o problema do formato esférico do planeta Terra para determinar um sistema de coordenadas? Explique como esse sistema funciona.

2. Observe a figura e responda às questões.
   a) Qual a coordenada geográfica do ponto A?
   b) Partindo do ponto A, qual a direção a seguir para chegar ao ponto B?
   c) Qual a coordenada geográfica do ponto C?
   d) Partindo do ponto C, qual a direção a seguir para chegar ao ponto B?

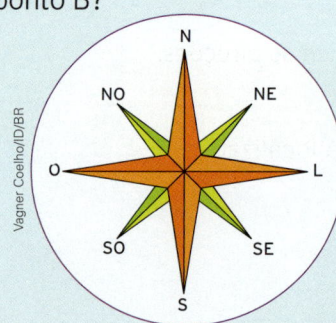

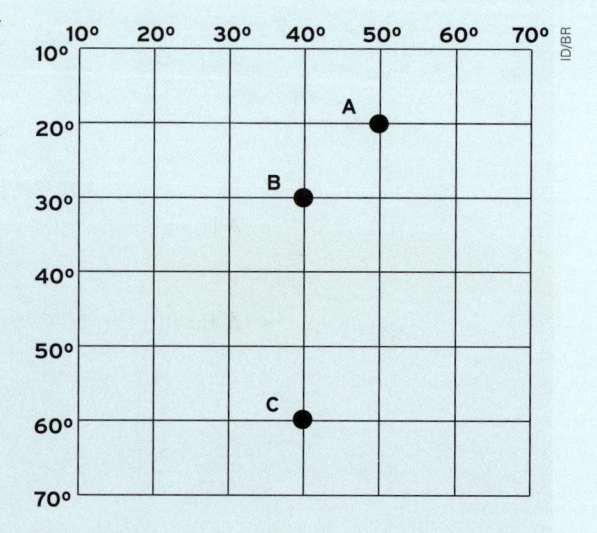

3. Como são identificadas as zonas térmicas do planeta Terra e quais as suas características?

4. Observe o mapa e responda às questões.
   a) Indique países cujo território se situa em mais de um hemisfério. Identifique os hemisférios.
   b) Identifique um país localizado a leste do Brasil.
   c) Indique um país localizado no hemisfério Setentrional e que esteja situado a nordeste do Brasil.

MAPA-MÚNDI POLÍTICO

Fonte de pesquisa: *Atlas geográfico escolar*. Rio de Janeiro: IBGE, 2009. p. 32. (*Ver nota na página 36.)

Síntese

Orientação e localização

Orientação
- A finalidade básica da orientação é indicar uma direção a seguir.
- A primeira forma de orientação era por meio da observação de referências, como rios e pontos elevados.
- Para deslocar-se a lugares mais distantes e no mar, os viajantes passaram a orientar-se pelos astros.
- A rosa dos ventos indica as direções.

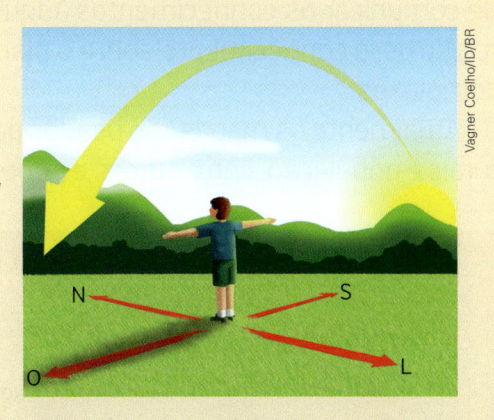

Localização
- A finalidade básica da localização é indicar o local exato na superfície terrestre onde determinado ponto se encontra.
- As linhas imaginárias foram utilizadas para criar um sistema de orientação denominado coordenadas geográficas.
- As coordenadas geográficas são determinadas pelo cruzamento dos paralelos com os meridianos.
- O principal paralelo é o Equador.
- O principal meridiano é o de Greenwich.

[PARA SABER MAIS]

Livros

O prêmio da longitude, de Joan Dash. São Paulo: Companhia das Letras.
Em 1714, depois de muitos naufrágios de embarcações da Marinha Real, a Inglaterra instituiu um prêmio milionário para quem descobrisse como medir a longitude no mar. Cinquenta anos depois, o prêmio continuava sem vencedores, até que um humilde relojoeiro fez uma descoberta.

Bone 02: **equinócio de primavera**, de Jeff Smith. São Paulo: Via Lettera.
Os primos Fone Bone e Phoney Bone foram acolhidos na fazenda de vovó Ben e sua neta, Espinho. Enquanto os quatro preparam-se para viajar para Barrel Haven, onde ocorrerá a Feira da Primavera, forças sombrias e misteriosas reúnem-se na floresta e espreitam todos os seus passos.

Grandes aventuras: **30 histórias reais de coragem e ousadia**, de Richard Platt.
São Paulo: Companhia das Letrinhas.
A história de trinta pessoas para as quais a palavra impossível não existia. Entre elas, encontram-se o descobridor Cristóvão Colombo, o terrível pirata Barba Negra e o astronauta Yuri Gagarin. O livro traz desenhos, fotos e mapas que completam a leitura.

Site

<http://www.on.br/site_brincando>
Site Brincando com Ciência, vinculado ao Ministério da Ciência e Tecnologia. Aqui você encontrará jogos, experiências, curiosidades e humor: tudo sobre o tema Astronomia.
Acesso em: 17 jun. 2011.

Conhecer o lugar onde se vive sempre foi um desafio para a humanidade. Uma das formas de comunicar os conhecimentos adquiridos são os mapas. Desde que foram feitos os primeiros registros, o conhecimento sobre o planeta se aprimorou, e os mapas também se tornaram mais complexos.

Atualmente os mapas são usados para representar informações sobre economia, recursos naturais e população, entre outras, e podem ajudar os governantes a planejar melhor suas ações.

Interpretação cartográfica

CAPÍTULO 3

Região das montanhas Fagaras, na Romênia.

O QUE VOCÊ VAI APRENDER

- Os mapas e sua importância
- A origem dos mapas
- As convenções cartográficas
- Os elementos de um mapa
- As principais representações cartográficas

CONVERSE COM OS COLEGAS

1. Observe a imagem ao lado. Você pode deduzir por que os ciclistas pararam para olhar um mapa?

2. Em suas atividades cotidianas, você provavelmente já teve contato com mapas e outras representações cartográficas. Você já usou algum mapa? Em que situações?

3. Grande número de profissionais trabalha com mapas, plantas e outras representações cartográficas. Você conhece algum profissional que utiliza mapas em suas atividades? Comente.

4. Para uma representação cartográfica ser compreendida por todos, foram estabelecidas normas utilizadas no mundo inteiro. Uma delas é que os mapas devem ter um título informando seu conteúdo. Você conhece outras informações que uma representação cartográfica deve ter?

5. Para que serve um mapa?

MÓDULO 1

Aprendendo a ler um mapa

Os mapas são fontes valiosas de informação, pois ajudam a compreender o espaço geográfico. Quando aprendemos a ler e a interpretar mapas, passamos a entender melhor o espaço em que vivemos e realizamos nossas atividades cotidianas.

●●● O que são mapas?

Mapas são representações gráficas de toda a superfície da Terra ou de partes dela.

Por meio dos mapas podemos conhecer melhor o mundo em que vivemos, pois eles nos permitem visualizar no papel a representação de fenômenos que não conseguiríamos ver de outra forma. Por exemplo, em um mapa podemos observar o Brasil inteiro com seus principais rios e estradas. Isso não seria possível pela observação direta.

Para transpor a realidade para um mapa, utilizamos várias representações gráficas que podem ser entendidas por um grande número de pessoas. Essas representações gráficas são símbolos que representam objetos geográficos. Nos mapas, cada símbolo tem um significado único.

Os mapas são importantes para o conhecimento do mundo e, para muitos profissionais, são o principal instrumento de trabalho. Eles podem nos mostrar como são e onde estão as coisas e as pessoas no mundo.

A palavra cartografia resulta da união de duas palavras: *carta* (papel) + *grafia* (escrita). A cartografia é a ciência ou a técnica de elaborar e interpretar mapas e outras formas de representação cartográfica.

Um mapa, uma escolha

Todo mapa representa apenas alguns aspectos da realidade. Quem faz um mapa escolhe o que vai mostrar. Essa decisão depende de suas convicções e das coisas que considera importantes.

Por exemplo, podemos fazer um mapa mostrando como é a vegetação do Brasil sem mencionar o desmatamento. Ou podemos fazer um mapa que mostre a vegetação como era em determinada época e como é hoje.

●●● Os primeiros mapas

Os seres humanos sempre tiveram a necessidade e a curiosidade de conhecer e compreender o lugar em que vivem. Acredita-se que a humanidade primeiro conquistou a noção espacial e, a partir dela, conheceu o tempo. Podemos perceber isso nas histórias antigas, como os mitos. Nessas histórias, a noção de tempo é dada com elementos do espaço, visíveis na paisagem. Por exemplo, "o menino nasceu na cheia do rio" ou "a princesa casou-se quando todo o campo ficou em flor" são descrições espaciais que demarcam o tempo vivido.

Muito antes da invenção da escrita, diferentes grupos humanos faziam representações para indicar os lugares onde viviam e os caminhos que percorriam. Esses primeiros mapas possibilitavam que os conhecimentos adquiridos pudessem ser transmitidos a outras pessoas.

Cada povo fez seus mapas de diferentes formas: gravados em argila, pedras, conchas e dentes de animais ou desenhados em papiro e papel. Hoje em dia, além dos mapas feitos em papel e dos globos terrestres, podemos consultar mapas digitais capazes de mostrar ao mesmo tempo muitas informações diferentes.

O mapa mais antigo

Em 1963, foi descoberto na Região Centro-Oeste da Turquia, durante escavações arqueológicas, um mapa da cidade de Çatalhöyük, feito aproximadamente em 6200 a.C. Trata-se de uma parede pintada com cerca de 2,70 metros de comprimento. É o mapa mais antigo de que se tem conhecimento até hoje.

Depois disso, muitas civilizações desenvolveram mapas de diversos materiais, que serviram para a orientação e a localização de determinado fenômeno na superfície terrestre.

Mapa de Ga-Sur

A foto mostra o mapa de Ga-Sur, um dos mais antigos conhecidos hoje. Ele foi feito de barro em 2500 a.C. Estudiosos acreditam que ele representa o rio Eufrates e as montanhas da região do nordeste da antiga Mesopotâmia (atual Iraque). Veja abaixo um desenho com uma interpretação desse mapa.

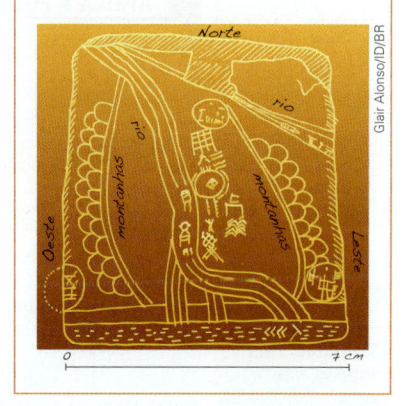

Este desenho é uma interpretação do mapa mais antigo de que se tem conhecimento. Ele nos permite ter uma ideia de como era a cidade de Çatalhöyük. Na parte superior do mapa está a representação de um vulcão. Acredita-se ser o Hassan Dag, que atualmente está inativo.

Convenções cartográficas

Para que os mapas possam ser utilizados por qualquer pessoa, em qualquer lugar do mundo, os estudiosos combinaram que os símbolos utilizados na sua confecção devem ser sempre os mesmos. Esses símbolos são chamados de **convenções cartográficas**.

As convenções cartográficas são universais e algumas delas são bem conhecidas. Os corpos de água, como lagos, rios, mares e oceanos, são representados na cor azul; a vegetação, em verde; as variações do relevo, em tons de marrom.

Elementos presentes nos mapas

Os mapas podem retratar diferentes aspectos de qualquer lugar do planeta. No entanto, qualquer que seja o assunto, algumas informações são indispensáveis. Vamos conhecer os principais **elementos de um mapa**.

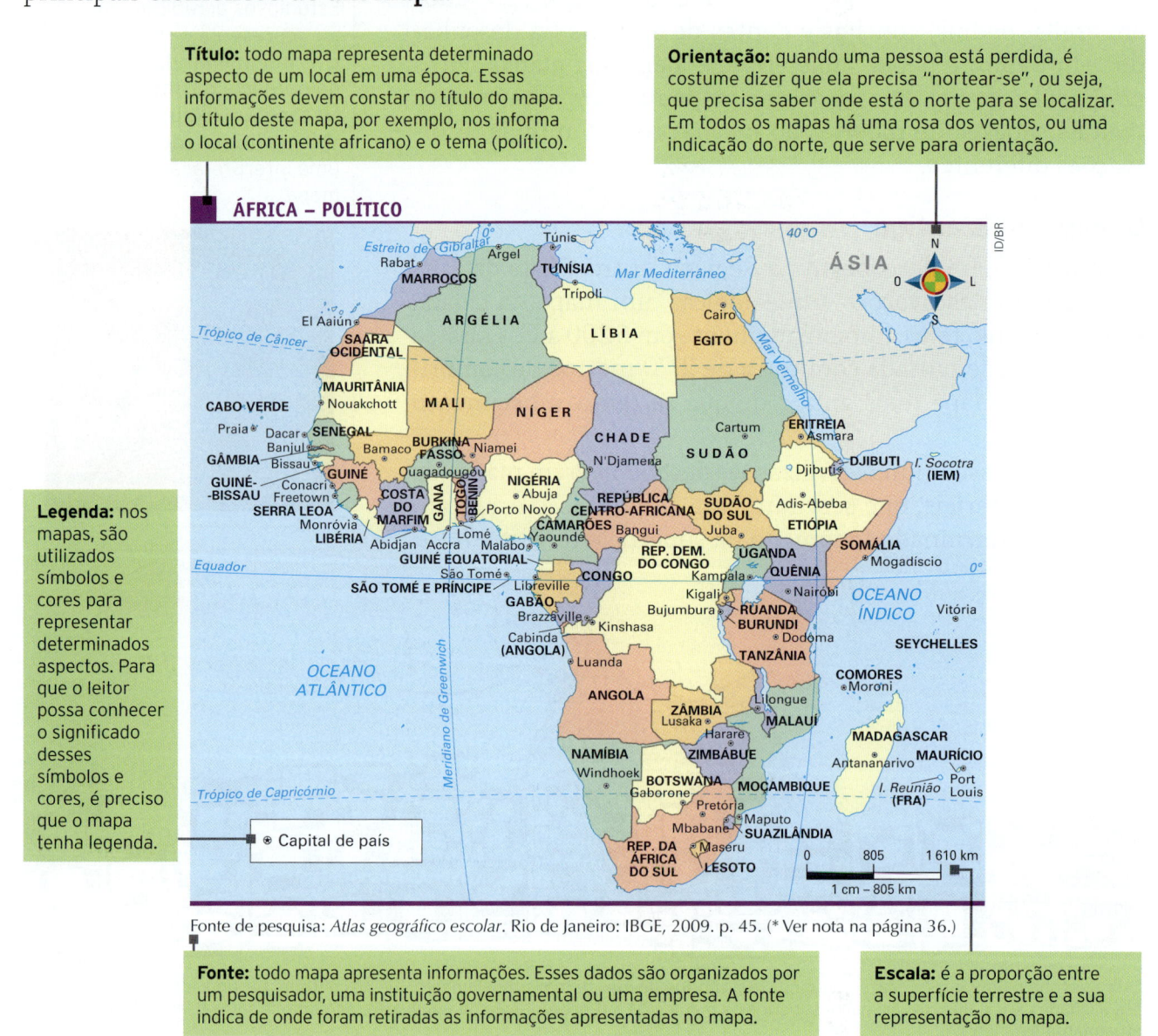

Título: todo mapa representa determinado aspecto de um local em uma época. Essas informações devem constar no título do mapa. O título deste mapa, por exemplo, nos informa o local (continente africano) e o tema (político).

Orientação: quando uma pessoa está perdida, é costume dizer que ela precisa "nortear-se", ou seja, que precisa saber onde está o norte para se localizar. Em todos os mapas há uma rosa dos ventos, ou uma indicação do norte, que serve para orientação.

Legenda: nos mapas, são utilizados símbolos e cores para representar determinados aspectos. Para que o leitor possa conhecer o significado desses símbolos e cores, é preciso que o mapa tenha legenda.

Fonte de pesquisa: *Atlas geográfico escolar*. Rio de Janeiro: IBGE, 2009. p. 45. (* Ver nota na página 36.)

Fonte: todo mapa apresenta informações. Esses dados são organizados por um pesquisador, uma instituição governamental ou uma empresa. A fonte indica de onde foram retiradas as informações apresentadas no mapa.

Escala: é a proporção entre a superfície terrestre e a sua representação no mapa.

Escala

Imagine que um grupo de alunos tenha resolvido fazer um mapa da rua da escola. Nele foram representados a padaria, a farmácia e o prédio do colégio. Sabemos que, na realidade, a rua não tem o tamanho do papel. Para fazer um mapa é preciso reduzir os elementos representados. Em nosso exemplo, a rua da escola tem 500 metros; no papel, ela foi desenhada com 10 centímetros.

Se 10 centímetros no papel equivalem a 500 metros de rua, 1 centímetro no papel equivale a 50 metros de rua.

Assim, nesse exemplo, a **escala numérica** é de 1:50, indicando que o tamanho da rua foi reduzido 50 vezes para caber na folha de papel.

Existe ainda a **escala gráfica**. Para representá-la, pode-se desenhar o intervalo de 1 centímetro. Em uma das extremidades, escreve-se o número 0; na outra, anota-se a distância equivalente a 1 centímetro no mapa. Em nosso exemplo, a escala gráfica é: .

Em todos os mapas existe uma proporção entre a superfície terrestre e a sua representação. A escala mostra a relação entre a medida real na superfície terrestre e a sua medida no papel.

Dependendo do que estamos cartografando, ou seja, do assunto de que estamos tratando, a escala pode variar. Observe.

> **Verifique o que aprendeu**
> 1. Defina o que é mapa.
> 2. Qual a importância dos mapas?
> 3. O que são e para que servem as convenções cartográficas?
> 4. Quais são os principais elementos de um mapa?

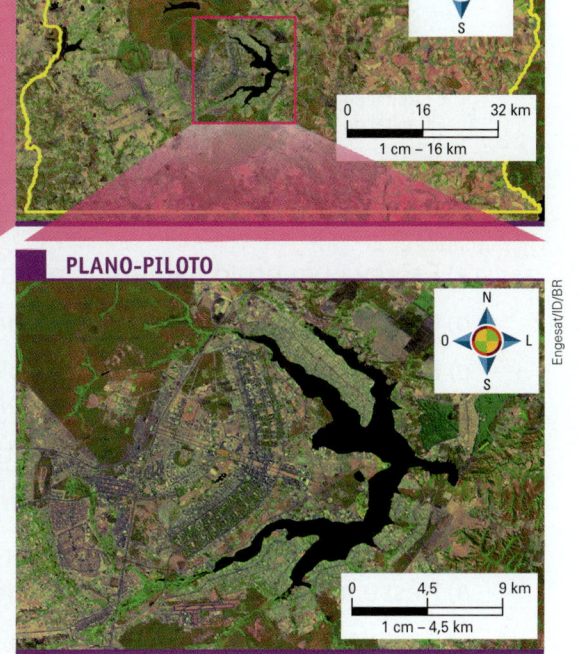

As imagens de satélite mostram o Brasil, o Distrito Federal e o plano-piloto de Brasília em diferentes escalas. Note que, quanto mais nos aproximamos do plano-piloto, maior o grau de detalhamento. Uso de cores artificiais.

ATIVIDADES

1. Alguma vez você utilizou um mapa? Comente em que situação e com qual finalidade.

2. Para que serve a legenda de um mapa?

3. Para que os mapas são usados atualmente? Dê pelo menos três exemplos.

4. Observe o mapa abaixo e responda às questões.

Fonte de pesquisa: *Atlas geográfico escolar*. Rio de Janeiro: IBGE, 2009. p. 90.

a) Escreva um título para esse mapa.

b) Que outro elemento esse mapa deveria ter?

c) Estabeleça uma hipótese que explique por que nesse mapa não foram representados todos os municípios brasileiros.

d) Que informações estão representadas no mapa?

e) Algum elemento natural está representado no mapa acima?

5. Observe a escala do mapa acima e responda:
   a) Nesse mapa, 1 centímetro equivale a quantos quilômetros?
   b) Calcule a distância, em linha reta, entre Brasília e João Pessoa.

6. Por que dizemos que fazer um mapa é sempre uma escolha?

APRENDER A...

Utilizar a escala para reduzir ou ampliar objetos

Você já aprendeu que escala é a relação entre os tamanhos e as distâncias reais e a sua representação reduzida. Essa representação pode ser um mapa (no caso de territórios), um desenho ou uma réplica (quando se tratar de objetos). A escala permite determinar, por exemplo, quanto a área de um território foi reduzida para ser representada em um mapa ou quanto o tamanho de uma pessoa foi aumentado em uma estátua.

Veja como isso é possível criando uma miniatura do seu livro de Geografia dez vezes menor que o tamanho real. A escala será, portanto, de 1:10.

Além do seu livro, você vai precisar de uma régua, uma folha de cartolina, duas folhas de papel sulfite (ou folhas de caderno), lápis, borracha, tesoura sem ponta, grampeador e lápis de cor. Agora, siga as instruções.

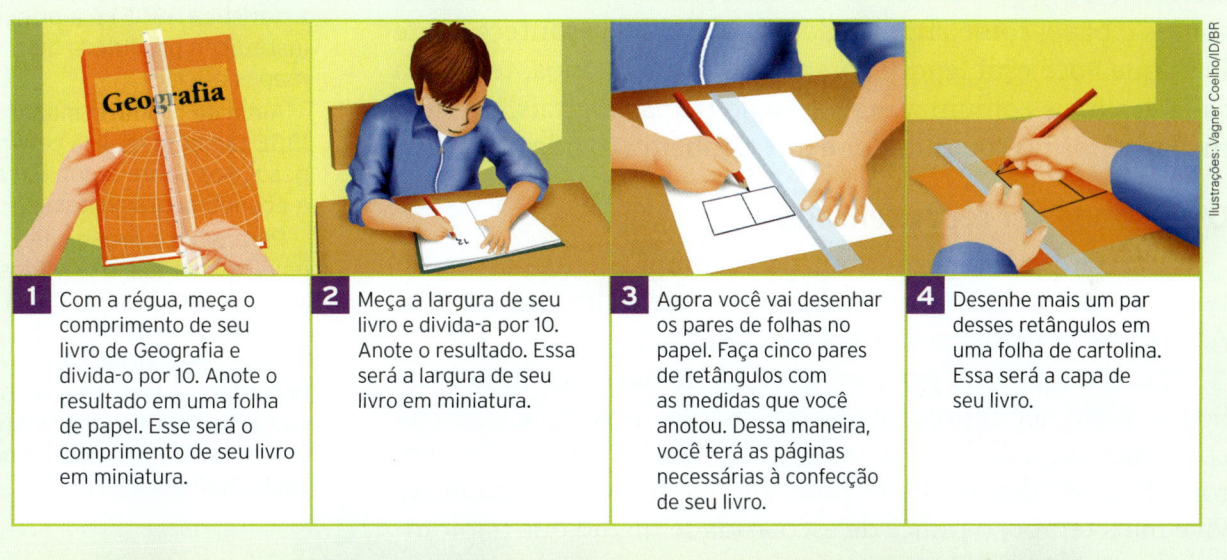

1 Com a régua, meça o comprimento de seu livro de Geografia e divida-o por 10. Anote o resultado em uma folha de papel. Esse será o comprimento de seu livro em miniatura.

2 Meça a largura de seu livro e divida-a por 10. Anote o resultado. Essa será a largura de seu livro em miniatura.

3 Agora você vai desenhar os pares de folhas no papel. Faça cinco pares de retângulos com as medidas que você anotou. Dessa maneira, você terá as páginas necessárias à confecção de seu livro.

4 Desenhe mais um par desses retângulos em uma folha de cartolina. Essa será a capa de seu livro.

5 Recorte com cuidado os cinco pares de páginas e a capa do livro. Junte-as, dobre as folhas ao meio e grampeie-as na cartolina.

6 Faça desenhos na capa e no interior do livro e pinte-os com lápis de cor.

7 Escreva na capa o título do seu livro.

8 Pronto! Você já tem um livro em miniatura.

Ilustrações: Vagner Coelho/ID/BR

Se você quiser ampliar um objeto, basta multiplicar a medida real em vez de dividi-la. Assim, se medir um objeto e multiplicar por dois, fará uma representação duas vezes maior que o tamanho real.

■ Atividades

1. Se a escala utilizada para a confecção da miniatura do livro fosse de 1:2, ela seria menor ou maior do que a construída utilizando-se a escala de 1:10? Por quê?

2. Se a miniatura do livro fosse apenas cinco vezes menor que o tamanho real, qual seria a escala?

MÓDULO 2

Representações cartográficas

As representações cartográficas são recursos importantes para registrar e transmitir informações sobre os lugares, as paisagens e o espaço geográfico. Elas podem revelar características do espaço natural, da sociedade ou da cultura de um povo.

●●● Representando o mundo

Representar o mundo de maneira gráfica significa utilizar símbolos, desenhos e até objetos para reproduzir as formas do território e o que existe nele. Na cartografia, geralmente utilizamos o papel como suporte do mapa. É o que acontece neste livro que você está lendo. Porém, nos últimos anos, tem sido cada vez mais comum a utilização de mapas digitais, ou seja, mapas feitos no computador e que também são lidos na tela.

O que pode ser representado

O mapa pode representar, por exemplo, uma forma do território, como uma montanha, ou o trajeto de uma estrada. As formas são sempre visíveis na paisagem.

Na verdade, uma grande variedade de fatos de uma localidade pode ser representada em mapas. Assim, é possível construir um mapa que mostre quais cidades ou estados têm torcedores de determinado time, em que países ou cidades se vive mais tempo, o índice de escolaridade médio dos habitantes de um lugar, entre outras possibilidades.

O mapa ao lado mostra a distribuição da população nos estados da Região Sul do Brasil. Nele, cada ponto vermelho representa 10 mil habitantes.

> **Quem faz os mapas no Brasil?**
>
> No Brasil, o Instituto Brasileiro de Geografia e Estatística (IBGE) é a principal instituição produtora de mapas oficiais.
>
> Além de produzir mapas, o IBGE também realiza censos e pesquisas sobre a população e a economia brasileiras.
>
> Para muitos organismos governamentais e privados, as informações divulgadas pelo IBGE em cartas, mapas e pesquisas são importantes ferramentas para compreender e quantificar as mudanças no território e na sociedade brasileiros.

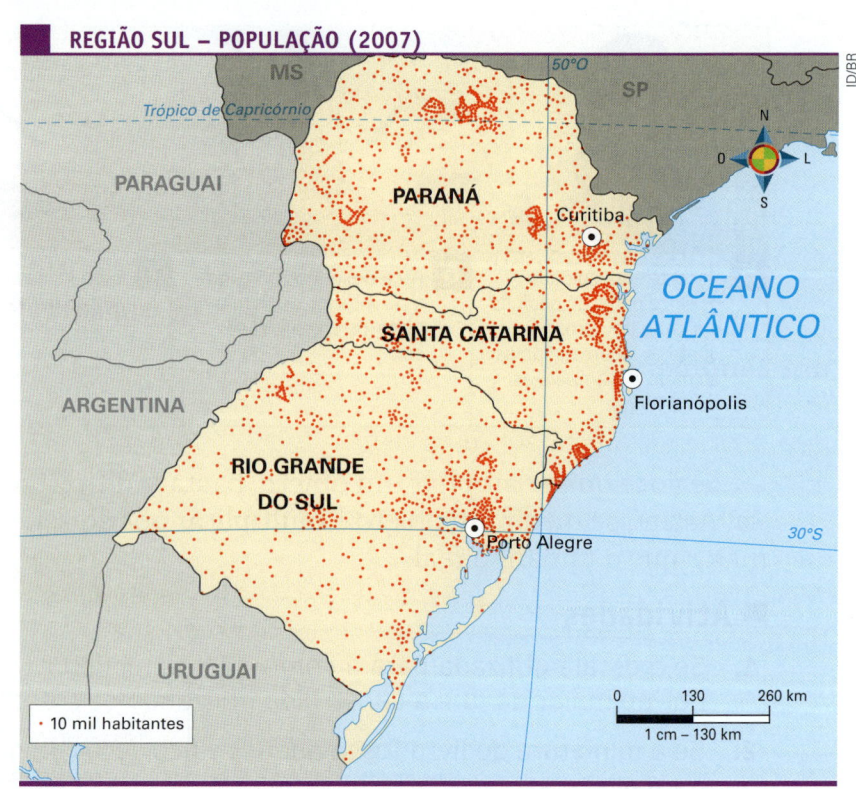

REGIÃO SUL – POPULAÇÃO (2007)

Fonte de pesquisa: *Atlas geográfico escolar*. Rio de Janeiro: IBGE, 2009. p. 113.

Recursos de comunicação cartográfica

Na construção de um mapa são utilizados diferentes recursos cartográficos para representar elementos ou fenômenos. Esses recursos devem ser claros para que o leitor do mapa possa compreendê-los. Vamos agora conhecer alguns deles.

Há mapas que apresentam **diferentes tipos de informação**. Nesse caso, é necessário usar um símbolo para cada um deles.

No mapa da rede de transportes de São Paulo e do Rio de Janeiro, por exemplo, reproduzido ao lado, os aeroportos e os portos foram representados por ícones. Já as vias de transporte foram indicadas por linhas: vermelhas para estradas e pretas para ferrovias.

SÃO PAULO E RIO DE JANEIRO – REDE DE TRANSPORTES (2007)

Fonte de pesquisa: *Atlas geográfico escolar*. Rio de Janeiro: IBGE, 2009. p. 143.

Também existem mapas em que é representada uma **única categoria de informação, mas com grande diversidade de elementos**. Nesse caso, são necessários vários símbolos diferentes.

No mapa dos recursos **minerais** e combustíveis fósseis da Oceania, por exemplo, as jazidas de diamante são representadas por um símbolo, as de cobre são indicadas por outro símbolo, as de ouro, por outro diferente, e assim por diante.

OCEANIA – RECURSOS MINERAIS E COMBUSTÍVEIS FÓSSEIS (2009)

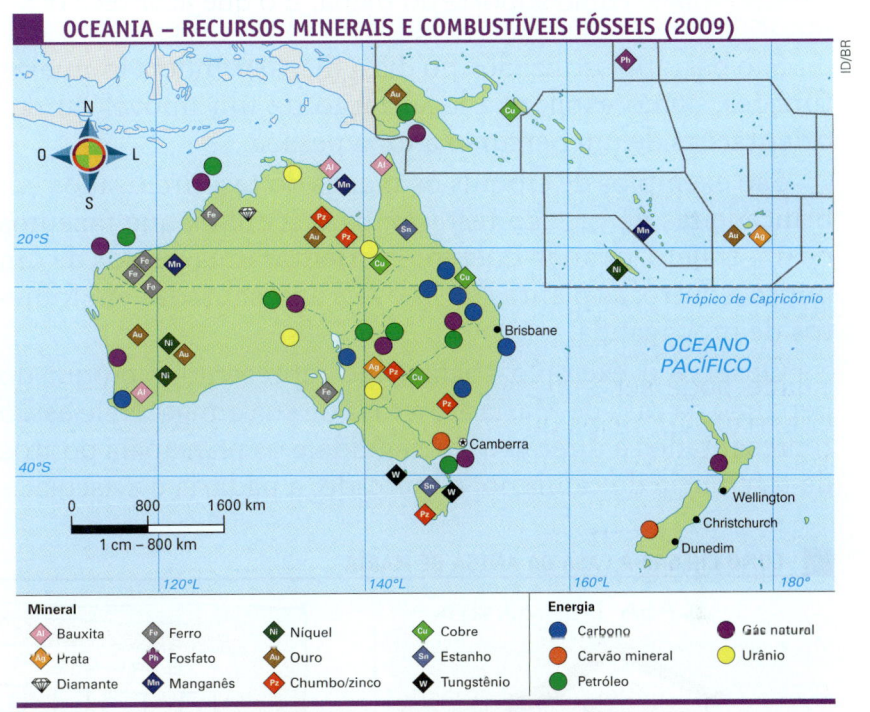

Fonte de pesquisa: *Atlante geografico metodico de Agostini*. Novara: Istituto Geografico de Agostini, 2009. p. 175.

Há ainda mapas em que é importante mostrar a **quantidade de elementos ou a intensidade de um fenômeno**. Nesse caso, são indicadas as diferenças de tamanho dos símbolos. É o que ocorre no mapa sobre as usinas hidrelétricas da Região Norte do Brasil, ao lado. Os símbolos que representam as usinas possuem tamanhos diferentes, para indicar a capacidade de produção de energia elétrica de cada uma delas.

REGIÃO NORTE – USINAS HIDRELÉTRICAS (2003)

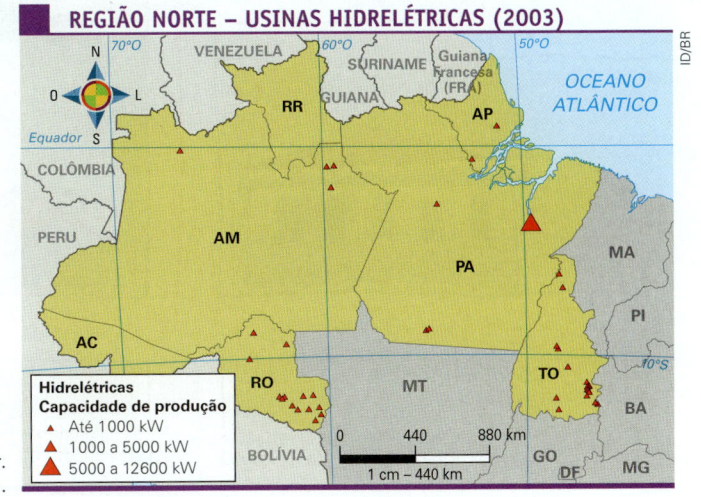

Fonte de pesquisa: *Atlas geográfico escolar*. Rio de Janeiro: IBGE, 2009. p. 142.

••• Diferentes tipos de representação cartográfica

Existem diferentes maneiras de representar a realidade cartograficamente. As formas mais conhecidas são os **croquis**, as **maquetes**, as **plantas** e os **mapas**. A escolha do tipo de representação a ser utilizado depende do objetivo que se quer atingir.

Croquis

Croquis são desenhos simplificados, elaborados sem preocupação com a escala. Geralmente são feitos à mão livre. Apesar de não terem o rigor dos mapas e das plantas, eles trazem esquematicamente todas as informações de que o leitor precisa para resolver algum problema imediato.

São bastante utilizados no dia a dia, servindo a inúmeras funções, como explicar a localização de um imóvel ou dar orientações de um percurso a uma pessoa.

São exemplos de croquis os mapas do tesouro usados em brincadeiras de caça ao tesouro; os rascunhos que fazemos de um trajeto, quando queremos orientar uma pessoa de um ponto a outro; as plantas de imóveis apresentadas em folhetos de propaganda.

Observe o exemplo abaixo. Ele representa o croqui do percurso da casa de Maria até a casa de sua amiga. Nele estão representados a direção a ser seguida e os principais pontos de referência do caminho: o mercado, a padaria e a escola.

Informações preciosas

No século XVI, navegava pelo mar Mediterrâneo um almirante turco muito famoso chamado Piri Reis. Os europeus o consideravam um dos mais importantes piratas da época.

Ele era capaz de fazer mapas com incrível exatidão. Conta-se que ele utilizava um mapa que o próprio Cristóvão Colombo havia feito.

Piri Reis recebeu esse tesouro de seu tio, Kamal Reis, que também era da armada turca e que havia capturado essa carta de um navio saqueado na costa da Espanha em 1501.

Os mapas de Piri Reis, assim como suas anotações de viagem organizadas na obra *Livro da Marinha*, foram dados como presente ao sultão Sulemán em 1526. Essas preciosas informações são ainda hoje estudadas pelos pesquisadores.

COMO CHEGAR À CASA DA AMIGA DE MARIA

Maquetes

As maquetes são representações cartográficas tridimensionais, ou seja, têm altura, largura e profundidade. Nelas, todos os elementos devem ser reduzidos proporcionalmente com base no tamanho original. Além disso, os elementos precisam ser representados na mesma disposição em que são encontrados.

As maquetes ajudam a imaginar como será uma construção nova. Na foto, maquete de novos edifícios comerciais para um projeto em Xangai, China, em 2011.

As maquetes podem ser feitas de materiais diversos, como papel, argila, plástico, madeira, serragem, isopor, etc.

Quando brincam, muitas vezes as crianças também elaboram ou utilizam maquetes. As casinhas de boneca e as cidades por onde correm os trenzinhos de ferro são reduções do espaço.

Plantas

As plantas e os mapas são muito parecidos. A diferença entre eles é de escala, ou seja, a planta mostra muito mais detalhes do que o mapa. Observe, por exemplo, esta planta de um apartamento. Nela podemos ver até os travesseiros que estão sobre as camas. É importante lembrar que as plantas seguem uma escala.

As plantas são utilizadas para representar pequenos espaços, como uma moradia, uma escola, uma rua. Elas possuem um nível de detalhamento maior que o dos mapas.

Representações de espaço incorretas

Algumas propagandas de imóveis apresentam plantas em que o espaço parece muito mais amplo do que de fato é, pois utilizam uma escala para o imóvel e outra para os móveis.

No entanto, na elaboração de uma planta deve haver preocupação com as dimensões corretas dos objetos representados, para que o observador não se engane.

I. Por que você acha que ocorre esse tipo de incorreção?

II. O que uma propaganda de imóvel deve conter para não prejudicar o consumidor?

III. Cite algumas propagandas que prometem algo que não cumprem. O que podemos fazer para nos proteger de propagandas enganosas?

Verifique o que aprendeu

1. Quais as representações cartográficas mais usuais?
2. Qual é a diferença entre mapa e planta?
3. Que recursos podem ser usados na comunicação cartográfica?

ATIVIDADES

1. Observe as representações abaixo. Classifique-as, escrevendo:

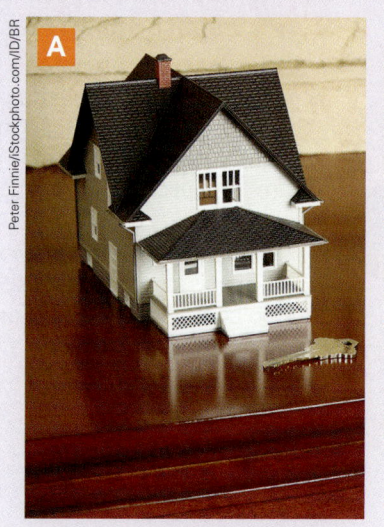

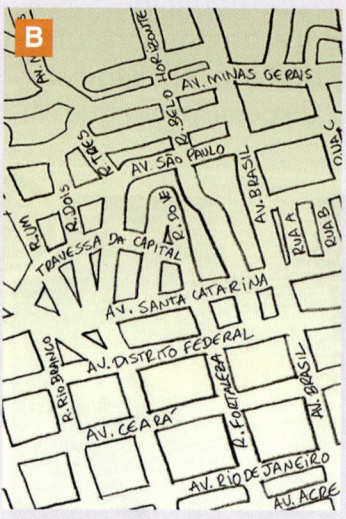

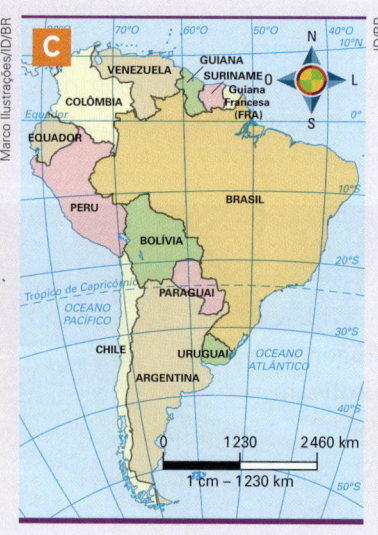

A

B

C

Fonte de pesquisa: *Atlas geográfico escolar*. Rio de Janeiro: IBGE, 2009. p. 41.

a) sua denominação;
b) as principais características de cada uma delas.

2. Agora discuta com os colegas: que característica essas três representações têm em comum?

3. Desenhe um croqui do seu quarto. Represente todos os móveis nele presentes e sua correta distribuição.

4. Para que servem as maquetes?

5. Observe a foto e faça o que se pede.

Ladário (MS), 2010.

a) Desenhe um croqui da rua representada na foto.
b) Faça outro croqui que inclua a rua representada na foto, e crie várias outras ruas.
c) Os dois croquis estão na mesma escala? Explique.

MUNDO ABERTO

Cartografia indígena: uma maneira diferente de criar mapas

Observe o mapa com atenção. Ele foi feito em conjunto por diversos índios do Acre. Podemos ver quais rios são navegáveis, onde moram povos indígenas e ainda onde ficam o limite entre o Acre e o Amazonas e a fronteira com o Peru. Mostra também algumas pessoas realizando suas atividades. Essa imagem é um exemplo de mapa criado pela cartografia indígena.

Representação cartográfica feita por povos indígenas do Acre.

Pela cartografia indígena, os índios podem somar seu conhecimento sobre suas terras tradicionais ao conhecimento técnico da cartografia. Dessa forma, os próprios índios criam os mapas de suas terras e passam para o papel a memória guardada de muitas gerações sobre o meio onde vivem.

Em um mapa indígena pode-se encontrar o desenho de lugares onde os animais vão para se alimentar, as trilhas utilizadas pelas pessoas e a distância entre pequenos rios. Essas informações são conhecidas somente pelos moradores da região e enriquecem muito o mapa.

Outra utilidade da cartografia produzida pelos índios é sua utilização na escola das aldeias indígenas. Muitas vezes, a terra indígena não está nos livros, e os professores costumam dar aula sobre lugares distantes da aldeia. Com a cartografia indígena, a própria comunidade pode ser dada como exemplo em classe. É claro que é muito mais fácil e interessante aprender com a vida de seu povo e de sua própria aldeia.

Além disso, os alunos podem eles mesmos construir o mapa do lugar onde vivem. Ao criar um mapa próprio para sua terra, os índios podem planejar melhor como vão proteger suas florestas, fazer suas plantações e organizar a maneira de morar na mata. Eles também podem utilizar o seu mapa para mostrar aos não índios seu conhecimento e defender sua forma de viver naquele espaço e sua cultura.

Por todas essas razões, educadores de ONGs e do poder público têm incentivado o uso da cartografia indígena. No estado do Acre, por exemplo, a experiência de mapear o território é realizada por diferentes povos indígenas. Os chamados povos ribeirinhos também participam das aulas e contribuem na hora de criar os mapas.

Esse trabalho conjunto é muito positivo, pois criar um mapa ajuda índios e não índios a discutir seus problemas. Ao construírem juntos um mapa da área onde vivem, eles passam a entender suas diferenças e aprendem a viver melhor lado a lado.

■ Atividades

1. Com base no texto, escreva quais são os principais benefícios que a cartografia indígena pode proporcionar a uma comunidade.

VIAJANDO PELO MUNDO — Grécia

Uma das grandes obras da arquitetura grega é o templo Partenon, em Atenas, dedicado a Palas Atena, deusa da sabedoria. Foto de 2009.

A Grécia é um país localizado no sul da Europa. Seu território possui uma área continental e milhares de ilhas. O mapa ao lado mostra a localização desse país, que é banhado por três mares.

Os conhecimentos e as ideias da Grécia antiga formam uma das bases da cultura da Europa e de todos os lugares que receberam influência europeia.

Uma contribuição fundamental da cultura grega à humanidade foi o conceito de democracia, desenvolvido na cidade de Atenas por volta do ano 500 a.C.

Os antigos gregos alcançaram grandes avanços na Filosofia e criaram os fundamentos do pensamento científico. Destacaram-se ainda em áreas diversas do conhecimento, como a Matemática, a História e a Geografia. Por volta do ano 250 a.C., o filósofo Aristóteles já produzia mapas.

Nas artes, os gregos foram notáveis principalmente na escultura e no teatro. As peças do teatro grego antigo são apresentadas ainda hoje no mundo inteiro.

As maiores ilhas da Grécia

Ilha	Área
Creta	8 305 km²
Eubeia	3 908 km²
Lesbos	1 630 km²
Rodes	1 398 km²
Quios	904 km²

GRÉCIA – DISTRIBUIÇÃO DA POPULAÇÃO URBANA E RURAL (2008)

Urbana: 61% | Rural: 39%

Fonte de pesquisa: Trading Economics. Disponível em: <http://www.tradingeconomics.com/greece/urban-population-wb-data.html>. Acesso em: 18 jun. 2014.

■ De olho no texto

1. Cite uma importante influência deixada pela cultura grega.
2. Reúna-se com um colega. Observem acima o mapa e a tabela sobre a Grécia. Que relações podem ser estabelecidas entre os dois?

LENDO GEOGRAFIA

ANTES DE LER

- Com base no título do artigo, levante hipóteses sobre o assunto tratado.
- O que você sabe sobre a inclusão de pessoas com deficiência em nossa sociedade?

Mapas táteis como instrumento de inclusão social

[...] A lei brasileira nº 10098, de 2000, que estabelece normas e critérios para a promoção da acessibilidade, coloca que "a pessoa portadora de deficiência ou com mobilidade reduzida é aquela que temporária ou permanentemente tem limitada a sua capacidade de relacionar-se com o meio e de utilizá-lo". [...]

Quanto aos deficientes visuais, tem-se verificado que o sistema Braille promoveu uma verdadeira revolução na vida das pessoas cegas. Sabe-se que o Braille qualificou sobremaneira a posição dos portadores de deficiência visual no espaço real e social mais amplo, permitindo-lhes ascender a esferas as mais variadas, no âmbito profissional, intelectual, estético, afetivo, etc. [...]

Mapas táteis são representações gráficas em textura e relevo que servem para orientação e localização de lugares e objetos para portadores de deficiência visual, portanto são valiosos instrumentos de inclusão social.

Menino cego manipula um globo terrestre tátil. São Caetano do Sul (SP), 2007.

Considerações finais

Os mapas táteis de escala pequena são imprescindíveis para o aprendizado das disciplinas de Geografia, História, etc. e para o acesso à informação espacial de qualquer natureza. [...]

Os instrumentos de orientação espacial, além de necessários para o aprendizado escolar, auxiliam na locomoção, na autoconfiança e no aumento da autoestima e trazem independência para o cego; a inexistência desses, como os mapas táteis, exclui e limita profundamente o cidadão deficiente visual. [...]

Ruth E. Nogueira Loch e Luciana Cristina de Almeida. Projeto de pesquisa do LabTate – Laboratório de Cartografia Tátil e Escolar da Universidade Federal de Santa Catarina (UFSC). Disponível em: <http://www.labtate.ufsc.br/ct_artigos.html>.
Acesso em: 18 jun. 2014.

De olho no texto

1. Qual a importância dos mapas táteis?
2. O que os mapas táteis possibilitam aos deficientes visuais?
3. Na sua opinião, como as cidades poderiam ser mais acolhedoras para as pessoas cegas ou com baixa visão?

FAZENDO GEOGRAFIA

Elementos de um mapa temático

Vimos que todo mapa deve conter elementos básicos, como título, fonte, orientação, escala e legenda. Esses elementos nos ajudam a ler e interpretar as informações nele contidas. Para fazer uma boa leitura de um mapa, leve em consideração algumas etapas.

A interpretação de um mapa temático deve ser iniciada pela leitura do **título**, pois é nele que podemos identificar a área abrangida pela representação e o tema tratado. No mapa abaixo, o espaço representado é o território brasileiro, e o tema é a vegetação nativa. Quando necessário, o título também indica o ano ou o período a que se referem as informações utilizadas na confecção do mapa.

A **fonte**, que geralmente consta na parte inferior dos mapas, também exerce uma função importante, trazendo informações como a instituição que confeccionou o mapa, a origem das informações e o ano em que o mapa foi elaborado.

A **orientação** pode ser feita com uma rosa dos ventos, que representa a direção dos pontos cardeais, ou com indicação da direção norte, a partir da qual é possível obter as demais. Os recursos de orientação auxiliam na identificação das localidades mapeadas e no posicionamento do leitor em relação a elas.

A **escala** nos indica quantas vezes a área do espaço representado foi reduzida em relação à área real, sendo um elemento fundamental para o cálculo de distâncias entre pontos de um espaço real a partir da sua representação no mapa. A escala permite, por exemplo, que uma pessoa descubra com antecedência aproximadamente quantos quilômetros vai percorrer em uma viagem a ser realizada.

Por fim, a **legenda**, que é a principal ferramenta de leitura de um mapa. Ela permite a identificação do significado de cores, símbolos, hachuras e outros recursos visuais empregados para demonstrar a identificação, a localização, os valores e outras informações referentes aos temas representados.

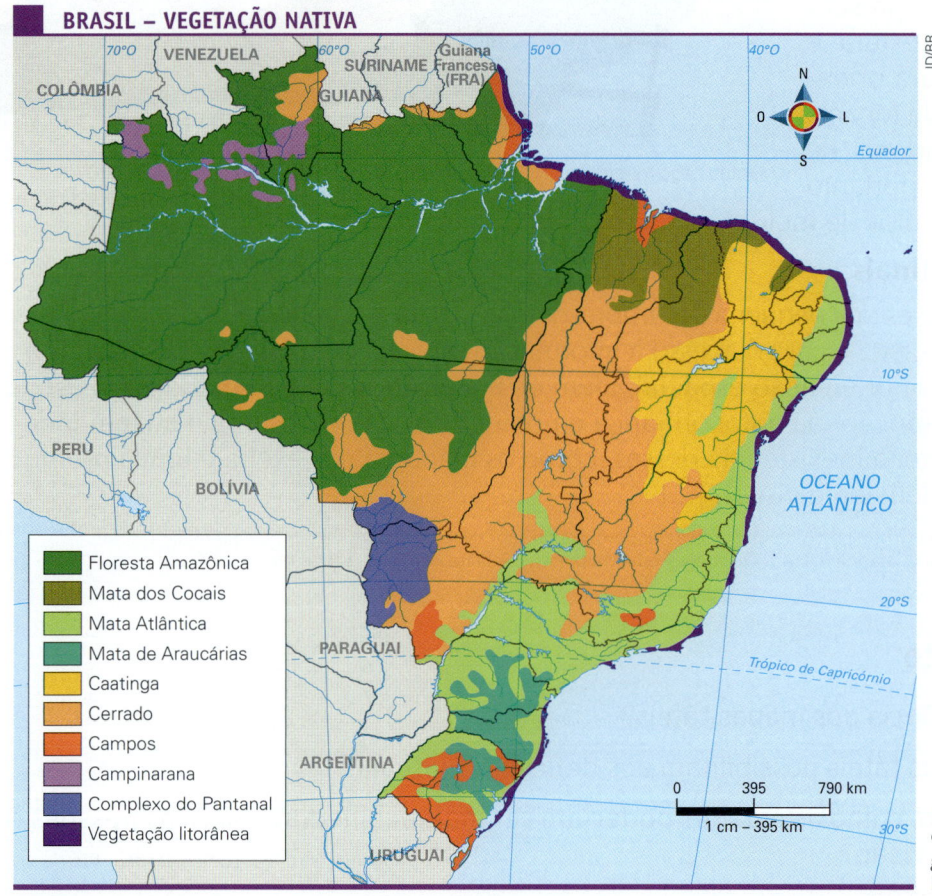

BRASIL – VEGETAÇÃO NATIVA

Legenda:
- Floresta Amazônica
- Mata dos Cocais
- Mata Atlântica
- Mata de Araucárias
- Caatinga
- Cerrado
- Campos
- Campinarana
- Complexo do Pantanal
- Vegetação litorânea

Escala: 0 – 395 – 790 km (1 cm = 395 km)

Fonte de pesquisa: G. Girardi e J. V. Rosa. *Novo atlas geográfico do estudante*. São Paulo: FTD, 2008. p. 26.

Síntese

Interpretação cartográfica

Aprendendo a ler um mapa
- Um mapa é uma representação gráfica da superfície da Terra ou apenas de uma parte do planeta.
- Um mapa é um documento que devemos aprender a ler.
- Um mapa revela as convicções e as opiniões de seu autor.
- Os elementos essenciais de um mapa são o título, a orientação, a fonte, a escala e a legenda.
- As convenções cartográficas são acordos que estipulam códigos comuns a todos os mapas, permitindo que um grande número de pessoas possa compreendê-los.

Representações cartográficas
- Na cartografia, utilizamos símbolos que representam objetos e conteúdos de determinado lugar.
- Mapas temáticos são aqueles que representam um tema ou assunto específico.
- Há diferentes tipos de representações cartográficas, como croquis, maquetes, mapas e plantas.
- Croqui é um desenho simplificado de determinado lugar.
- Maquetes são representações cartográficas tridimensionais.
- As plantas mostram mais detalhes do que os mapas.

[PARA SABER MAIS]

Livros

Terra imensa: uma viagem pelo mundo da Geografia, de Ricardo Pirozzi. São Paulo: Nacional.
No século XVIII, um explorador português chega à Colônia do Sacramento (no atual Uruguai) em busca de terras a serem mapeadas. Em sua viagem, ele encontra escondida na mata uma misteriosa aldeia, feita de pedras avermelhadas: Itacueretaba. Os mistérios que cercam a região mudarão profundamente a vida desse explorador.

Orientação e mapas, de Eduardo Banqueri. São Paulo: Escala Educacional.
Cada vez que exploramos locais desconhecidos, necessitamos de mapas, bússolas e cartas de orientação. Esse guia pretende ser uma introdução ao mundo da cartografia e da interpretação de mapas.

Mapa do céu, de Edgar Rangel Netto. São Paulo: FTD.
Guia astronômico que indica as principais constelações.

Site

<http://www.ibge.gov.br/ibgeteen>
Neste *site* você encontra um *link* para o *Atlas geográfico multimídia*, em que há muitos mapas e animações sobre Geografia, cartografia e o planeta Terra. Acesso em: 18 jun. 2014.

CAIXA DE FERRAMENTAS

Entrevista

A entrevista é um gênero no qual há o entrevistador, a pessoa que faz perguntas, e o entrevistado, aquele que responde às questões. Vários podem ser os objetivos do entrevistador, como obter informações, opiniões ou pontos de vista do entrevistado sobre assuntos variados, acontecimentos, lugares, períodos históricos, etc.

Leia abaixo o trecho de uma entrevista veiculada em uma revista.

Max Justo Guedes. O mundo sem segredos.

[...] Estudioso das navegações, particularmente da época do Descobrimento, o almirante dedicou boa parte de sua vida à preservação e divulgação do patrimônio histórico naval brasileiro, dirigindo o Serviço de Documentação da Marinha e criando museus e espaços culturais. [...]

Revista de História – Sobre os mapas: eles variam muito, de civilização para civilização?

Max Justo Guedes – Ah, sim, alguns são engraçadíssimos: umas quadrículas de bambu com umas conchinhas, das ilhas do Pacífico. Chegava-se às ilhas por meio desses mapas. Os gregos, na Antiguidade, tinham o que eles chamavam de "périplos". Eram descrições escritas das costas que usavam para navegar. Não eram mapas nem cartas náuticas, eram uma descrição. O Mediterrâneo é muito interessante porque ele é muito aberto em longitude e muito estreito em latitude. Então, se um navegante se perder e se dirigir para o norte, vai dar na Europa. Se ele se dirigir para o sul, vai dar na costa africana. O périplo ensinava como chegar ao porto.

RH – Quais as cartas náuticas mais antigas?

MJG – A mais antiga referência que se tem, na Europa, data dos tempos da última cruzada, no século XIII, quando apresentaram a São Luís, rei de França, um mapa-múndi. Depois disso, apareceu uma carta náutica, a Carta Pizana, que está hoje na Biblioteca Nacional da França. Aí já não usavam os périplos, mas as chamadas cartas-portulano, para chegar aos portos. Na época dos descobrimentos, o Infante D. Henrique importou um cartógrafo maiorquino, Giácomo de Maiorca, que ensinou os portugueses a fazer cartas náuticas. E começaram a surgir as cartas portuguesas, com a costa africana e com as ilhas. [...]

RH – Existem uns mapas belíssimos, cheios de ilustrações. Eram os cartógrafos que faziam?

MJG – O traçado da costa era obra dos cartógrafos, mas o interior eram os miniaturistas que faziam, a partir das descrições que recebiam. Existem cartas maravilhosas, como o Atlas do John Rots, ou Jean Rose, pois ele era francês, que pertenceu a Henrique VIII e hoje está no Museu Britânico, com iluminuras fantásticas [...]. Há um Atlas luso-francês em Haia que é também uma beleza, cheio de iluminuras belíssimas, e importantes para os estudos antropológicos brasileiros. Os miniaturistas descrevem perfeitamente os costumes dos índios, eram artistas de primeiríssima qualidade. Mas esses mapas não serviam aos navegantes, eram "cartas de príncipes", como se diz hoje.

Revista de História da Biblioteca Nacional, Rio de Janeiro, ano 2, n. 22, jul. 2007, p. 46, 48 e 49.

■ Atividades

1. Com base na entrevista acima, responda.
   a) Que tipo de informação a entrevista apresenta nas duas primeiras perguntas?
   b) Qual é o assunto principal do trecho lido?

Sua entrevista

Você vai fazer uma entrevista para conhecer as transformações por que passou seu bairro nas últimas décadas. As informações obtidas por você e por seus colegas serão apresentadas na classe, em um dia combinado com seu professor.

O roteiro a seguir pode ajudá-lo a preparar sua entrevista.

1. Escolha seu entrevistado. A pessoa selecionada por você deve ser alguém que vive há muito tempo no seu bairro (parentes mais velhos, antigos moradores, comerciantes, o diretor da escola, etc.), uma pessoa de quem se pode colher impressões sobre os espaços e seus ocupantes em diferentes épocas. Antes da escolha, procure descobrir quem são os moradores mais antigos do bairro.
2. Entre em contato com a pessoa escolhida e explique a ela qual é o objetivo do seu trabalho. Combinem a data, o horário e o local da entrevista.
3. Faça previamente um roteiro de perguntas ou de temas a perguntar, para ser usado no dia da entrevista. Lembre-se de que, além das informações sobre as transformações ocorridas no bairro, você pode apresentar a seus colegas alguns dados pessoais e profissionais sobre a pessoa entrevistada que podem ajudar a compreender a visão de mundo dela.
4. Os temas e as perguntas a seguir são sugestões para compor o seu roteiro de entrevista.

    O roteiro deve servir apenas de norteador da entrevista, para você se lembrar dos itens importantes a explorar com o entrevistado; formule outras questões durante a entrevista, caso ache necessário. O roteiro não deve ser lido mecanicamente. Conduza a entrevista como uma conversa, deixando o entrevistado à vontade para falar. Evite fazer perguntas muito longas, induzir ou interromper as respostas. Caso o entrevistado não responda exatamente ao que perguntou, pergunte novamente de modo mais claro.

> **SUGESTÃO DE PERGUNTAS**
> - Dados pessoais: nome, idade, profissão.
> - Há quanto tempo o entrevistado mora no bairro?
> - Quais foram as principais transformações físicas no bairro desde que o entrevistado começou a residir no local? Havia asfalto nas ruas ou eram de terra? Elas eram arborizadas? Como eram as moradias? Havia mais prédios ou mais casas?
> - Houve mudanças no comportamento e nos costumes das pessoas durante o período em que o entrevistado reside no local?
> - Segundo o entrevistado, a qualidade de vida melhorou ou piorou no bairro? Por quê?

5. A entrevista pode ser registrada por escrito ou gravada. Nesse caso, porém, é necessário pedir a permissão do entrevistado para fazer isso. Se você optar pelo registro escrito, peça-lhe educadamente que fale devagar e que repita alguma parte que não tenha ficado clara para você.

    Se optar por fazer uma gravação, verifique com antecedência se o aparelho está funcionando adequadamente e se as pilhas ou baterias estão carregadas.

    Pode ser que seu entrevistado use algumas palavras e expressões que você desconheça. Se isso acontecer, peça gentilmente que lhe explique o significado delas.
6. Quando terminar seu trabalho, não se esqueça de agradecer a seu entrevistado.

Compartilhando a pesquisa

No dia combinado para a apresentação, a classe será dividida em grupos de cinco alunos. Todos deverão trazer e divulgar o resultado da entrevista.

A Terra oferece as condições necessárias para a manutenção da vida. Os movimentos que realiza, em torno de si mesma e em torno do Sol, são importantes para a manutenção dessas condições favoráveis à vida no planeta.

Outros fatores influenciam nessas condições, como a forma da Terra, seu eixo inclinado e sua distância em relação ao Sol.

O planeta Terra

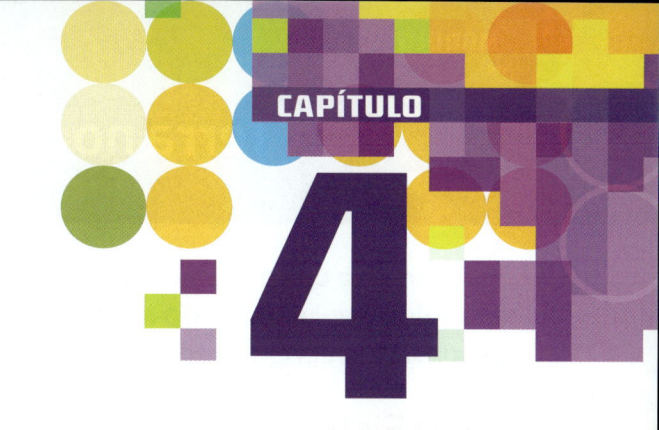

CAPÍTULO 4

O QUE VOCÊ VAI APRENDER

- A Terra no Sistema Solar
- A influência do Sol e da Lua na Terra
- Os movimentos da Terra
- As estações do ano
- Os fusos horários

CONVERSE COM OS COLEGAS

1. O Sol é uma estrela e a Terra é um planeta. Qual é a diferença entre uma estrela e um planeta?
2. Você sabe por que existem os dias e as noites? E as estações do ano?
3. O Sol é muito importante para a existência dos seres vivos no planeta Terra. Você sabe por quê?
4. Por que a Terra é um planeta que apresenta condições propícias ao desenvolvimento da vida como a conhecemos?

Vista da Terra a partir da Estação Espacial Internacional. Foto de 2003.

MÓDULO 1

A Terra no Sistema Solar

A Terra é o único planeta do Sistema Solar que apresenta as condições necessárias para o desenvolvimento e a manutenção da vida como a conhecemos. O Sol é o principal responsável pela existência de vida e por muitos outros fenômenos naturais do planeta.

●●● O Sistema Solar

Quando olhamos para o céu durante a noite, podemos observar uma grande quantidade de pequenos pontos luminosos no espaço. Esses "pontos" podem ser estrelas, planetas, outros corpos celestes, como cometas e meteoros, ou ainda satélites artificiais.

As estrelas possuem luz própria e podem atrair outros corpos celestes, que estabelecem órbita ao redor delas. O Sol é uma estrela que gera e emite energia para vários planetas que o circundam – Mercúrio, Vênus, Terra, Marte, Júpiter, Saturno, Urano e Netuno. O conjunto formado pelo Sol, pelos oito planetas e pelos demais astros, como os satélites naturais, os cometas e os asteroides, é denominado **Sistema Solar**.

Além do Sistema Solar, há no Universo milhões de outros sistemas que possuem vários corpos celestes girando ao redor de uma estrela. Esse fato permite fazer questionamentos sobre a possibilidade de existir vida em outros planetas – o que ainda não foi comprovado.

Plutão não é mais planeta

Plutão, descoberto em 1930, é um planeta-anão do Sistema Solar.

Até 2005, Plutão era tido como o nono planeta do Sistema Solar. Em 2006, porém, passou a ser considerado pela União Astronômica Internacional (UAI) um planeta-anão.

Para ser considerado planeta, um corpo celeste deve orbitar uma estrela, apresentar forma aproximadamente esférica, ser o astro dominante em sua órbita e não ter luz própria.

Além de ser muito pequeno, Plutão não é o planeta dominante em sua órbita, que, em determinado momento, coincide com a de Netuno.

ESQUEMA DO SISTEMA SOLAR

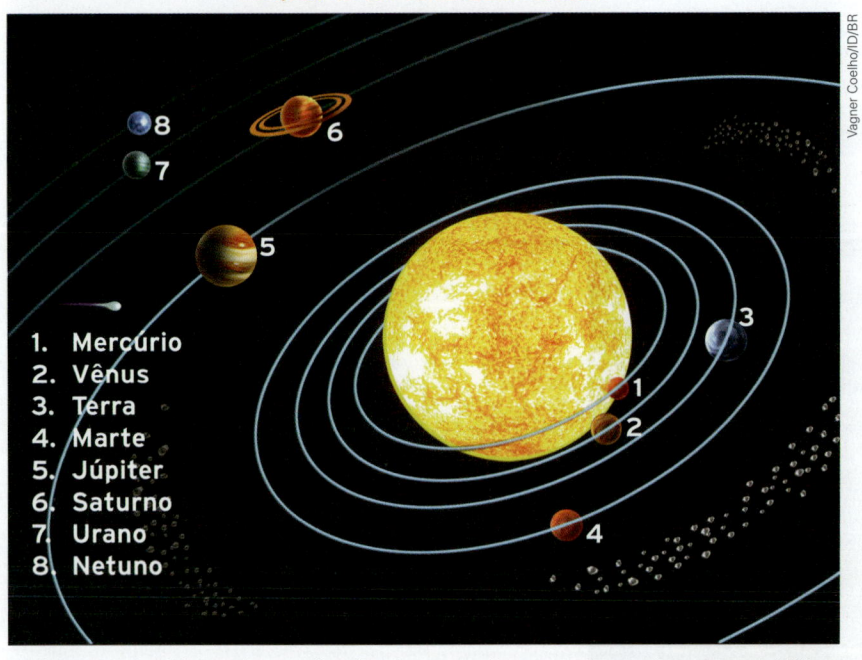

1. Mercúrio
2. Vênus
3. Terra
4. Marte
5. Júpiter
6. Saturno
7. Urano
8. Netuno

O Sistema Solar é formado por oito planetas e por diversos outros astros, como satélites, asteroides e cometas, que gravitam ao redor do Sol.

NOTA
Esquema em cores-fantasia e fora de proporção e de tamanho entre o Sol e os demais astros.

A Lua: o satélite natural da Terra

Alguns planetas do Sistema Solar têm satélites naturais, que são corpos celestes que orbitam ao redor de um planeta. A Lua é o satélite natural da Terra. Assim como os planetas, ela não tem luz própria. É o reflexo da luz do Sol na sua superfície que nos permite vê-la da Terra.

A Lua leva aproximadamente 28 dias para girar em torno de si mesma, fazendo um movimento chamado rotação. Ela leva o mesmo tempo para realizar o movimento de translação, que consiste em dar uma volta completa ao redor da Terra. A simultaneidade entre os dois movimentos faz que enxerguemos da Terra a mesma face da Lua.

A mudança de posição da Lua em relação à Terra e ao Sol faz que, na Terra, a visualização da face iluminada da Lua sofra alterações constantes. As diferentes "aparências" que a Lua assume são denominadas **fases da Lua**. Elas deram origem à divisão do tempo em semanas.

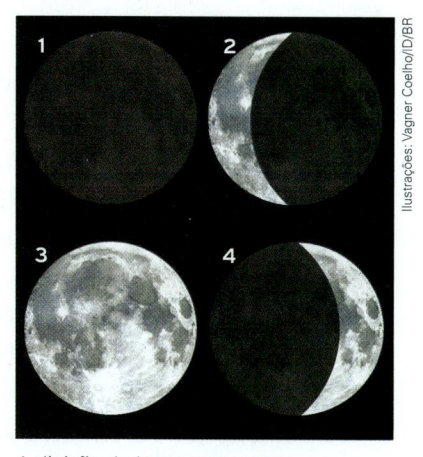

A divisão do tempo em semanas está relacionada à duração de cada fase da Lua, que corresponde a aproximadamente 7 dias. Fotomontagem representando as quatro fases da Lua vistas do hemisfério Sul: nova (1), quarto crescente (2), cheia (3) e quarto minguante (4).

A influência do Sol e da Lua na Terra

O Sol e a Lua são corpos celestes que exercem grande influência nos fenômenos que ocorrem na Terra. Apesar de a temperatura do Sol atingir aproximadamente 15 milhões de graus Celsius perto do seu centro, a distância entre o Sol e a Terra e a proteção formada pela atmosfera terrestre permitem a ocorrência de temperaturas propícias ao desenvolvimento da vida no planeta.

A Lua é a principal responsável pelo movimento das marés, que consiste no avanço e no recuo da água do mar, dos rios e dos lagos. Isso ocorre em virtude da **atração gravitacional**, isto é, da força de atração que a Terra e a Lua exercem uma sobre a outra.

ESQUEMA DAS FASES DA LUA

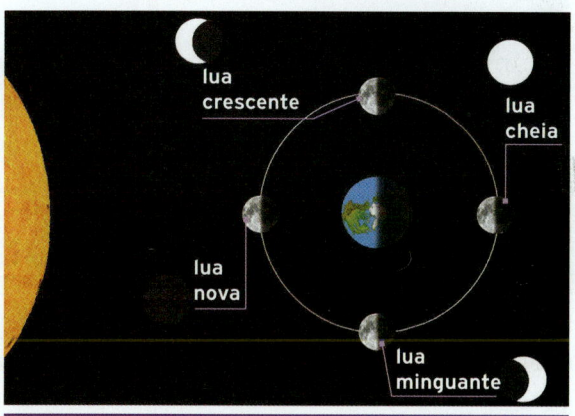

NOTA
Esquema em cores-fantasia e fora de proporção de tamanho e de distância entre os astros. Órbita da Lua vista por observador do polo Norte.

Monte Saint Michel, na França, 2007. Em determinados períodos do mês e horários do dia, a ação das marés pode provocar o avanço da água do mar sobre a região em até 14 metros. Não fosse um dique ligando-o ao continente, o monte ficaria totalmente isolado durante as marés cheias.

69

A vida na Terra

O Universo é formado por bilhões de estrelas, planetas e muitos outros corpos celestes. No entanto, a Terra é o único planeta conhecido que apresenta as condições necessárias para que a vida se desenvolva.

A **atmosfera** que envolve o planeta contém os gases necessários à existência da vida na Terra, como o oxigênio, o ozônio, o gás carbônico e outros gases que retêm o calor do Sol. Esse conjunto de características não existe em nenhum outro planeta do Sistema Solar.

A posição da Terra em relação ao Sol é determinante para a existência dessas condições. Ela é o terceiro planeta mais próximo do Sol, do qual recebe luz e calor. Os dois planetas mais próximos do Sol são muito quentes, enquanto os planetas mais afastados são bastante frios.

A presença de **água** na Terra é outro fator importante para que a vida seja possível.

Peixe-anjo em Guarapari (ES), em 2010.

Crianças em parque infantil em Santos (SP), em 2009.

Borboleta polinizando flor em Araçoiaba da Serra (SP), em 2011.

Gansos em voo no Canadá, em 2009.

Nossos lugares

A Terra é continuamente modificada por processos naturais e pela ação humana. Atualmente, há uma preocupação muito grande com a extinção de alguns animais e sistemas ecológicos. Por isso é importante pensar em formas de preservação da vida.

I. Cite um lugar de seu cotidiano do qual você gosta e cuida (explicando como o faz). Indique também um lugar do qual você também gosta, mas não cuida o suficiente. Em seguida, procure explicar por que isso acontece.

II. Às vezes, cuidar do planeta Terra pode parecer uma tarefa muito difícil ou fora de nossas possibilidades. No entanto, com pequenas ações podemos exercer a cidadania e preservar o lugar onde vivemos. Pense em uma situação na qual você possa desempenhar esse papel, mesmo que seja fazendo uma pequena parte.

Verifique o que aprendeu

1. Por que o Sol é uma estrela?
2. O que é o Sistema Solar?
3. Quais condições permitem a ocorrência de vida na Terra?

A posição da Terra em relação ao Sol permite que se reúnam todas as condições necessárias para a existência e a manutenção da vida no planeta.

ATIVIDADES

1. Desenhe o Sistema Solar, nomeando todos os planetas que o compõem.

2. Considere os corpos celestes citados abaixo. Classifique-os como estrela, planeta ou satélite natural. Justifique sua classificação.

> Lua – Mercúrio – Netuno – Sol – Terra – Vênus

3. Por que o monte Saint Michel, no norte da França, fica ilhado com o avanço das águas do mar em determinados períodos do mês?

4. Sobre a relação entre o Sol, a Lua e a Terra, responda às questões.
   a) Qual é a importância do Sol para a existência da vida na Terra?
   b) Apesar de todos os planetas do Sistema Solar orbitarem em torno do Sol e receberem energia dessa estrela, por que apenas a Terra reúne as condições necessárias para a existência da vida?
   c) Qual é a influência da Lua sobre a Terra?

5. No cinema e na televisão vemos, com grande frequência, filmes e seriados sobre seres de outros planetas. Em 1982, o diretor Steven Spielberg dirigiu *ET, o Extraterrestre*. O filme narra a história de um ser extraterrestre que é abandonado na Terra. Ele é encontrado e fica sob a proteção de algumas crianças, até ser resgatado por seus companheiros. O filme foi um enorme sucesso de bilheteria e emocionou as plateias do mundo inteiro.

Cena do filme *ET, o Extraterrestre*, de 1982, dirigido por Steven Spielberg.

   a) Considerando o que você estudou nesta parte do capítulo, responda: é possível existir no Sistema Solar um extraterrestre como o ET?
   b) Converse com os colegas e o professor: vocês conhecem outros exemplos de arte e entretenimento (músicas, filmes, animações, livros, histórias em quadrinhos) que tratem de formas de vida em outros planetas? Por que esse tema é abordado com tanta frequência?

6. Sabendo que o ano terrestre tem 365 dias e que o movimento de translação da Lua ao redor da Terra leva, em média, 28 dias, responda: quantos movimentos de translação da Lua ocorrem em um ano terrestre?

7. Por que Plutão não é mais considerado um planeta pela União Astronômica Internacional?

MÓDULO 2

Os principais movimentos da Terra

Os movimentos realizados pela Terra, associados ao eixo inclinado do planeta, estão relacionados a importantes fenômenos, como o dia e a noite e as estações do ano.

O movimento de rotação

A **rotação** é o movimento que a Terra realiza ao redor de seu próprio eixo. Esse movimento leva aproximadamente 24 horas, ou, mais precisamente, 23 horas, 56 minutos e 4,09 segundos para ser completado, e equivale à duração de 1 dia terrestre.

Como a Terra é esférica, o Sol não a ilumina inteiramente ao mesmo tempo. Enquanto o planeta gira em torno de si mesmo, uma parte dele é iluminada; esse período corresponde ao **dia**. Simultaneamente, na parte oposta da Terra, que não recebe iluminação do Sol, ocorre a **noite**.

O movimento de rotação determina, portanto, a sucessão dos dias e das noites. Quando o Sol está surgindo em São Paulo, por exemplo, na cidade de Tóquio, no Japão, localizada no lado oposto do globo, o Sol está se pondo. Conforme a Terra gira em torno do seu eixo, a posição das duas cidades em relação ao Sol se altera. Doze horas depois, o Sol iluminará Tóquio, onde será dia, e, na face oposta, onde está localizada a cidade de São Paulo, será noite.

O movimento aparente do Sol

Em seu movimento de rotação, a Terra gira de oeste para leste em torno de seu próprio eixo. Por esse motivo, temos a impressão de que, após surgir a leste (Oriente), o Sol se movimenta em direção a oeste (Ocidente), onde se põe no horizonte. Contudo é a Terra, e não o Sol, que se movimenta. Esse fenômeno é denominado **movimento aparente do Sol**.

O relógio de sol

Os relógios de sol são instrumentos criados para medir a passagem do tempo de acordo com a posição do Sol ao longo do dia. A sombra do Sol projetada sobre o marcador indica a hora local.

Esses relógios eram muito utilizados em outras épocas para marcar o tempo. Atualmente são utilizados como objetos de decoração, em museus e em locais destinados a estudos de astronomia.

Relógio de sol de bronze em um jardim em Roma, Itália, 2008.

MOVIMENTO DE ROTAÇÃO DA TERRA

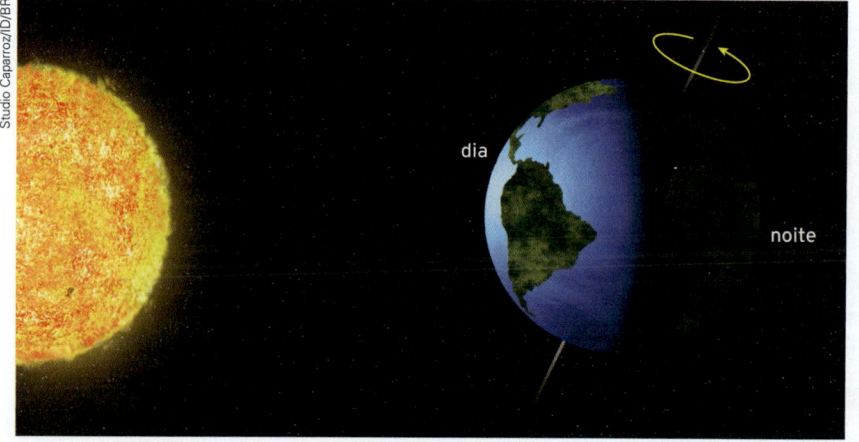

O movimento de rotação da Terra é realizado na direção oeste-leste.

NOTA
Esta ilustração não obedece à escala real das dimensões dos astros nem das distâncias entre eles. As cores utilizadas não são as reais.

Os fusos horários

Você já deve ter ouvido falar, especialmente entre as pessoas que viajam a lugares distantes, da necessidade de adiantar ou atrasar o relógio quando chegam ao seu destino. Isso ocorre porque os horários variam ao longo do planeta.

A diferença de horário existente entre os diversos países e entre regiões de um mesmo país deve-se ao movimento de rotação da Terra.

Até o século XIX, a posição do Sol era a principal referência para a contagem do tempo e para a determinação da hora em cada localidade. Com isso, o horário variava de uma localidade para outra de acordo com a posição do Sol.

A falta de padronização dificultava as relações comerciais entre as diversas localidades. Para solucionar esse problema, no final do século XIX foi adotado um sistema de uniformização dos horários da Terra que divide o mundo em **fusos horários**.

Cada fuso é determinado teoricamente pelo intervalo de 15° entre dois meridianos. Esse valor é obtido pela divisão da circunferência do planeta (360°) pelo tempo necessário para a Terra completar seu movimento de rotação (24 horas). Assim, a divisão resulta na determinação de 24 fusos horários. (Veja o mapa abaixo.)

O observatório astronômico de Greenwich, em Londres, é ponto de referência para a definição das horas em nosso planeta. A leste do meridiano de Greenwich há o acréscimo de uma hora a cada 15°. E, a oeste, ocorre a diminuição de uma hora a cada 15°.

Os fusos horários e as fronteiras

A demarcação dos fusos não segue linhas retas, pois acompanha os limites territoriais definidos pelos diversos países. Essa medida serve para evitar a ocorrência de horários diferentes em um único território.

Alguns países, como o Brasil, a Rússia, o Canadá, a Austrália e os Estados Unidos, possuem território muito extenso no sentido longitudinal, ou seja, no sentido leste-oeste, e, por isso, possuem vários fusos horários.

O Brasil tem três fusos horários, como você pode verificar no mapa abaixo. O primeiro abrange o arquipélago de Fernando de Noronha e outras ilhas oceânicas; o segundo corresponde ao horário de Brasília; o terceiro abrange os estados situados na faixa mais a oeste do território brasileiro, de Roraima a Mato Grosso do Sul.

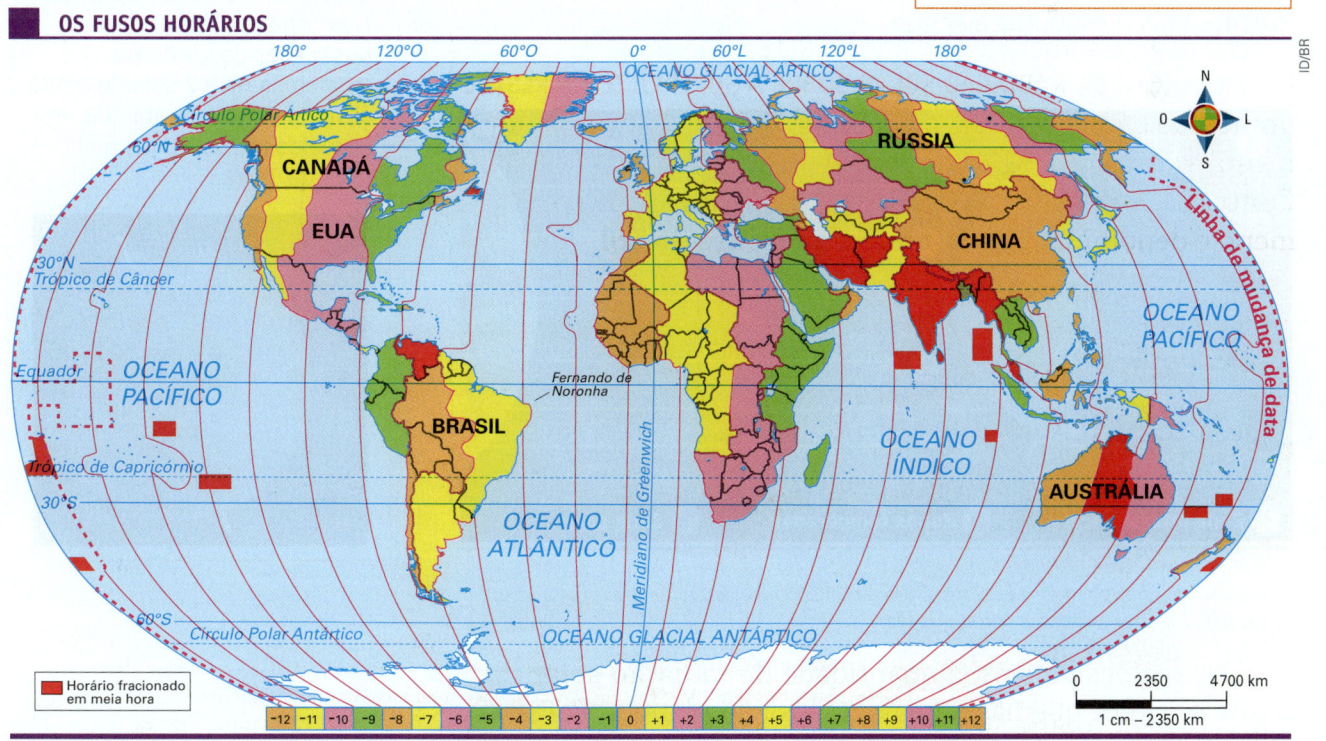

OS FUSOS HORÁRIOS

Fonte de pesquisa: *Atlas geográfico escolar*. Rio de Janeiro: IBGE, 2009. p. 35. (Ver nota na página 36.)

●●● O movimento de translação

A **translação** é o movimento que a Terra realiza ao redor do Sol. O tempo necessário para que a Terra complete a translação é de aproximadamente 365 dias e 6 horas.

MOVIMENTO DE TRANSLAÇÃO DA TERRA

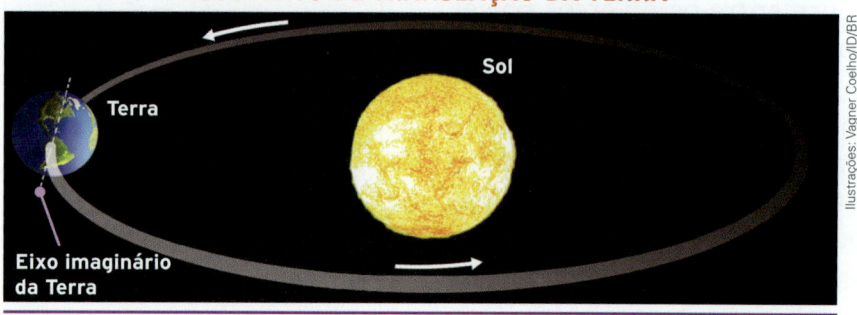

Ilustrações: Vagner Coelho/ID/BR

NOTA
Esta ilustração não obedece à escala real das dimensões dos astros nem das distâncias entre eles. As cores utilizadas não são as reais.

A distribuição dos raios solares

Durante o movimento de translação da Terra, a intensidade dos raios solares que atingem o planeta não é igual em todas as regiões. Isso ocorre por causa da forma esférica e da inclinação do **eixo da Terra** em relação ao plano de sua órbita. As regiões polares recebem menor quantidade de luz solar ao longo do ano.

Essa distribuição desigual da energia solar cria as **zonas térmicas terrestres**. Essas zonas constituem o primeiro elemento diferenciador dos climas da Terra. A área do planeta em que a radiação solar é mais intensa todos os dias do ano é a **região intertropical**, localizada entre os trópicos de Câncer e de Capricórnio. Veja o esquema a seguir.

DISTRIBUIÇÃO DA RADIAÇÃO SOLAR SOBRE A SUPERFÍCIE TERRESTRE

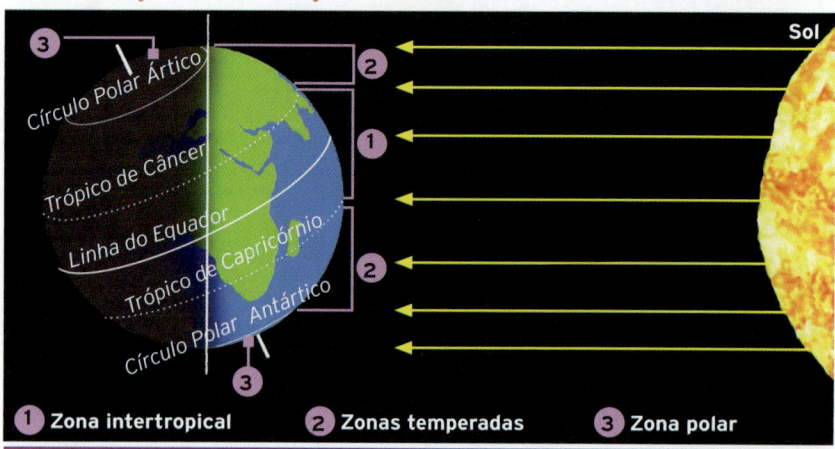

① Zona intertropical   ② Zonas temperadas   ③ Zona polar

NOTA
Esta ilustração não obedece à escala real das dimensões dos astros nem das distâncias entre eles. As cores utilizadas não são as reais.

Nas regiões polares, a quantidade de **radiação solar** incidente é menor que nas demais regiões do planeta. Portanto, essas áreas apresentam temperaturas muito baixas.

Simulando a intensidade da radiação solar

Observe as ilustrações a seguir. Quando a luz de uma lanterna incide sobre a superfície do globo de maneira perpendicular, ela atinge uma área menor, porém mais concentrada, aumentando a intensidade do calor. É o que ocorre na zona intertropical da Terra.

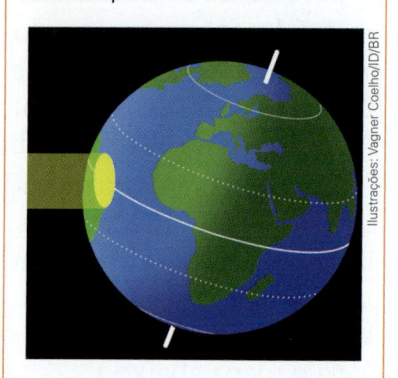

Ilustrações: Vagner Coelho/ID/BR

Quando a luz incide sobre a superfície de maneira oblíqua, ela atinge uma área maior, porém menos concentrada, diminuindo a intensidade do calor. É o que ocorre nas zonas temperadas do planeta. Nas zonas polares, somente nos meses de verão há incidência de luz solar, e ainda assim de maneira oblíqua. Por isso elas são as zonas mais frias da Terra.

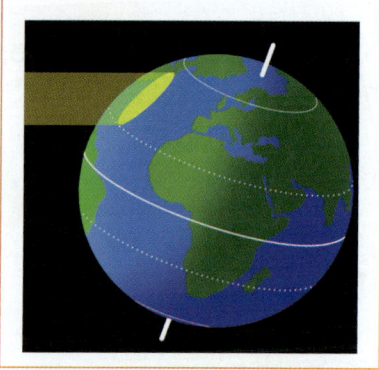

As estações do ano

Durante o ano, as temperaturas sofrem variações nas diversas regiões do planeta. Essas variações são denominadas **estações do ano** e dividem-se em **primavera**, **verão**, **outono** e **inverno**. Veja o esquema abaixo.

DATAS APROXIMADAS DO INÍCIO DAS ESTAÇÕES

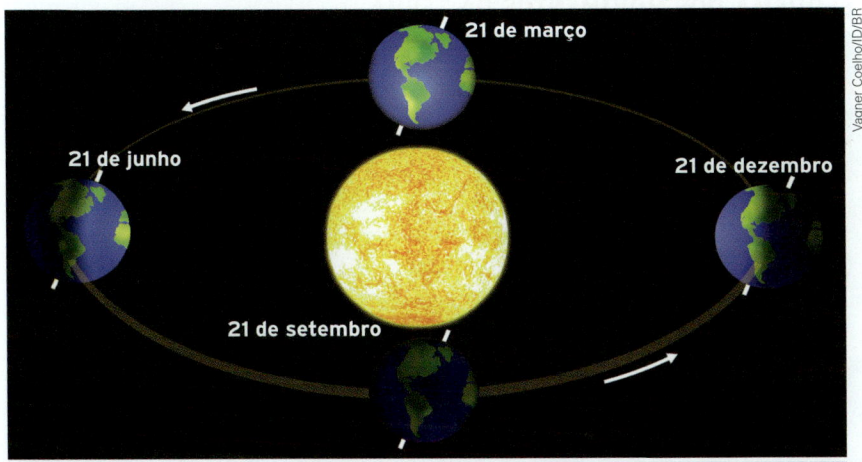

21 de março
21 de junho
21 de dezembro
21 de setembro

Vagner Coelho/ID/BR

NOTA
Esta ilustração não obedece à escala real das dimensões dos astros nem das distâncias entre eles. As cores utilizadas não são as reais.

> **Verifique o que aprendeu**
> 1. Quais são os dois principais movimentos da Terra?
> 2. Qual é o movimento da Terra responsável pela sucessão dos dias e das noites? E das estações do ano?
> 3. Por que nas áreas próximas à linha do Equador as estações do ano não são bem definidas?

O movimento de translação, a inclinação do eixo terrestre e a forma com que os raios solares atingem a superfície determinam as estações do ano.

Na zona intertropical, os raios solares atingem a superfície terrestre com maior intensidade durante todo o ano. Por isso, nessa região, as diferenças entre as estações do ano não são bem definidas, e a temperatura média é mais elevada que nas zonas temperadas.

Nas regiões temperadas da Terra, mais distantes da linha do Equador, as temperaturas da superfície sofrem variações significativas ao longo do ano. Portanto, as estações do ano são mais bem definidas. Nos meses de inverno, as temperaturas são mais baixas e, nos meses de verão, elas são mais altas. Na primavera e no outono, as temperaturas tendem a ser amenas.

Nas zonas extremas da Terra (zonas polares), as temperaturas são baixas o ano todo. Assim, quase não há distinção entre as estações do ano.

PRIMAVERA   **VERÃO**   **OUTONO**   **INVERNO**

Fotos: Peter Christopher/Masterfile/Other Images

As estações do ano influenciam as características da paisagem das diversas regiões do planeta. Na sequência de fotos, típica da zona temperada, vemos o mesmo lugar em cada uma das estações do ano.

ATIVIDADES

1. Por que nas zonas polares as temperaturas são baixas ao longo do ano?
2. Os movimentos de rotação e de translação da Terra influenciam a contagem do tempo? Justifique sua resposta.
3. Descreva os movimentos da Terra representados no esquema abaixo.

ESQUEMA DOS MOVIMENTOS DA TERRA

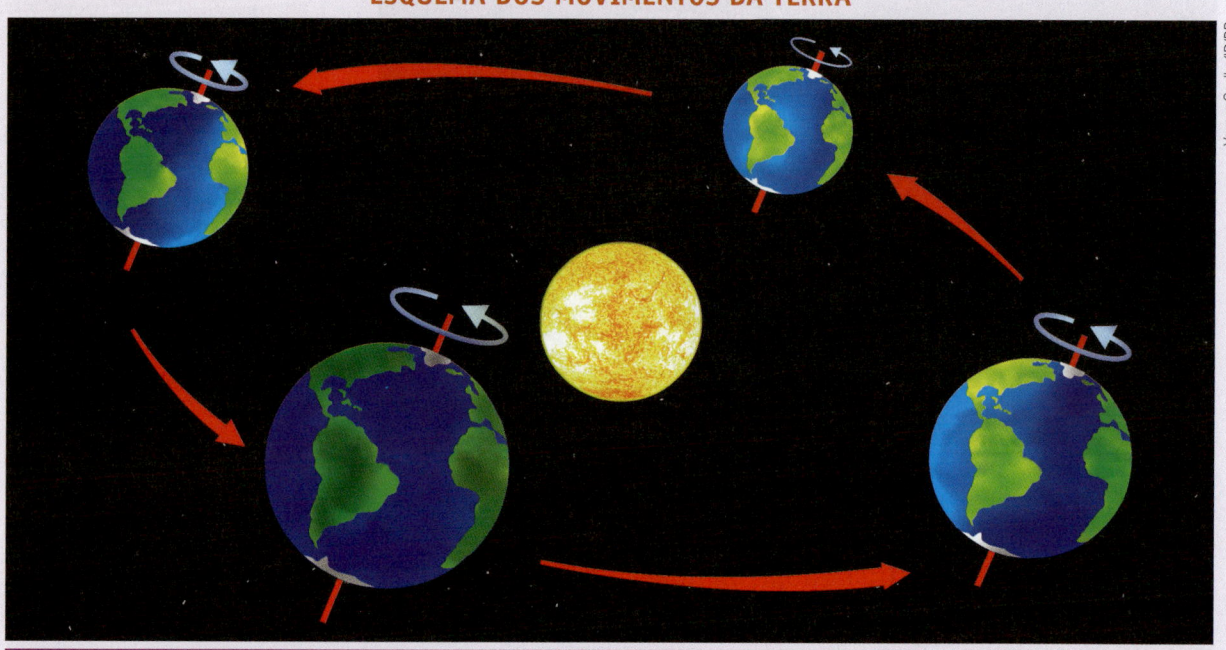

NOTA
Esquema em cores-fantasia e fora de proporção e de tamanho entre o Sol e os demais astros.

4. Explique por que ocorre o movimento aparente do Sol.
5. No mês de julho, dois estudantes saíram de férias e viajaram para diferentes estados do Brasil. Um foi para Boa Vista, em Roraima, e o outro para Porto Alegre, no Rio Grande do Sul.

   a) Compare as prováveis condições climáticas encontradas pelos estudantes nos destinos visitados.

   b) Aponte e explique como atuam os principais fatores responsáveis pelas diferenças climáticas que ocorrem nos dois estados.

   c) Suponha que os estudantes saíram de Brasília (DF) às 12 horas do dia 2 de julho e que a viagem de ônibus para Boa Vista (RR) leve 72 horas e para Porto Alegre (RS) demore 36 horas. Observando o mapa ao lado, estime o horário no local de chegada de cada um dos garotos a seu destino.

   Fonte de pesquisa: *Atlas geográfico escolar*. Rio de Janeiro: IBGE, 2009. p. 91.

BRASIL – FUSOS HORÁRIOS

APRENDER A...

Simular a rotação da Terra

O movimento de rotação da Terra determina a diferença de luminosidade entre os dias e as noites. Se o eixo da Terra não fosse inclinado, o dia duraria 12 horas e a noite outras 12, em todos os pontos do planeta, todos os dias do ano.

Porém, o eixo da Terra se encontra inclinado, o que faz com que a luminosidade varie no decorrer do ano. Durante alguns meses, o hemisfério Norte recebe mais horas de luz, e os dias são mais longos; em outros meses, o hemisfério Sul passa a receber luz por mais horas.

Para compreender melhor o porquê da sucessão dos dias e das noites, você pode fazer um modelo utilizando uma maçã, um palito de churrasco, uma caneta hidrográfica e uma lanterna.

Nesse modelo, a lanterna simulará o Sol, a maçã representará a Terra, o palito de churrasco representará seu eixo de rotação e a caneta hidrográfica servirá para marcar na maçã um ponto qualquer do planeta.

Com o palito de churrasco, seu professor vai perfurar o centro da maçã a partir da base, como representado na figura 2.

Marque, com a caneta hidrográfica, algum ponto da maçã (longe do palito), como na figura 3. Trace uma linha no meio da maçã, simulando a linha do Equador.

Em um quarto escuro, posicione a maçã, sustentada pelo palito, em frente à lanterna.

Ao girar a maçã e observar o ponto que você fez, poderá ver como cada lugar passa da noite ao dia e vice-versa.

Se você posicionar o palito (eixo) verticalmente em relação à lanterna, como representado na figura 4, tanto a parte de cima como a parte de baixo da maçã serão iluminadas da mesma maneira. Se inclinar o palito (eixo), como representado na figura 5, observará outra situação.

1 Materiais: maçã, palito de churrasco, caneta hidrográfica e lanterna.

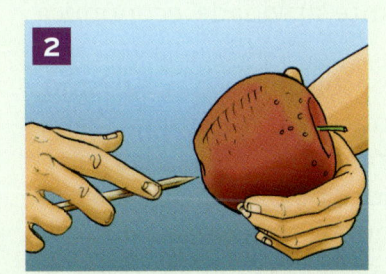

2 1º passo: o professor vai perfurar a maçã com o palito de churrasco, como mostrado na figura acima.

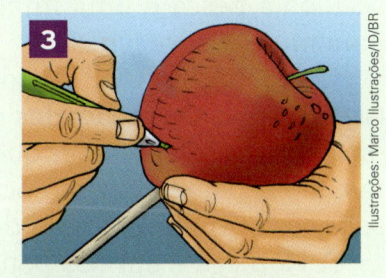

3 2º passo: os alunos escolhem um lado da maçã e marcam nele um ponto bem visível com a caneta hidrográfica; desenham uma linha representando a linha do Equador.

4 3º passo: os alunos posicionam e giram a maçã em frente à lanterna, conforme indicado na figura.

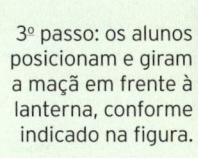

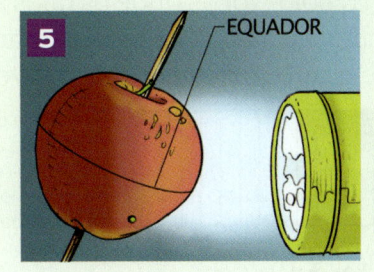

5 4º passo: os alunos posicionam e giram a maçã em frente à lanterna, como mostrado na figura.

Ilustrações: Marco Ilustrações/ID/BR

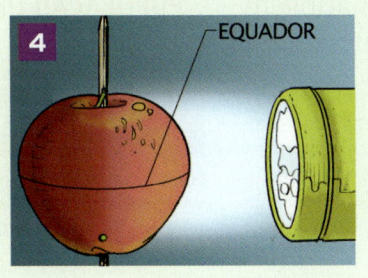

■ Atividades

1. Se a Terra estivesse como na figura 4, quanto tempo durariam o dia e a noite?

2. Quando o planeta é iluminado como na figura 5, que hemisfério recebe maior quantidade de luz: o Norte ou o Sul?

VIAJANDO PELO MUNDO — Noruega

Pessoas observando o fenômeno do Sol da meia-noite, em Nordkapp, na Noruega.

A Noruega localiza-se na península Escandinava, no norte da Europa, e é cortada pelo círculo polar Ártico. As áreas ao norte dessa linha imaginária apresentam temperaturas baixas o ano inteiro, e no país como um todo faz bastante frio durante os meses de inverno.

A população da Noruega concentra-se nas áreas costeiras, caracterizadas por um litoral muito recortado. Há séculos a pesca é uma importante atividade econômica para muitos noruegueses.

Outra importante atividade econômica é o turismo, cujo atrativo são os **fiordes** encontrados no litoral. Trata-se de antigas depressões que foram escavadas pelas geleiras. Essas depressões são ocupadas pelo mar, que avança sobre o continente formando bonitas paisagens.

A Noruega é um dos poucos países do mundo onde se pode ver o Sol da meia-noite, um fenômeno que ocorre no verão, ao norte do círculo polar Ártico, onde o Sol não se põe por longos períodos. Esse fenômeno ocorre em razão da proximidade do país com o polo Norte, onde os raios solares atingem a Terra de forma tão inclinada que os dias ficam muito longos durante o verão e muito curtos durante o inverno.

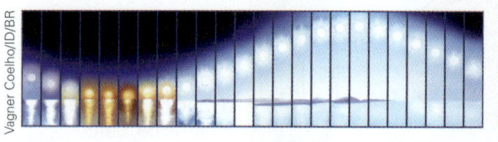

Sequência de imagens que representa a trajetória aparente do Sol em cada hora do dia no norte da Noruega, durante o verão no hemisfério Norte.

INCIDÊNCIA DOS RAIOS SOLARES

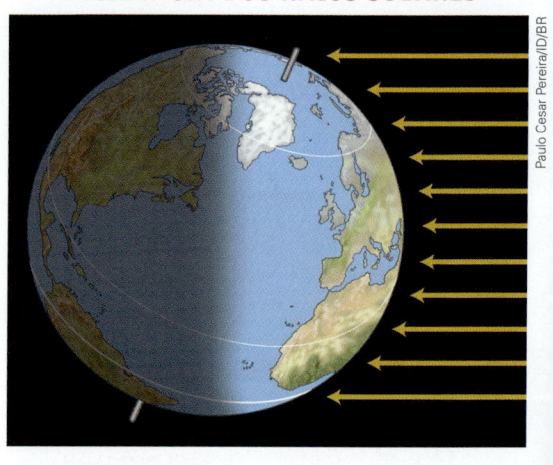

NORUEGA – DISTRIBUIÇÃO DA POPULAÇÃO URBANA E RURAL (2008)

77,5%   22,5%

Fonte de pesquisa: Trading Economics. Disponível em: <http://www.tradingeconomics.com/norway/urban-population-percent-of-total-wb-data.html>. Acesso em: 18 maio 2014.

De olho no texto

1. Observe, acima, a sequência de imagens da trajetória aparente do Sol e responda: qual imagem corresponde ao meio-dia e qual corresponde à meia-noite?

2. Deduza o porquê de não existir o fenômeno do Sol da meia-noite em locais situados entre os círculos polares e a linha do Equador.

LENDO GEOGRAFIA

ANTES DE LER

- Levante hipóteses sobre os temas abordados pelo texto abaixo, com base em seu título e na imagem que o acompanha.
- Observe a fonte da qual o texto foi extraído e escreva que tipo de documento você acredita que será apresentado.

Cenário: a Lua

[...] Foi em 20 de julho de 1969 que o homem pisou pela primeira vez o solo lunar. A data histórica ficou na memória daqueles que acompanharam a conquista pela TV e marcou todas as gerações que vieram depois. A chegada à Lua também deixou um rico legado para o desenvolvimento científico e tecnológico e proporcionou inúmeras mudanças no dia a dia da humanidade.

Naquele 20 de julho, o mundo parou diante da televisão, ainda na época dos aparelhos preto e branco, para assistir à primeira transmissão ao vivo, via satélite. Os astronautas americanos Neil Armstrong e Edwin Aldrin Junior completaram a descida na Lua, a bordo do módulo lunar da Apollo 11. Enquanto isso, Michael Collins, o terceiro cosmonauta da missão, permaneceu no módulo de comando orbitando em redor da Lua. [...]

A conquista da Lua contribuiu para muitos avanços científicos em várias áreas do conhecimento e deu início à exploração de outros planetas do Sistema Solar. "Foi um degrau para o homem ir mais longe", afirma o astrônomo Júlio César Penereiro. Na opinião dele, as missões à Lua não foram repetidas após o projeto Apollo porque os interesses da humanidade mudaram.

Edwin Aldrin sobre a superfície lunar, em 1969.

Apesar da amplitude das pesquisas espaciais atuais, Penereiro acredita que a Lua ainda é fonte de muito conhecimento. A sonda Clementine, que orbitou o satélite terrestre na década de [19]90, por exemplo, descobriu bilhões de litros de água em estado sólido no interior de crateras do polo Sul.

"Acredito que a Lua é uma das chaves para entender a formação da Terra", comenta. Para ele, com a exploração de outros corpos celestes o homem busca a resposta para um grande questionamento: haverá vida em outros planetas?

R. Freitas, revista *Metrópole*, encarte do jornal *Correio Popular*, São Paulo, 18 jul. 2004.

De olho no texto

1. Qual é o assunto tratado no texto?
2. Com base nas informações apresentadas pelo texto, descreva com suas próprias palavras a chegada do homem à Lua.
3. O texto cita algumas contribuições que a conquista da Lua proporcionou à humanidade. Quais foram elas?

FAZENDO GEOGRAFIA

Representação de fusos horários

Como vimos, a Terra realiza o movimento de rotação, pelo qual gira em torno de seu eixo imaginário.

O planeta não possui luz própria, recebendo a luz do Sol. Devido à sua forma e ao movimento de rotação, uma parte da Terra fica iluminada, enquanto outra fica no escuro. Na parte iluminada é dia, enquanto na parte escura é noite. O amanhecer e o anoitecer ocorrem nas situações intermediárias. Observe a figura ao lado.

O movimento de rotação completo demora aproximadamente 24 horas. Por isso o mundo foi dividido em 24 fusos, cada um deles correspondendo a uma hora.

Enquanto em uma parte do planeta amanhece, na outra parte anoitece. Figura em cores-fantasia.

Os fusos são faixas imaginárias da superfície terrestre delimitadas por dois meridianos. Em cada fuso a hora legal, por convenção, é a mesma.

Os mapas que representam os fusos horários precisam dar destaque aos meridianos que compõem os fusos e indicar na sua base a escala de variação dos horários. Desse modo o mapa se torna um importante instrumento para consultar os horários vigentes em todo o mundo. Observe o exemplo a seguir.

FUSOS HORÁRIOS

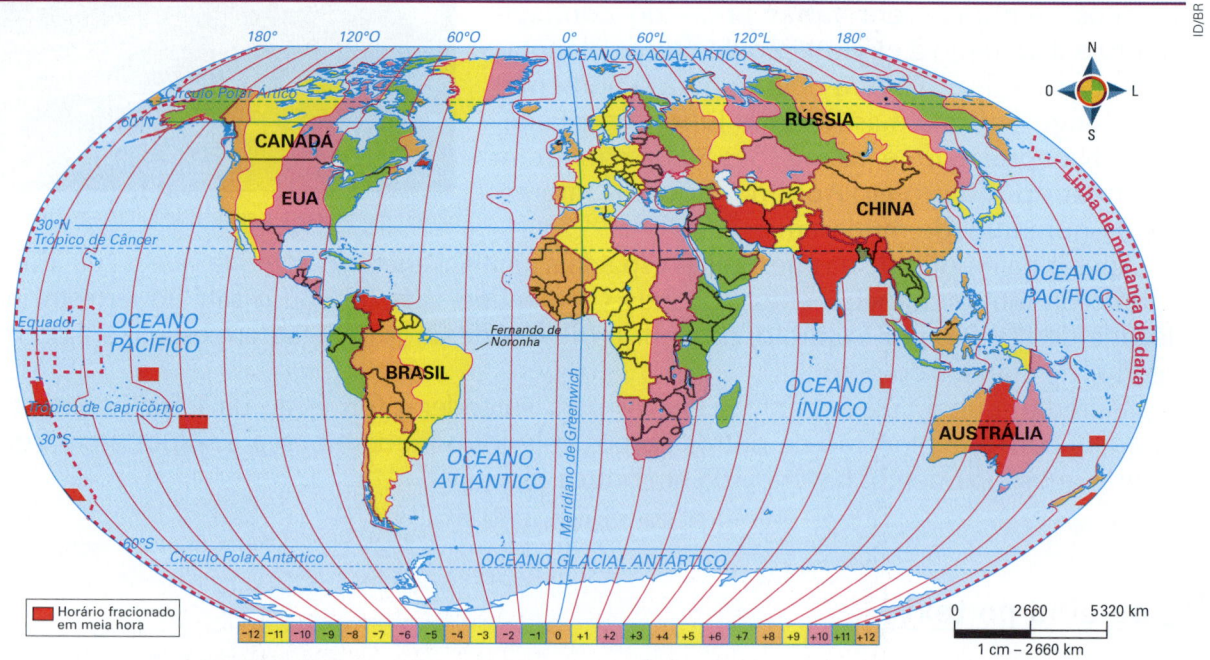

Fonte de pesquisa: *Atlas geográfico escolar*. Rio de Janeiro: IBGE, 2009. p. 35. (Ver nota na página 36.)

Note que as linhas não são retas, pois os países têm liberdade para ajustar os fusos horários conforme suas necessidades, considerando a dimensão de seu território.

Alguns países adotaram fusos com horas fracionadas (cor vermelha). A Austrália, por exemplo, adotou o fuso +9h 30min para a região central, a fim de reduzir os problemas relativos a horários comerciais. Pelos mesmos motivos, a China usa apenas o fuso +8h para todo o seu território, que é cortado por quatro fusos diferentes.

Observe que a identificação dos fusos tem como origem o meridiano zero, ou meridiano de Greenwich, identificado no centro do mapa. A cada faixa de cores a partir do zero (Greenwich), no sentido leste, numeramos os fusos como +1, +2, etc. até o fuso +12. Para o sentido oeste fazemos o mesmo, mas mudamos o sinal de mais para menos, ou seja, –1, –2, etc. em torno da Terra até encontrarmos o fuso –12, que é o mesmo +12. No centro do fuso 12 encontramos outra linha, a linha internacional de mudança de data. Observe que até mesmo essa linha sofreu desvios em decorrência da divisão política de alguns países. Ao atravessar a linha de oeste para leste, deve-se corrigir o calendário em menos um dia. Ao atravessar a linha de leste para oeste, deve-se adicionar um dia ao calendário.

Calculando fusos horários

Por meio de um mapa de fusos horários é possível saber as horas de qualquer localidade do planeta Terra.

Se na cidade de Tóquio, no Japão, localizada no fuso +9, são 9 horas da noite, que horas serão na cidade de Londres, na Inglaterra?

Para determinar o fuso horário, é necessário verificar em que fuso a cidade está localizada. No caso, Londres está no fuso zero (0).

Como em Tóquio o fuso é +9, essa cidade está nove horas adiantada em relação ao fuso zero. Como Londres está no fuso zero, quando em Londres forem 12 horas (meio-dia), em Tóquio serão 21 horas, ou seja, nove horas a mais.

Nesse mesmo instante, em Brasília, serão 9 horas da manhã. Para determinar isso é necessário localizar a cidade de Brasília no mapa e ver em que fuso ela está localizada. Como ela se localiza no fuso –3 em relação ao fuso zero, isso significa que está três horas a menos em relação a Greenwich. Portanto, são 9 horas da manhã. Em relação a Tóquio são doze horas de diferença. Observe no mapa e conte os fusos. Para qualquer outra localidade, a forma de cálculo é a mesma do exemplo anterior.

■ Atividades

1. Utilize o mapa ao lado para resolver as seguintes questões.

   a) Quantos fusos horários existem no Brasil?

   b) Há diferença de fuso horário entre seu estado e Brasília, cujo horário é o oficial do país? Em caso positivo, anote essa diferença.

   c) Quando forem 8 horas no Acre, que horas serão no Rio Grande do Sul? E no Tocantins?

   d) Se em Fernando de Noronha forem 22 horas, que horas serão no Mato Grosso do Sul?

Fonte de pesquisa: *Atlas geográfico escolar*. Rio de Janeiro: IBGE, 2009. p. 91.

QUESTÕES GLOBAIS

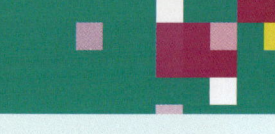

1. Mercúrio e Netuno são planetas do Sistema Solar onde não há indícios de vida. Observe no esquema a localização deles em relação ao Sol e, depois, descreva as características de cada um que inviabilizariam a existência de vida.

ESQUEMA DO SISTEMA SOLAR

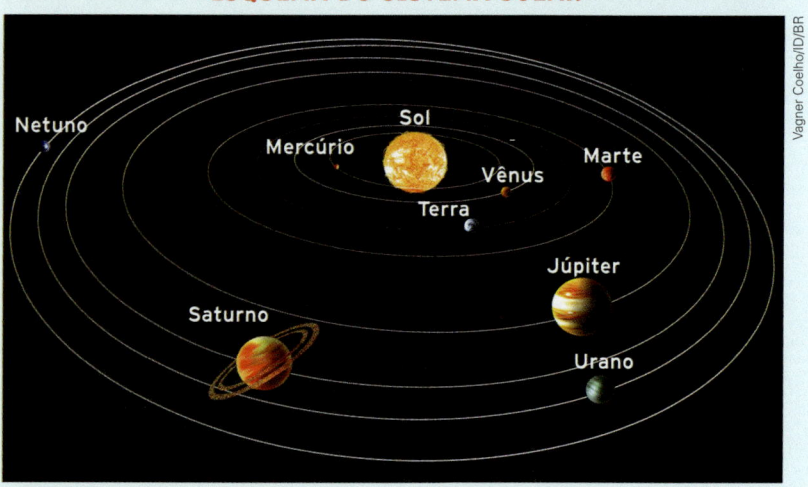

NOTA
Esta ilustração não obedece à escala real das dimensões dos astros nem das distâncias entre eles. As cores utilizadas não são as reais.

2. A Terra tem forma esférica e é ligeiramente achatada nos polos. Ela gira em torno de um eixo imaginário, que é inclinado em relação ao seu plano de órbita. Explique como esses dois fatores, associados aos movimentos da Terra, influenciam na dinâmica do planeta.

3. Observe a tabela abaixo e responda às questões.
   a) De acordo com as médias de temperatura registradas durante o ano, qual das duas cidades está situada na Região Norte do Brasil? Justifique sua resposta.
   b) Cite os três meses mais frios na cidade **B** e indique a estação do ano correspondente.

Médias térmicas mensais de 2011												
Cidade **A**	Jan.	Fev.	Mar.	Abr.	Maio	Jun.	Jul.	Ago.	Set.	Out.	Nov.	Dez.
Média	26 °C	26 °C	26 °C	26 °C	26 °C	27 °C	27 °C	27 °C	28 °C	28 °C	27 °C	27 °C
Cidade **B**	Jan.	Fev.	Mar.	Abr.	Maio	Jun.	Jul.	Ago.	Set.	Out.	Nov.	Dez.
Média	24 °C	25 °C	23 °C	20 °C	17 °C	14 °C	14 °C	16 °C	17 °C	19 °C	21 °C	23 °C

4. Durante o Campeonato Mundial de Futebol ocorrido no Japão, em 2002, o Brasil enfrentou a Inglaterra em 21 de junho, às 15h30, no horário de Tóquio. Em São Paulo o jogo teve início às 3h30 da manhã, e, em Londres, às 6h30. Sabendo que a partida foi transmitida ao vivo e em tempo real via satélite, explique por que o mesmo jogo foi visto nesses países em horários diferentes, apesar de a transmissão ser simultânea.

5. Junte-se com alguns colegas. Imaginem-se diretores de programação de uma rede de televisão no Brasil. Vocês têm de programar a transmissão ao vivo da corrida de Fórmula 1 no Japão (entre 15h e 17h em Tóquio) e a transmissão da entrega do Oscar nos Estados Unidos (entre 19h e 23h em Los Angeles).

   Façam uma tabela indicando os locais de transmissão – relacionados no quadro abaixo – e os horários em que cada um dos programas seria transmitido.

Locais do Brasil	Corrida de Fórmula 1 (15h-17h em Tóquio)	Entrega do Oscar (19h-23h em Los Angeles)
Fernando de Noronha		
Brasília		
Manaus		
Campo Grande		
Rio Branco		
Município do aluno		

●●● Síntese

O planeta Terra

A Terra no Sistema Solar

- A Terra faz parte do Sistema Solar, que é formado por um conjunto de planetas e por outros corpos celestes que gravitam ao redor do Sol.
- A Terra é o único planeta conhecido que apresenta as condições necessárias para o desenvolvimento da vida como a conhecemos.
- A Terra é o terceiro planeta mais próximo do Sol, situação que proporciona condições de luz e calor para a existência da vida.
- A Lua é o satélite natural da Terra e é o astro mais próximo desse planeta. Ela influencia o fenômeno das marés.
- As fases da Lua são base para a divisão do tempo em semanas e meses.

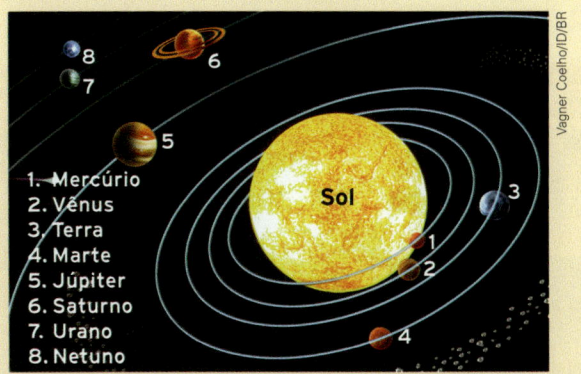

1. Mercúrio
2. Vênus
3. Terra
4. Marte
5. Júpiter
6. Saturno
7. Urano
8. Netuno

Vagner Coelho/ID/BR

Os principais movimentos da Terra

- Rotação é o movimento que a Terra realiza ao redor do seu eixo. Ela é responsável pela sucessão dos dias e das noites. A Terra demora 24 horas, ou 1 dia, para dar uma volta completa em torno de si mesma.
- A zona intertropical (entre os trópicos) é a região mais quente da Terra.
- As áreas situadas entre as zonas tropicais e os círculos polares são chamadas de zonas temperadas.
- As regiões localizadas entre os círculos polares e os polos são denominadas zonas polares.
- Translação é o movimento que a Terra realiza ao redor do Sol em 365 dias e 6 horas. A posição do planeta ao redor do Sol durante esse trajeto define as estações do ano.
- Os fusos horários são faixas de 15° entre os meridianos. Cada fuso corresponde a uma hora.

Fotos: Peter Christopher/Masterfile/Other Images

[PARA SABER MAIS]

Livros

A reunião dos planetas, de Marcelo R. L. Oliveira. São Paulo: Companhia das Letrinhas, 2000.
Presididos por Júpiter, os planetas do Sistema Solar organizam uma assembleia para debater os graves problemas que têm afetado um de seus membros, a Terra, cujos habitantes não são muito confiáveis. Entre outras coisas, andam destruindo a natureza de seu próprio planeta.

Um Brasil do outro mundo, de Silvia La Regina e Antonio Henrique Amaral.
São Paulo: Berlendis e Vertecchia, 2000.
O maior desejo de Carlos era poder viajar para o Rio Grande do Norte e assistir ao lançamento da primeira nave tripulada brasileira. Ele, seu pai e sua irmã, que adora Física, embarcam nessa aventura.

Site

<http://earth.google.com.br/>
Site que mostra imagens da Terra vista do espaço. Nele, você pode ver imagens históricas e dos oceanos ou procurar imagens da sua cidade e até da sua rua.
Acesso em: 18 jun. 2014.

A **crosta terrestre** é a camada mais superficial da Terra. É o suporte da vida. Em sua superfície, vivem mais de 7 bilhões de pessoas, que utilizam diariamente seus recursos. As rochas, os recursos minerais e os solos são fundamentais para a manutenção da vida no planeta.

O uso dos recursos energéticos e dos combustíveis fósseis transformou o modo de viver e de organizar o espaço no mundo moderno.

A crosta terrestre

CAPÍTULO 5

O QUE VOCÊ VAI APRENDER

- As camadas da Terra
- O que são recursos naturais
- A importância dos combustíveis de origem fóssil
- Os diferentes tipos de solo

CONVERSE COM OS COLEGAS

1. Na fotografia ao lado, vemos uma área de extração de minério de ferro. Descreva como é feita a extração desse material.

2. Você consegue imaginar o quanto utilizamos de recursos minerais no dia a dia? Dê exemplos.

3. Dê exemplos que mostrem a importância dos recursos naturais em nossas atividades diárias, tanto no campo como na cidade.

4. O mundo está cada vez mais dependente do petróleo, do carvão e do gás natural. Você saberia dizer quais usos os seres humanos fazem dos derivados desses recursos? Dê exemplos.

Extração de minério de ferro na Serra dos Carajás, em Marabá (PA). Foto de 2010.

MÓDULO 1

A Terra

A Terra é formada por diversos sistemas que estão estreitamente interligados. Nesses diferentes espaços, encontram-se muitos recursos naturais que os seres humanos utilizam para suprir suas necessidades.

••• A Terra e seus sistemas

Os sistemas que formam o planeta Terra da maneira como o conhecemos são:

- **litosfera**, a camada rígida do planeta, composta essencialmente de rochas e solos;
- **atmosfera**, a camada formada por gases e partículas que envolvem a superfície terrestre;
- **hidrosfera**, a parte que inclui todas as águas do planeta – mares, oceanos, rios, lençóis freáticos, aquíferos e lagos, além da água em estado sólido presente nas regiões polares e nas altas montanhas;
- **biosfera**, onde estão os seres vivos. A biosfera é composta de elementos encontrados na litosfera, na atmosfera e na hidrosfera.

Esses sistemas são interdependentes, ou seja, se houver alteração em um deles, os demais serão afetados.

Eles estão em constante transformação por causa dos processos naturais e também das ações dos seres humanos, que modificam o espaço geográfico.

A dinâmica do planeta Terra

A biosfera, onde se desenvolve a vida no planeta, é transformada a partir da composição de elementos presentes na atmosfera, na hidrosfera e na litosfera.

Essa interação é dinâmica, pois cada um desses sistemas sofre modificações ao longo do tempo.

I. Em sua opinião, as alterações no espaço geográfico feitas pelos seres humanos podem mudar a dinâmica da biosfera? Explique.

II. Que tipo de ações você pode realizar para que essa dinâmica não seja alterada de forma negativa?

A biosfera é composta de elementos da litosfera, como rochas e solos; da atmosfera, como o oxigênio e outros gases; e da hidrosfera, que inclui os rios, os lagos, os oceanos e os mares. Lago Hawea, na Nova Zelândia, em 2010.

●●● A estrutura da Terra

O interior da Terra é considerado um grande enigma por causa de sua complexidade e da dificuldade de pesquisá-lo.

O conhecimento que temos sobre o interior do planeta se deve a pesquisas realizadas em sua superfície e às observações de fenômenos naturais.

Com base nessas pesquisas, pôde-se constatar que, internamente, a Terra é formada por camadas que se diferenciam quanto a sua composição, densidade e temperatura. As camadas principais são: a **crosta**, o **manto** e o **núcleo**.

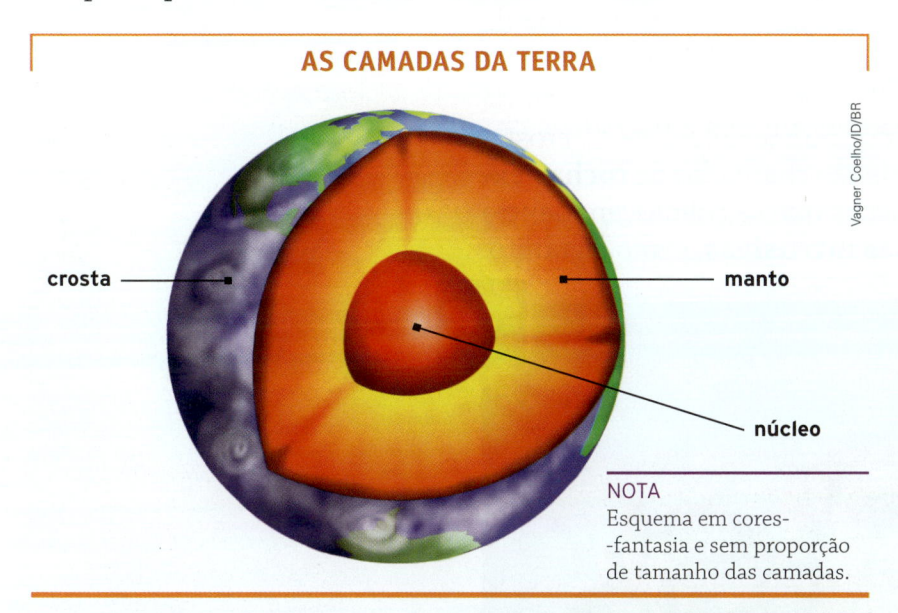

AS CAMADAS DA TERRA

crosta — manto — núcleo

NOTA
Esquema em cores-fantasia e sem proporção de tamanho das camadas.

A **crosta terrestre** compõe a superfície da Terra. Sua espessura varia entre 5 e 80 quilômetros. É uma camada bastante fina, se levarmos em conta que o raio do planeta é de mais de 6 000 quilômetros. Ela está dividida em crosta continental, mais grossa, e crosta oceânica, uma camada mais fina que forma o assoalho submarino.

O **manto** é a camada intermediária entre a crosta e o núcleo. Sua espessura é de aproximadamente 2 900 quilômetros, e sua temperatura é de cerca de 2 000 °C. Em virtude das altas temperaturas, quase todo o material que compõe o manto se encontra derretido sob a forma de uma substância pastosa conhecida por **magma**.

No manto, as diferenças de temperatura, a densidade e a composição dos materiais que o formam originam movimentos ascendentes do magma, as correntes de convecção. Elas influenciam diretamente o movimento das placas tectônicas e a formação de bolsões de magma, que alimentam os vulcões.

O **núcleo** fica na porção mais interior da Terra e é constituído principalmente por níquel e ferro. Por isso, também é conhecido como **nife**. Sua espessura é de, aproximadamente, 3 470 quilômetros, e sua temperatura varia entre 4 000 °C e 6 000 °C.

Os fósseis

O planeta Terra já passou por diversas transformações no decorrer de sua longa história.

Durante esse tempo, diversas espécies de animais e vegetais surgiram e se desenvolveram. Muitas já se extinguiram, e só sabemos da sua existência por meio dos **fósseis**.

Os fósseis são restos de animais e vegetais que se conservaram naturalmente e que indicam as suas formas primitivas. Eles são fundamentais para os cientistas poderem reconstruir a história do planeta.

Os fósseis se formam quando os restos orgânicos são envolvidos por um material que os protege da ação de decompositores e do contato com a atmosfera e com a água do mar ou dos rios.

A foto mostra um fóssil de peixe conservado em rocha.

••• A litosfera

A **litosfera** é a camada sólida externa do planeta. A crosta terrestre faz parte da litosfera e nela estão contidas as rochas, o solo, os minerais, o leito dos oceanos, as cordilheiras e as demais formas de relevo. Em sua superfície plantamos, criamos animais, construímos as cidades. É onde vivemos.

Rochas

A crosta terrestre é formada por **rochas**, que são compostas de muitos minerais e classificadas de acordo com sua origem. Os diversos tipos de rocha na natureza são usados de diferentes maneiras pelas sociedades.

As rochas **ígneas**, ou **magmáticas**, se formam a partir da solidificação do magma no interior ou na superfície da crosta. As que se solidificam na superfície são chamadas de **rochas extrusivas**, como o basalto. As rochas que se solidificam dentro da crosta são chamadas de **rochas intrusivas**, como o granito.

Formação rochosa na Chapada dos Guimarães, em Mato Grosso, em 2010.

As rochas **sedimentares** são formadas ao longo de milhões de anos pela compactação de partículas que se desprenderam de outras rochas, além de materiais provenientes da atividade biológica. Quando se desprendem, os sedimentos são transportados, pela ação dos ventos ou da água, até algum ponto da superfície terrestre. Eles se depositam sobretudo nos vales, nas planícies e no fundo de rios, lagos e mares. As rochas sedimentares possuem camadas porque são formadas por diferentes materiais acumulados ao longo do tempo. O arenito e o calcário são exemplos desse tipo de rocha.

As rochas **metamórficas** são formadas a partir da transformação de outras rochas que sofrem alterações de pressão e temperatura ao longo de milhões de anos. Por isso, suas estruturas são bem diferentes das rochas que lhes deram origem. O mármore, por exemplo, é uma rocha metamórfica proveniente do calcário, que é uma rocha sedimentar.

Desde a Antiguidade, o mármore é usado em obras de arte, na construção de templos e igrejas, em fachadas de casas, etc. Um dos mais belos monumentos do mundo é o Taj Mahal, um mausoléu construído na Índia, no século XVII, todo feito de mármore. Foto de 2008.

Os recursos naturais

Os **recursos naturais** são os elementos da natureza utilizados pelas sociedades para atender às suas necessidades. Grande parte dos recursos naturais concentra-se na crosta terrestre. Esses recursos se formam e se renovam ao longo do tempo, em ritmos diferentes. Por isso, dependendo do tempo que levam para se recompor na natureza, são classificados em **renováveis** ou **não renováveis**.

Recursos naturais renováveis

Os **recursos naturais renováveis**, como a vegetação e a água, têm seu ciclo de renovação e reposição na natureza em um período curto de tempo, desde que utilizados adequadamente.

No entanto, atualmente a exploração de recursos renováveis é muito intensa. Eles são usados cada vez mais para garantir a sobrevivência dos seres humanos e para sustentar a economia. O consumo de recursos naturais renováveis supera em 20% a capacidade que a natureza tem de repô-los.

A indústria de papel consome grandes quantidades de árvores. Porém, é cada vez mais frequente o **reflorestamento** para atender a esse segmento industrial, contribuindo para evitar o desmatamento e diminuir a degradação ambiental. Na foto, reflorestamento de eucalipto em Lauro Müller (SC), em 2011.

Recursos naturais não renováveis

Os **recursos naturais não renováveis** têm seu ciclo de reposição na natureza em um período muito longo, normalmente em milhões de anos. O carvão, o petróleo, o ferro e o diamante são alguns exemplos de recursos não renováveis. Além disso, não há como prever se eles serão repostos na natureza, porque não sabemos se as condições naturais que propiciaram seu aparecimento na crosta terrestre se repetirão.

A exploração de recursos não renováveis, como os minérios, deve ser feita de maneira planejada, em benefício das gerações futuras. Na imagem, a exploração de minério em Eldorado dos Carajás (PA), 2010.

Recursos minerais

Os **minerais** são substâncias encontradas nas rochas e nos seus sedimentos. Segundo suas propriedades físicas e químicas, são classificados em **metálicos** (como ouro, ferro, manganês e cobre) e **não metálicos** (como quartzo, calcário e diamante).

Quando os minerais têm grande quantidade de determinadas substâncias e podem ser explorados economicamente, são chamados de **minérios**. As sociedades retiram os minérios da natureza para transformá-los em matérias-primas para a fabricação de bens, mercadorias e diversos produtos. Uma lata de refrigerante, por exemplo, é feita de alumínio. O ferro utilizado nas construções para fortalecer a estrutura das edificações e na fabricação de automóveis é outro exemplo. O sal empregado na alimentação e na indústria química é também um mineral, assim como o diamante, usado como pedra preciosa em joias e como ferramenta de corte e de perfuração.

Os minérios podem ser explorados de modo industrial, geralmente por meio da atuação de grandes mineradoras, ou por trabalhadores autônomos, conhecidos como garimpeiros, que utilizam técnicas e ferramentas rudimentares. Em ambos os casos, a atividade mineradora pode gerar grandes impactos ambientais.

Diamantes da guerra

Metade dos diamantes comercializados no mundo vem da África, de países como Angola, Congo, Serra Leoa e Libéria. Conflitos sangrentos nesses países foram ou ainda são financiados pelo comércio ilegal de diamantes. Para evitar que o dinheiro da venda das pedras seja revertido para as zonas de conflito, em 2000 foi estabelecido o Processo Kimberley, que rastreia e certifica a origem dos diamantes vendidos no mercado mundial.

As fotos mostram o pico do Cauê, em Itabira (MG), em dois momentos: 1944 e 2006. A exploração de minério de ferro na região é um exemplo significativo da transformação da paisagem natural. O Cauê foi inteiramente destruído pela atividade mineradora: onde antes existia o pico, agora há uma cratera de onde muitas toneladas de minério de ferro ainda são retiradas todos os anos.

Distribuição dos recursos minerais

Os recursos minerais não estão distribuídos de maneira homogênea na crosta terrestre. Em **subsolos** de formação antiga, podem ser encontrados minerais como o ferro. Já o cobre é explorado em terrenos de formação mais recente.

As áreas com maior concentração de um tipo de mineral são chamadas de **jazidas**. Entretanto, nem todas as jazidas são economicamente viáveis, devido às dificuldades técnicas e aos custos elevados de exploração. A atividade de extração de minérios é conhecida por **extrativismo mineral**. Quando a exploração mineral é feita em grande escala, com maquinário sofisticado e pesado, passa a ser chamada de **indústria extrativa**.

Distribuição das riquezas

Alguns países do mundo têm em seus subsolos diversos tipos de minérios, o que favorece o desenvolvimento de suas economias. Os subsolos mais ricos em diversidade e quantidade de minérios são os da Rússia, da China, do Canadá, dos Estados Unidos e da Austrália. O Brasil também possui subsolo rico e diversificado. Outros países, como o Japão, têm subsolos pobres, e precisam importar quase todos os minérios de que necessitam. Veja os mapas ao lado.

A intensa exploração

Nos últimos 250 anos, o aumento do consumo e da produção de mercadorias, maquinário e meios de transporte, entre outros fatores, intensificou e diversificou a exploração de minérios. Entretanto, a exploração excessiva pode trazer consequências prejudiciais ao ambiente, como o esgotamento das jazidas. A velocidade em que as explorações são feitas é muito superior à possível reposição desses recursos na natureza.

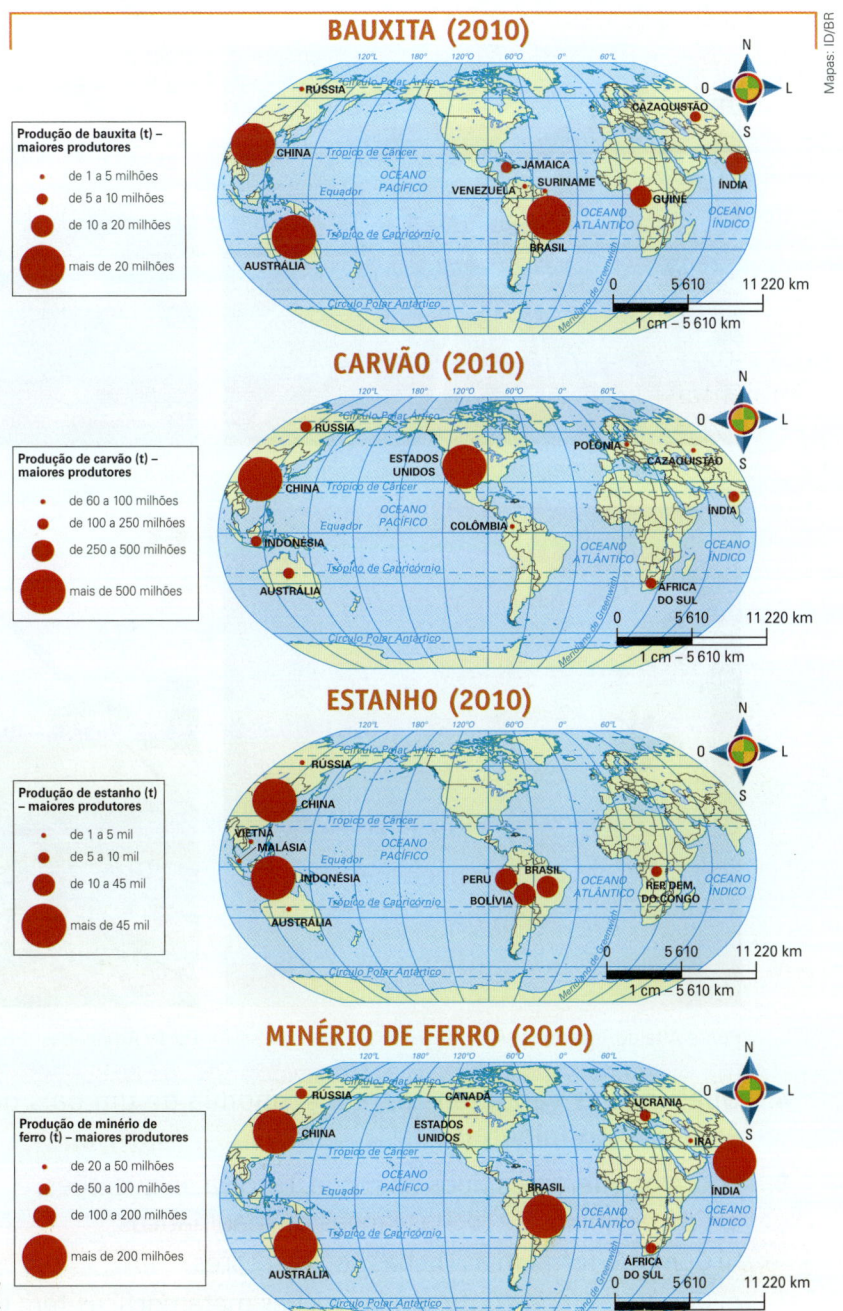

Fontes de pesquisa: *US Geological Survey, Mineral Commodity Summaries,* January 2011 e <www.bp.com/statisticalreview>. Acesso em: 18 jun. 2014.

> **Verifique o que aprendeu**
> 1. Quais são as camadas da estrutura da Terra?
> 2. O que são recursos naturais renováveis e não renováveis?
> 3. Identifique os tipos de rocha existentes.
> 4. O que são minerais?
> 5. O que são minérios?
> 6. Como se dá a distribuição dos recursos minerais na crosta terrestre?

BAUXITA (2010)

Produção de bauxita (t) – maiores produtores
- de 1 a 5 milhões
- de 5 a 10 milhões
- de 10 a 20 milhões
- mais de 20 milhões

CARVÃO (2010)

Produção de carvão (t) – maiores produtores
- de 60 a 100 milhões
- de 100 a 250 milhões
- de 250 a 500 milhões
- mais de 500 milhões

ESTANHO (2010)

Produção de estanho (t) – maiores produtores
- de 1 a 5 mil
- de 5 a 10 mil
- de 10 a 45 mil
- mais de 45 mil

MINÉRIO DE FERRO (2010)

Produção de minério de ferro (t) – maiores produtores
- de 20 a 50 milhões
- de 50 a 100 milhões
- de 100 a 200 milhões
- mais de 200 milhões

ATIVIDADES

1. Desenhe um ambiente contendo exemplos dos elementos que compõem a biosfera. Lembre-se de retomar o conteúdo do capítulo para colocar em seu desenho o maior número possível de detalhes.

2. As reservas minerais presentes no planeta estão diminuindo em ritmo acelerado. Com base nessa informação, responda às questões.
   a) Por que isso ocorre?
   b) Por que a exploração excessiva dos recursos naturais pode trazer riscos ao ambiente?

3. A seguir, você verá imagens de alguns recursos naturais. Escreva a qual recurso cada uma delas corresponde e classifique-o em renovável ou não renovável.

Telêmaco Borba (PR), 2011.

Pedra de diamante bruto, 2011.

Ponte Alta do Tocantins (TO), 2007.

Porto Amazonas (PR), 2008.

4. Quais são as vantagens para a economia de um país que possui o subsolo rico em recursos minerais?

5. Sobre os diferentes tipos de rocha, resolva as questões.
   a) Cite exemplos de rochas ígneas ou magmáticas.
   b) Como se formam as rochas sedimentares?
   c) Por que se pode dizer que as rochas metamórficas têm estruturas muito diferentes das rochas que as originaram?

MUNDO ABERTO

Transformando lixo em produtos e empregos

Tudo o que fazemos gera algum tipo de resíduo. Definir o que é ou não é lixo depende essencialmente do valor que damos ao que sobra. Aquilo que é lixo para você pode ser um produto útil ou fonte de renda para outros.

Mesmo considerando normal produzirmos lixo, o que não podemos achar normal é a quantidade produzida todos os dias e o que é feito desse lixo. Os materiais jogados fora sem separação vão direto para locais onde são lançados na natureza, muitas vezes, sem nenhum critério nem tratamento. Ficam anos e anos para se decompor, agredindo o meio ambiente, contaminando o solo e causando danos à saúde.

O que fazer?

Procurar alternativas para o grande volume de lixo é uma necessidade urgente e diz respeito a todos. Uma das soluções para esse problema está na mudança de atitudes, na prática de novos hábitos de consumo consciente e na forma de jogar fora aquilo que é considerado lixo.

Em muitas cidades já existe a preocupação com o destino dos resíduos sólidos – em aterros sanitários, que não causam danos ao ambiente e à saúde. Algumas – bem poucas, na verdade – também se preocupam com a recuperação e a reciclagem dos materiais.

Além de diminuir o volume de lixo, quando reciclamos estamos ajudando a economizar recursos naturais, a aumentar o número de empregos entre catadores, sucateiros, donos de depósitos, etc. A reciclagem depende da coleta seletiva, por isso é importante colocar os materiais no lugar certo.

A coleta seletiva

Nesse sistema, são separados os materiais não recicláveis dos recicláveis, que deixam de ser lixo e se tornam novamente produtos.

A reciclagem é fonte de geração de emprego para milhares de pessoas em todo o país. Muitas dessas pessoas são mulheres, que encontram na reciclagem uma oportunidade de trabalho e renda que não tinham antes.

Diversas organizações dão apoio a esses trabalhadores. Uma das primeiras foi o Projeto das Unidades de Reciclagem de Porto Alegre, implantado em 1989. Na maioria das unidades predominam as mulheres, em geral responsáveis pela separação do material, enquanto os homens realizam os trabalhos de carregamento e prensagem.

Também existem organizações que incentivam o trabalho artesanal com material de reciclagem. Nesse caso também as mulheres são maioria. O artesanato dá valores e funções a objetos que seriam descartados.

Os homens e as mulheres envolvidos com a reciclagem realizam um trabalho de grande valor para a sociedade e precisam receber cada vez mais o apoio do governo e o respeito de todas as pessoas.

■ Atividades

1. Junte todo lixo que você acumula durante um dia. Deixe esses resíduos separados e, no fim do dia, avalie a quantidade acumulada e o que está sendo descartado. O que você conclui?

MÓDULO 2

Combustíveis fósseis

Os combustíveis fósseis não são renováveis, e sua exploração tem se tornado cada vez mais intensa. Atualmente o mundo é muito dependente das fontes de energia de origem fóssil, como o carvão mineral, o petróleo e o gás natural.

O carvão mineral

O **carvão mineral** formou-se pelo longo processo de soterramento de florestas localizadas em regiões lacustres e pantanosas há mais de 250 milhões de anos.

No século XVIII, na Inglaterra, James Watt inventou a máquina a vapor, que utilizava o carvão mineral para aquecer a água. O vapor obtido com a queima do carvão gerava a pressão necessária para mover as máquinas. Assim, o carvão extraído das minas inglesas passou a movimentar, nas fábricas, diversos tipos de máquinas, dando início à **Revolução Industrial**.

Litografia mostra uma mina de carvão, em 1844.

As transformações geradas pela máquina a vapor

Os ideais da Revolução Industrial correram pela Europa. A presença de jazidas de carvão era essencial para que houvesse a industrialização. As fábricas localizavam-se próximo às minas. Em seu entorno, as cidades industriais cresciam e concentravam indústrias têxteis, metalúrgicas e siderúrgicas.

As indústrias siderúrgicas produziam o aço com a fusão do minério de ferro e de substâncias derivadas do carvão. Veja, no gráfico ao lado, o crescimento do consumo de carvão.

Esses avanços permitiram a construção de pontes, estradas de ferro e maquinário industrial de grande porte. As transformações no espaço mundial foram radicais. Surgiram regiões industriais, o trabalho nas fábricas cresceu e os meios de transporte, que não necessitavam mais da tração dos animais, tiveram aumentadas sua velocidade e eficiência.

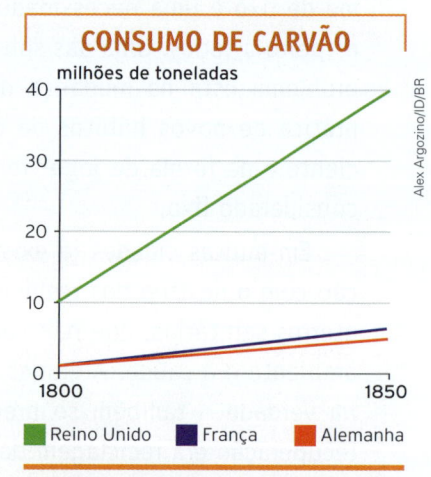

CONSUMO DE CARVÃO
milhões de toneladas

■ Reino Unido ■ França ■ Alemanha

Fonte de pesquisa: J. M. Lambin. *Histoire*. Paris: Hachette Livre, 2001. p. 235.

Pintura em guache, de autoria de Harry Green, que representa a inauguração da ferrovia entre Manchester e Liverpool, na Inglaterra, em 15 de novembro de 1830.

O carvão na atualidade

Atualmente, o carvão mineral é utilizado nos altos-fornos das indústrias siderúrgicas que produzem aço, na geração de energia elétrica (termoelétricas) e também na produção de substâncias químicas. Alguns países, como Rússia e China, dispõem de grande quantidade desse minério em seu subsolo. Veja o mapa no final da página.

A China

A China concentra cerca de 45% do carvão mineral produzido no mundo, além de 14% do total das reservas do planeta. É o maior produtor e o país que possui as maiores reservas. Mais de 75% de toda a energia desse país está baseada no uso do carvão mineral.

O intenso crescimento econômico na China nas últimas décadas determinou o aumento do consumo de fontes de energia, incluindo o carvão. O uso do carvão mineral em larga escala diminui a dependência externa do país em relação ao petróleo.

Atualmente, a China tem investido muitos recursos no desenvolvimento de tecnologias que substituam o carvão mineral por fontes de energia renovável. A maior usina hidrelétrica do mundo localiza-se em território chinês.

A fusão de minérios de ferro com o carbono derivado do carvão mineral resulta em chapas de aço que servem de matéria-prima para outras indústrias. O melhor carvão para os altos-fornos das siderurgias é o que contém 90% de carbono, o antracito, que apresenta maior pureza e poder de queima. Companhia Siderúrgica Nacional, Volta Redonda (RJ), 2006.

O governo chinês lançou um projeto bilionário para reduzir os efeitos da poluição pelo altíssimo consumo de carvão no país. As usinas de produção de carvão, como esta, no noroeste do país, alimentam boa parte das residências, das indústrias e dos escritórios. Foto de 2006.

RESERVAS DE CARVÃO MINERAL DO MUNDO (2009)

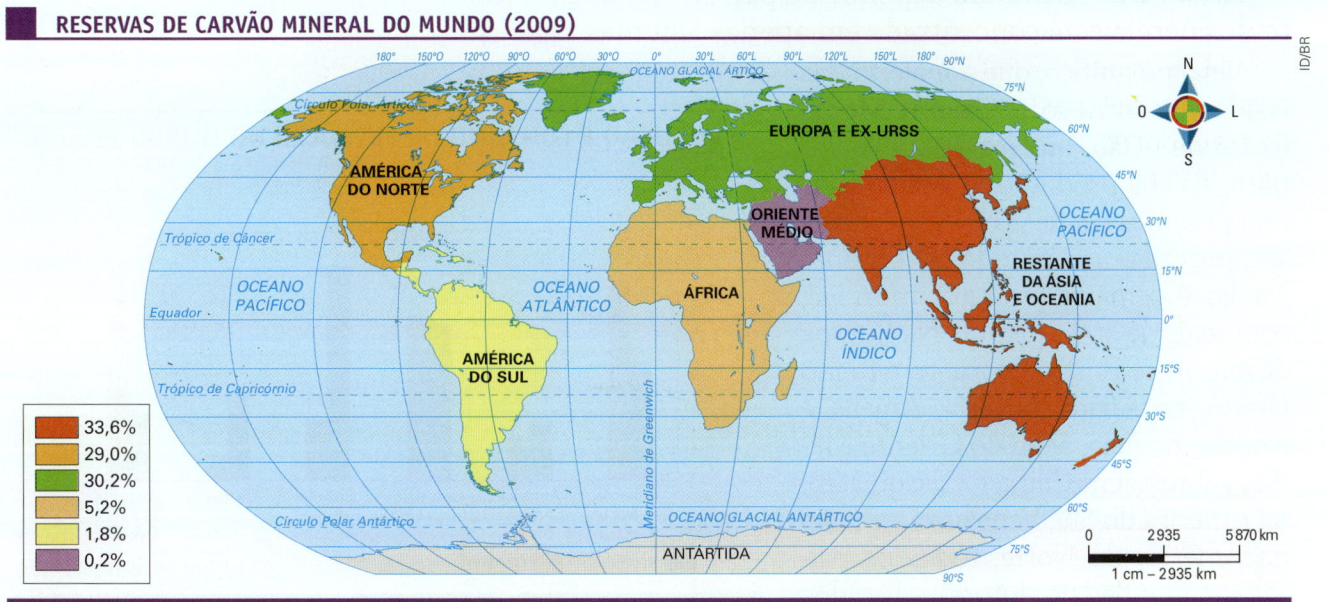

- 33,6%
- 29,0%
- 30,2%
- 5,2%
- 1,8%
- 0,2%

Fonte de pesquisa: BP. Disponível em: <http://www.bp.com/sectiongenericarticle.do?categoryId=9023784&contentId=7044480>. Acesso em: 18 jun. 2014.

••• O petróleo

Em 1886 foi criado o motor a explosão, e o **petróleo** ganhou importância como fonte de energia. Desse óleo extraem-se o ***diesel***, a **gasolina** e o querosene, que movem aviões, navios, automóveis e máquinas em indústrias. Além de ser uma das fontes de energia mais utilizadas no mundo, o petróleo também pode ser usado como matéria-prima. O uso do petróleo na indústria química, que transforma seus derivados em vários tipos de plásticos, remédios, tintas, pesticidas, etc. contribuiu para a transformação dos hábitos e costumes da sociedade. Além disso, seu uso nos meios de transporte revolucionou a organização do espaço geográfico.

Para que seus derivados sejam produzidos, o petróleo precisa passar pelas etapas de extração, transporte e refino. A exploração de petróleo é cara e requer alta tecnologia. Boa parte das jazidas está sob os oceanos e é explorada por meio de plataformas como esta, em Angra dos Reis (RJ), 2007.

A formação do petróleo e do gás natural

O "óleo da pedra" (do latim *petra*, pedra, + *oleum*, óleo) é uma substância formada pelo acúmulo e pela decomposição de **material orgânico** – restos de plantas, animais e microrganismos – depositado no fundo dos mares e oceanos. Esses depósitos formam camadas que sofrem ao longo do tempo a ação de bactérias, pressão e calor, transformando esse material orgânico em petróleo e gás natural. As jazidas de petróleo mais antigas têm aproximadamente 500 milhões de anos; as mais recentes, cerca de 2 milhões de anos.

A distribuição e a produção do petróleo

Atualmente o mundo depende do petróleo, mas essa fonte de energia está concentrada em apenas algumas regiões.

Veja, no gráfico, que a maioria das jazidas encontra-se no Oriente Médio (cerca de 60%), que exporta a maior parte da sua produção. A Arábia Saudita possui cerca de 20% das reservas comprovadas no mundo. O Oriente Médio é o maior produtor mundial, com mais de 30% do total. Na Europa destacam-se Rússia, Noruega e Reino Unido; na África, Nigéria, Argélia e Angola; na Ásia, além do Oriente Médio, sobressaem China e Casaquistão; na América do Sul, Venezuela e Brasil; na América do Norte, todos os países são grandes produtores – Estados Unidos, Canadá e México.

PRODUÇÃO E CONSUMO DE PETRÓLEO NO MUNDO (2009)

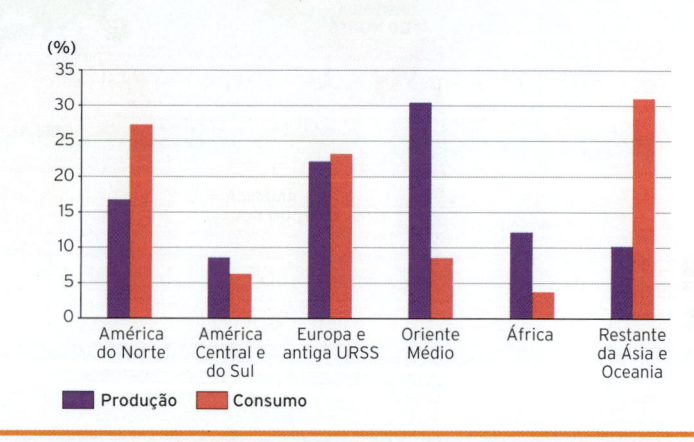

Fonte de pesquisa: ANP. Anuário Estatístico Brasileiro do Petróleo, Gás Natural e Biocombustíveis 2010. Disponível em: <http://www.anp.gov.br>. Acesso em: 18 jun. 2014.

O consumo de petróleo

Os países que mais consomem petróleo são a China, o Japão e os Estados Unidos. Os Estados Unidos e a China produzem boa parte do petróleo que utilizam. Já a maioria dos países da Europa Ocidental e o Japão dependem da importação desse produto.

Um grande problema relacionado ao amplo consumo de petróleo é que se trata de um recurso natural não renovável, ou seja, demora milhões de anos para se recompor na natureza. Outro problema vem de sua queima, que libera grandes quantidades de dióxido de carbono na atmosfera, poluindo-a.

O PETRÓLEO DA CAMADA PRÉ-SAL

O petróleo da camada pré-sal compreende um reservatório localizado em um conjunto de rochas que se estende por baixo de uma extensa camada de sal, sob o leito marinho. Esse petróleo foi formado ao longo de milhões de anos, a partir da lenta degradação de sedimentos orgânicos, soterrados sob pressão e baixa oxigenação.

A distância entre a superfície do mar e esse reservatório pode chegar a cerca de 8 mil metros.

O petróleo encontrado na camada pré-sal do litoral brasileiro, no início do século XXI, é muito valorizado por ser leve e fino. Sua exploração comercial somente se tornou possível com o avanço de pesquisas e o emprego de alta tecnologia, além do aumento do valor do petróleo no mercado internacional.

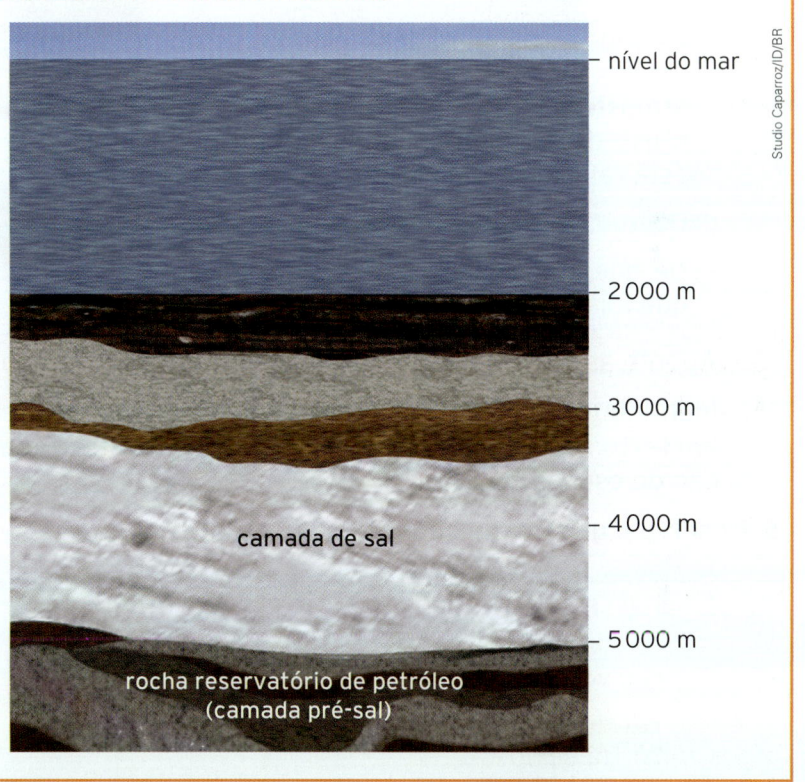

O gás natural

O gás natural vem ganhando importância no mundo por ser uma fonte de energia limpa, isto é, pouco poluente em relação a outros combustíveis fósseis, além de ser mais barata, eficiente e versátil.

É utilizado nos transportes, nas residências, no comércio e na indústria como combustível, insumo ou matéria-prima. De sua queima, obtemos o calor usado na geração de eletricidade (em usinas termoelétricas) e na produção de metais (em indústrias siderúrgicas).

Grandes quantidades de gás natural podem ser transportadas por gasodutos ou navios.

Verifique o que aprendeu

1. Qual foi o principal combustível utilizado na Revolução Industrial?
2. Como o petróleo é formado?
3. Que regiões do mundo produzem mais petróleo?
4. Quais são os problemas relacionados ao uso do petróleo?
5. O gás natural é utilizado para que finalidade?

ATIVIDADES

1. Por que alguns combustíveis são fósseis? Cite exemplos.

2. Leia a afirmação a seguir, observe a fotografia abaixo e responda às questões.

   > O carvão mineral e o petróleo, fontes de energia não renováveis, são motores da economia mundial e estão relacionados às mudanças climáticas globais.

   a) O que são fontes de energia não renováveis?

   b) Por que se pode dizer que o petróleo e o carvão mineral são os motores da economia mundial?

   c) As mudanças climáticas globais estão ligadas à alta emissão de poluentes na atmosfera do planeta. De que maneira o uso de carvão mineral e de petróleo está relacionado a isso?

   d) Do que trata a fotografia?

   e) De que maneira a foto se relaciona ao que foi abordado na afirmação acima?

   Trânsito lento em área urbana do Recife (PE), em 2011.

3. Aponte as semelhanças e as diferenças entre o carvão mineral e o petróleo.

4. Identifique o papel exercido pelo carvão mineral na Revolução Industrial. Escreva um texto sobre as consequências que seu uso trouxe para a sociedade e a ocupação do espaço.

5. Observe o gráfico e responda às questões.

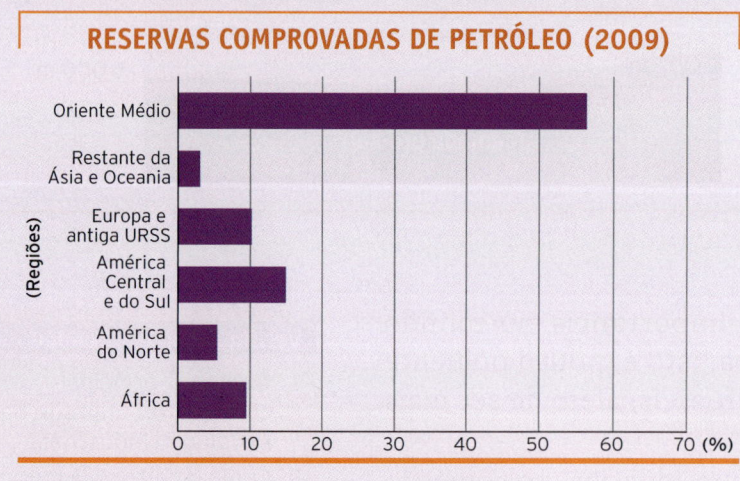

   RESERVAS COMPROVADAS DE PETRÓLEO (2009)

   Fonte de pesquisa: ANP. Anuário Estatístico Brasileiro do Petróleo, Gás Natural e Biocombustíveis 2010. Disponível em: <http://www.anp.gov.br>. Acesso em: 18 jun. 2014.

   a) Qual é o assunto tratado no gráfico?

   b) De acordo com o gráfico, que região do mundo concentra as maiores reservas de petróleo?

   c) Quais as duas regiões apresentadas pelo gráfico que têm as menores reservas comprovadas de petróleo?

   d) Qual a proporção sobre o total mundial das reservas de petróleo no continente americano?

APRENDER A...

Analisar um argumento

Argumentar consiste em expor ideias para defender um ponto de vista. Assim, para que possamos tomar uma posição diante das opiniões de outras pessoas, precisamos analisar os argumentos delas. Para isso não há regras predefinidas, mas é importante identificar os pontos-chave do argumento, isto é, as ideias que formam a sua linha de raciocínio. Leia com atenção o argumento a seguir.

> A elevação do consumo de petróleo em países não desenvolvidos indica que eles também estão se desenvolvendo. Portanto, é possível que tenhamos no futuro um mundo cujas diferenças econômicas entre todos os países sejam minimizadas e o consumo de petróleo seja nivelado segundo os padrões dos atuais países desenvolvidos. Isso seria benéfico, pois a economia permaneceria em constante aquecimento: os fornecedores de petróleo ganhariam por ter de produzir cada vez mais e os consumidores ganhariam por ter garantido o fornecimento de energia para suas indústrias e veículos.

As ideias que compõem esse argumento são:
- Os países que estão em processo de desenvolvimento podem ser identificados pelos níveis de consumo de petróleo.
- Como há países que estão se desenvolvendo, é possível minimizar as diferenças econômicas entre os países do mundo.
- O nivelamento econômico de todos os países difundirá entre eles padrões de consumo de petróleo semelhantes aos dos atuais países desenvolvidos.
- Os elevados padrões de consumo de petróleo entre todos os países serão benéficos economicamente.

O próximo passo é verificar a coerência das ideias, checando se há relações ou contradições entre elas e confrontando-as com os seus conhecimentos prévios sobre o assunto. Muitas vezes é necessário pesquisar informações adicionais para verificar a coerência do argumento. Retomemos as ideias.

- A primeira ideia é plausível, pois, quanto mais desenvolvido o país, maior o poder de consumo da população e maior a quantidade de indústrias e de outras atividades que dependem do petróleo.
- Nem todos os países considerados não desenvolvidos vivem ritmos significativos de crescimento econômico. Os que estão se desenvolvendo não necessariamente adquirirão características semelhantes aos dos atuais países desenvolvidos.
- O petróleo é uma fonte de energia não renovável, e é sabido que, se os atuais níveis de consumo se mantiverem, as reservas conhecidas até então se esgotarão em médio prazo. Se todos os países começassem a consumir petróleo como consomem os Estados Unidos e o Japão, esse recurso acabaria ainda mais rápido.
- O aumento do consumo em geral (não só do petróleo) alavanca a economia, porém o argumento não levou em consideração os problemas ambientais que o elevado consumo de petróleo poderia causar.

■ Atividades

1. Analise o argumento a seguir de acordo com o texto exposto acima.

> A iniciativa brasileira de investir na produção de etanol é uma alternativa muito significativa para substituir o petróleo, pois, além de poluir menos, pode estimular a arrecadação do país com as exportações. E como o território brasileiro é muito grande, o governo deveria incentivar a ampliação do plantio da cana-de-açúcar para as regiões Centro-Oeste e Norte do país.

MÓDULO 3 — Os solos

O solo é um recurso natural finito e limitado. Sua formação se dá ao longo de centenas ou milhares de anos e sua reposição é muito lenta. O manejo inadequado dos solos pelas sociedades tem levado à sua degradação.

A importância do solo

O solo é um componente importante dos ecossistemas terrestres. Nele, por exemplo, se desenvolvem a vegetação e as atividades agrárias. Os vegetais se fixam no solo por meio de suas raízes e dele retiram água e nutrientes, essenciais para seu desenvolvimento e sua sobrevivência. No solo ocorre a decomposição de matéria orgânica, fundamental para a formação e a manutenção de sua fertilidade natural.

Esse recurso natural também regula a distribuição, o escoamento e a infiltração da água da chuva e de irrigação. As águas que atravessam os solos são filtradas, limitando a poluição dos **lençóis freáticos**, ou lençóis de água subterrâneos.

O solo também é fonte de matérias-primas utilizadas pelos seres humanos, que dele retiram areia, argila e muitos outros minerais.

O solo é um meio dinâmico que constitui o hábitat de uma biodiversidade de microrganismos. Uma pequeníssima porção de, aproximadamente, 1 grama de solo em boas condições pode conter mais de 600 milhões de bactérias fundamentais para sua fertilidade.

Os seres humanos utilizam o solo para produzir os alimentos necessários ao seu sustento. Romênia, 2005.

A produtividade dos solos

Existem diversos tipos de solo aproveitados para a agricultura e a pecuária. A fertilidade desses solos varia. Muitas vezes, é necessário utilizar fertilizantes para melhorar sua qualidade e produtividade.

Adubação com dejeto líquido de suíno em Uberlândia (MG), em 2011.

••• Formação dos solos

Diversos fatores interagem na formação dos solos, sendo os principais o clima, a presença de seres vivos e a **rocha matriz**. Os restos orgânicos de animais e vegetais, as atividades realizadas pelos seres vivos e a ação da água, da temperatura e dos ventos contribuem para desagregar as rochas e formar os solos. Entre esses elementos, a água tem fundamental importância na formação e na fertilidade natural dos solos.

A espessura da camada de solo varia. Há locais onde ela é mais profunda e outros onde é bastante rasa, como em determinadas regiões da Europa, onde não ultrapassa 40 cm.

Os solos podem ser argilosos ou arenosos, vermelhos, amarelos ou cinza, ricos ou pobres de matéria orgânica, homogêneos ou, ainda, conter **horizontes**. Podem ser adequados ou não ao crescimento de determinadas plantas. Tudo isso ocorre em razão das condições ambientais do local onde são formados.

Perfil do solo

A imagem representa um corte no solo que mostra sua organização em camadas, chamadas de horizontes. As que ficam mais próximas das rochas são as mais recentes e menos alteradas.

A camada mais superficial é conhecida por **horizonte orgânico**, pois é constituída basicamente de matéria orgânica animal e vegetal.

Os solos variam de uma região para outra, mas, basicamente, contêm a camada orgânica e a camada mineral (formada por areia ou argila). Abaixo delas há a porção de rocha matriz que não sofreu alterações.

NOTA
Esquema em cores-fantasia e fora de proporção.

FASES DA FORMAÇÃO DOS SOLOS

A – Rocha matriz
Inicialmente a rocha matriz está exposta. Não há solo sobre ela, e sua parte superficial começa a ser transformada. A chuva, o vento e a temperatura contribuem para alterações dessa rocha.

NOTA
Esquema em cores-fantasia e fora de proporção.

B – Solos jovens
Com o tempo, a ação dos agentes de decomposição vai esfarelando a rocha, criando sulcos, fendas e cavidades. Microrganismos, como as bactérias, se instalam nesses espaços, auxiliando na decomposição da rocha. Já se forma uma fina camada de solo em meio a pedaços menores de rochas que se desagregaram com a ação da natureza.

C – Solos maduros
Nesse tipo de solo aparecem seres vivos maiores. O solo está bem mais espesso, com vegetais que colonizam o ambiente. A presença desses vegetais permite o surgimento de outras formas de vegetação. Esse processo continua até acontecer o equilíbrio, o que pode levar mais de 400 anos. Os solos utilizados na agricultura demoram até 12 mil anos para se formar.

101

A conservação dos solos

O solo é fundamental para a produção de alimentos destinados às sociedades humanas e também para a produção de ração que alimenta rebanhos variados em todo o mundo.

Para que não ocorra degradação, contaminação e perda de nutrientes do solo, é importante que seu uso seja feito de maneira racional e planejada.

O mau uso do solo tem levado à perda de milhares de hectares de terra fértil todos os anos, causando enormes prejuízos econômicos e ambientais. Estimativas recentes mostram que cerca de seis milhões de hectares de terras agricultáveis são perdidos no mundo por ano devido à degradação do solo. Tal problema é ainda mais grave nos países mais pobres, que dependem da agricultura.

O uso inadequado e excessivo do solo reduz sua fertilidade natural e diminui a matéria orgânica. Além disso, aumenta a contaminação por uso de produtos químicos, **agrotóxicos**, resíduos domésticos e industriais.

O cultivo agrícola intenso e, principalmente, o desmatamento aceleram o processo de **erosão** do solo. As principais formas de degradação do solo estão associadas à erosão hídrica (pela água) e eólica (pelo vento) e à compactação do solo. Tais processos levam à formação de grandes sulcos e de **voçorocas** e até à **desertificação**.

Para preservar os solos são empregadas técnicas como o **terraceamento** e as plantações em curvas de nível. É usado também o plantio de barreiras de árvores para evitar a erosão eólica e a manutenção de parte da cobertura vegetal original.

Uma das formas mais eficientes para evitar a erosão e a perda de solos é o uso de curvas de nível, em que o plantio é feito em linhas de acordo com os vários níveis do terreno. Foto de vinhedo na região do Alto Douro, Portugal, 2009.

Importância econômica dos solos

O solo é um recurso natural estratégico para países e empresas, pois, além da alimentação humana e animal, há a intensificação do uso dos solos para a agricultura voltada à produção de energia na forma de combustíveis, como o etanol e o *biodiesel*.

O Brasil é líder e pioneiro nesse setor, e essa produção é mais acentuada na Região Sudeste.

BRASIL – PRODUÇÃO DE ETANOL (2009)*

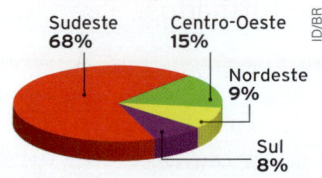

- Sudeste: 68%
- Centro-Oeste: 15%
- Nordeste: 9%
- Sul: 8%

* Na Região Norte, a produção de etanol é inexpressiva (0,19% em 2009), por isso não aparece no gráfico.

Fonte de pesquisa: ANP. Anuário Estatístico Brasileiro do Petróleo, Gás Natural e Biocombustíveis 2010. Disponível em: <http://www.anp.gov.br>. Acesso em: 18 jun. 2014.

Verifique o que aprendeu

1. Cite três fatores que fazem do solo um recurso natural importante.
2. Que condições ambientais influenciam a formação dos solos?
3. Explique as consequências do mau uso do solo.

ATIVIDADES

1. O que é fertilidade natural dos solos?
2. Observe as fotografias e responda às questões.

Sena Madureira (AC), 2008.

São Pedro de Atacama, Chile, 2004.

   a) Descreva os meios ambientes representados nas fotografias.
   b) Quais as diferenças dos tipos de solo encontrados em cada uma das paisagens?
   c) Que fatores ambientais influenciam a formação do solo em cada uma das imagens?

3. Por que a maioria dos vegetais terrestres necessita do solo para sobreviver?

4. Observe a imagem ao lado e responda às questões.
   a) Que elementos caracterizam o processo de erosão observado na fotografia?
   b) Quais as consequências da erosão do solo, como a que aparece na fotografia?

Curvelo (MG), em 2010.

5. Observe a imagem ao lado. Depois, resolva as questões.
   a) Descreva a paisagem representada na fotografia.
   b) Como se encontra o solo em um ambiente desse tipo?
   c) Quais são as consequências para os seres humanos desse tipo de uso do solo?

Nova York (EUA), em 2010.

103

VIAJANDO PELO MUNDO — Nepal

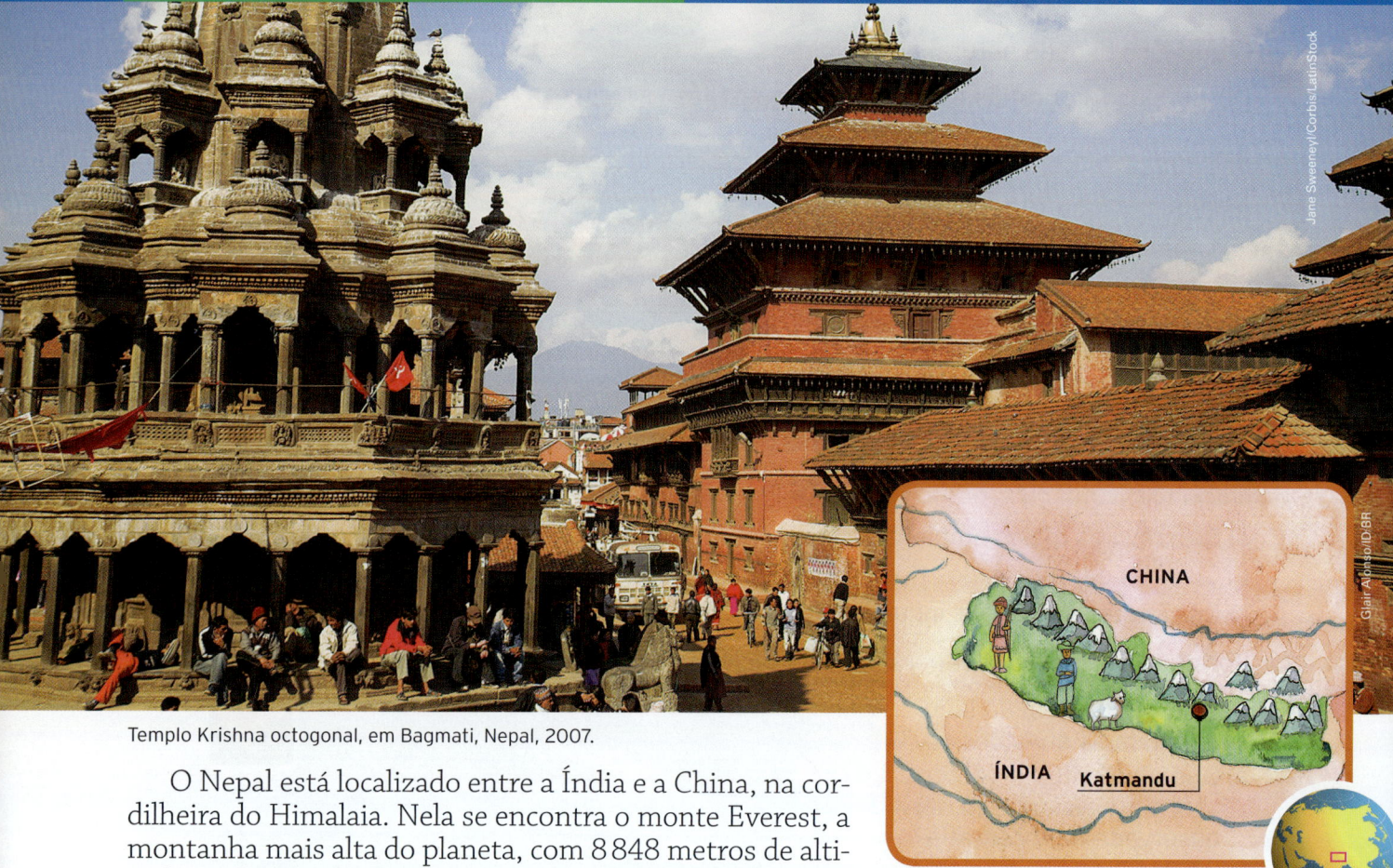

Templo Krishna octogonal, em Bagmati, Nepal, 2007.

O Nepal está localizado entre a Índia e a China, na cordilheira do Himalaia. Nela se encontra o monte Everest, a montanha mais alta do planeta, com 8 848 metros de altitude. Na língua nepalesa, Everest quer dizer "rosto do céu".

A cordilheira do Himalaia é formada por terrenos recentes e rochosos, pobres em recursos minerais. Além disso, são muito íngremes, o que dificulta a agricultura. Como a população do Nepal vive do plantio de subsistência, cultivando arroz, preservar o solo é uma questão de sobrevivência. Por isso, o cultivo é praticado em terraços (para evitar a erosão acelerada), nos vales e nas encostas das montanhas.

A religião é marcante na vida dos habitantes do Nepal. As duas principais religiões, o hinduísmo e o budismo, convivem harmonicamente e determinam os costumes locais.

Montanhas mais altas do mundo

Montanha	Altitude
Everest (Himalaia)	8 848 m
K2 (Himalaia)	8 611 m
Kanchenjunga (Himalaia)	8 586 m
Lhotse (Himalaia)	8 516 m
Makalu (Himalaia)	8 463 m

NEPAL – DISTRIBUIÇÃO DA POPULAÇÃO URBANA E RURAL (2008)

17,2% — 82,8%

Fonte de pesquisa: Trading Economics. Disponível em: <http://www.tradingeconomics.com/nepal/urban-population-percent-of-total-wb-data.html>. Acesso em: 17 maio 2011.

O esquema mostra o aspecto das cinco montanhas mais altas do mundo.

Everest 8848 m — K2 8611 m — Kanchenjunga 8586 m — Lhotse 8516 m — Makalu 8463 m

Fonte de pesquisa: View Finder. Disponível em: <http://www.viewfinderpanoramas.org>. Acesso em: 18 jun. 2014.

De olho no texto

1. Que dificuldades o relevo do Nepal impõe para a agricultura local?
2. Quais são as principais religiões do Nepal?

LENDO GEOGRAFIA

ANTES DE LER
- Você sabe o que é desertificação? Explique.
- Você acha esse tema importante? Por quê?

Desertificação

A desertificação é definida como processo de destruição do potencial produtivo da terra nas regiões de clima árido, semiárido e subúmido seco. O problema vem sendo detectado desde os anos [19]30, nos Estados Unidos, quando intensos processos de destruição da vegetação e solos ocorreram no Meio Oeste americano.

Desertificação em Canudos (BA), em 2010.

Muitas outras situações consideradas como graves problemas de desertificação foram sendo detectadas ao longo do tempo em vários países do mundo. América Latina, Ásia, Europa, África e Austrália oferecem exemplos de áreas onde o homem, através do uso inadequado e/ou intensivo da terra, destruiu os recursos e transformou terras férteis em desertos ecológicos e econômicos. [...]

As causas mais frequentes da desertificação estão associadas ao uso inadequado do solo e da água no desenvolvimento de atividades agropecuárias, na mineração, na irrigação mal planejada e no desmatamento indiscriminado. [...]

A desertificação ocorre em mais de 100 países do mundo. Por isso é considerada um problema global. No Brasil existem quatro áreas, que são chamadas núcleos de desertificação, onde é intensa a degradação. Elas somam 18,7 mil km² e se localizam nos municípios de Gilbués, no Piauí; Seridó, no Rio Grande do Norte; Irauçuba, no Ceará; e Cabrobó, em Pernambuco. As regiões áridas, semiáridas e subúmidas secas, também chamadas de terras secas, ocupam mais de 37% de toda a superfície do planeta, abrigando mais de 1 bilhão de pessoas, ou seja, 1/6 da população mundial, cujos indicadores são de baixo nível de renda, baixo padrão tecnológico, baixo nível de escolaridade e ingestão de proteínas abaixo dos níveis aceitáveis pela Organização Mundial da Saúde – OMS. Mas a sua evolução ocorre em cada lugar de modo específico e apresenta dinâmicas influenciadas por esses lugares.

As regiões sul-americana e caribenha têm inúmeros países com expressivas áreas de seus territórios com problemas de desertificação. Os mais significativos são Argentina, Bolívia, Brasil, Chile, Cuba, Peru e México.

Fonte de pesquisa: E. CAVALCANTI. *Para compreender a desertificação*: uma abordagem didática e integrada. Instituto Desert. Julho de 2001. Disponível em: <http://www.ambientebrasil.com.br>. Acesso em: 18 jun. 2014.

De olho no texto

1. Quais são as causas mais frequentes da desertificação?
2. Por que a desertificação é considerada um problema global?
3. Em que lugares do mundo esse fenômeno acontece? E no Brasil?

FAZENDO GEOGRAFIA

Utilização de símbolos em mapas

A utilização de símbolos em mapas tem a função de indicar a localização de ocorrências pontuais de determinados fenômenos e de diferenciá-los quanto ao tipo ou à espécie.

A definição dos símbolos geralmente leva em consideração características que permitam relacioná-los facilmente aos elementos mapeados. No mapa dos recursos minerais no Brasil, abaixo, por exemplo, o ouro é representado por uma barra amarela, cor característica desse metal. O ferro é representado por um símbolo que lembra o formato de uma viga, material utilizado na construção civil. Esse é um dos setores que tradicionalmente mais consomem ferro e aço (fabricado também a partir do minério de ferro).

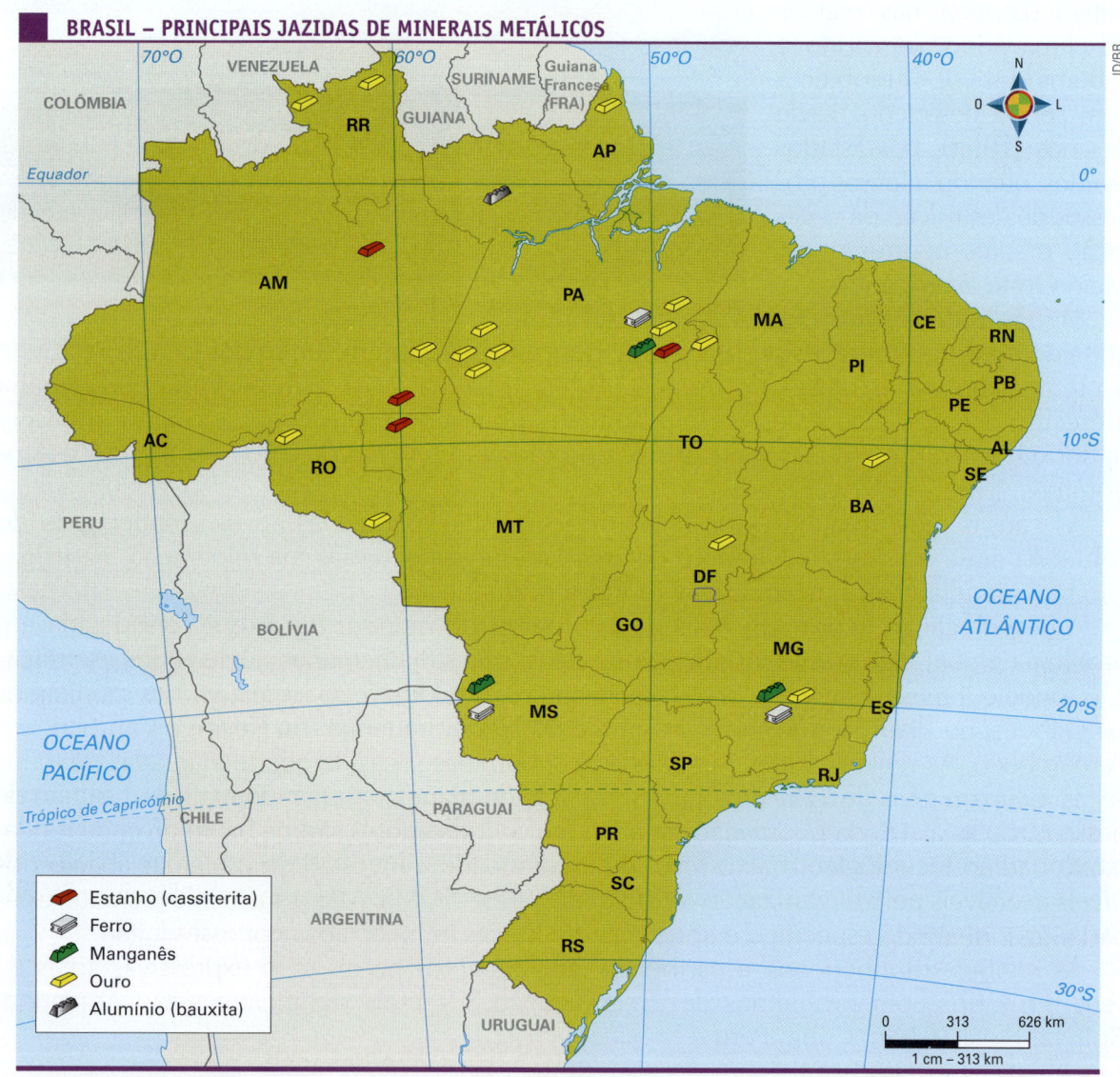

BRASIL – PRINCIPAIS JAZIDAS DE MINERAIS METÁLICOS

Legenda:
- Estanho (cassiterita)
- Ferro
- Manganês
- Ouro
- Alumínio (bauxita)

Fonte de pesquisa: *Atlas geográfico de España y el mundo*. Madrid: SM, 2007. p. 65.

Os símbolos permitem a visualização da diversidade de recursos minerais existentes no Brasil e mostram como se dá a distribuição das principais jazidas pelo seu território. Podemos verificar que há duas principais áreas de concentração de jazidas no país: uma em Minas Gerais, onde se destacam as de ouro, ferro e manganês; e outra na Região Norte, onde há jazidas de ouro, ferro, estanho, bauxita e manganês.

Já no mapa da página seguinte, que mostra os combustíveis fósseis no Brasil, a disposição dos símbolos evidencia uma distribuição dos recursos bem diferente da do mapa acima.

Neste mapa, é possível perceber que a maioria das jazidas de petróleo está concentrada no oceano Atlântico ou nas proximidades da faixa litorânea. Observa-se também que o carvão está concentrado apenas na Região Sul.

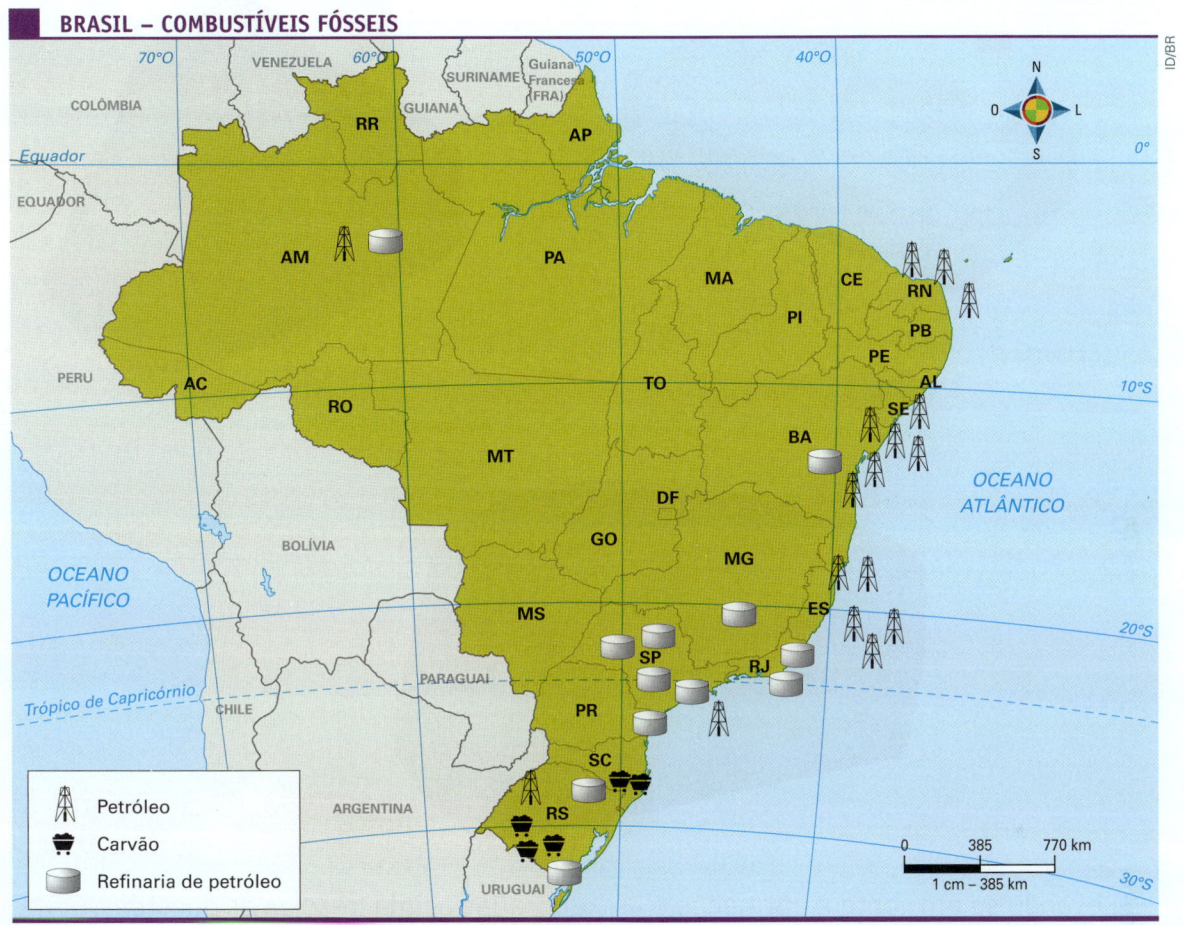

BRASIL – COMBUSTÍVEIS FÓSSEIS

Fonte de pesquisa: *Atlas geográfico de España y el mundo*. Madrid: SM, 2007. p. 65.

Nos dois mapas, a adoção de símbolos mostrou-se uma opção adequada para visualizar a distribuição dos recursos minerais no território brasileiro, pois a quantidade de itens mapeados não é muito grande. Porém, nos casos em que é muito numerosa a quantidade de elementos, o emprego de símbolos pode tornar o mapa visualmente poluído, dificultando sua interpretação.

■ Atividades

1. Observe a legenda do mapa desta página. O que ela representa?
2. Em que estados estão localizadas as refinarias de petróleo?
3. Em que estados se concentram as maiores jazidas de carvão?
4. Onde está localizada a maior quantidade de poços de petróleo?
5. Crie novos símbolos para cada um dos elementos da legenda.
6. É possível perceber, apenas olhando o mapa, quais são as maiores jazidas de carvão e petróleo no Brasil?

QUESTÕES GLOBAIS

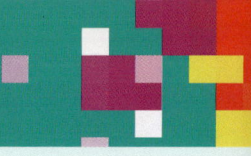

1. Desenhe e descreva as camadas da estrutura do planeta Terra.

2. A crosta terrestre é formada por rochas, que são constituídas por muitos minerais e são classificadas de acordo com sua origem.

Mármore

Basalto

Arenito

Levando-se em conta a afirmação e as fotografias acima, resolva as questões.
a) Identifique que tipos de rocha estão representados.
b) Qual é a origem das rochas ígneas ou magmáticas?
c) Cite exemplos de rochas sedimentares.
d) Como são formadas as rochas metamórficas?

3. Você estudou que os minerais são substâncias encontradas nas rochas. É possível transformá-los em matérias-primas para a fabricação de diversos produtos.
a) Pesquise um recurso mineral que é extraído no estado onde você vive e escreva um texto sobre ele.
b) Pesquise imagens de produtos que são feitos com esse ou outros recursos minerais e cole-as. Se preferir, faça um desenho.
c) Mostre o seu texto e as suas imagens (ou desenhos) aos colegas e veja os deles.

4. Faça um desenho para representar alguma fonte de energia alternativa ao petróleo. Justifique sua escolha.

5. Como se dá a formação dos solos?

6. O solo é utilizado para a agricultura e como fonte de matéria-prima. O uso intensivo e inadequado tem levado à perda de bilhões de toneladas de solo por ano, ao seu empobrecimento ou ao seu esgotamento. Cite exemplos de mau uso do solo.

••• Síntese

A crosta terrestre

A Terra
- O planeta Terra pode ser dividido em litosfera, hidrosfera, atmosfera e biosfera. E sua estrutura pode ser dividida em crosta, manto e núcleo.
- A crosta terrestre é formada por rochas, que, de acordo com sua origem, são classificadas em: ígneas ou magmáticas, sedimentares e metamórficas.
- Recursos naturais (renováveis ou não renováveis) são os elementos da natureza que os seres humanos utilizam para atender às suas necessidades.
- Os minerais são classificados em metálicos e não metálicos. Quando os minerais podem ser explorados economicamente, são chamados de minérios.

Combustíveis fósseis
- Os combustíveis fósseis não são renováveis e sua exploração tem se tornado cada vez mais intensa.
- O carvão mineral é utilizado em larga escala desde a Revolução Industrial.
- O petróleo é a fonte de energia mais utilizada no mundo.
- O gás natural, além de ser mais barato que o petróleo, é uma fonte de energia menos poluente.

Os solos
- O solo é um componente importante dos ecossistemas terrestres, pois é nele que se desenvolvem a vegetação e as atividades agrárias.
- O solo é formado basicamente pela fragmentação das rochas pela ação da água, da temperatura e dos seres vivos.
- Por ser um recurso finito e limitado, o uso do solo deve ser feito de forma racional e planejada.
- Além de serem recursos naturais de valor econômico, os solos são importantes para a obtenção de alimentos.

[PARA SABER MAIS]

Livros

***Jack Brodóski*: em resgate no círculo de fogo**, de Flavio de Souza. São Paulo: Companhia das Letrinhas.
  Durante uma viagem de aventuras, o professor Almendra, mestre de Jack, explica sobre vulcões, placas tectônicas, ondas gigantes e outros fenômenos da Terra.

Viagem ao centro da Terra, de Júlio Verne. São Paulo: FTD.
  Um pergaminho escrito à mão motiva o professor Lidenbrock e seu sobrinho Axel a partirem para a mais estranha e arriscada expedição científica do século XIX e ver as maravilhas da crosta terrestre e fenômenos surpreendentes.

Site

<http://bcove.me/2mb6svlp/>
  Ao acessar este *link* do Discovery Brasil, você verá uma animação de cerca de quatro minutos sobre a crosta terrestre e o núcleo da Terra. Acesso em: 11 nov. 2011.

A superfície terrestre apresenta diversas formas, como os **morros** e os vales representados na imagem abaixo. Ao conjunto dessas formas damos o nome de **relevo**.

Os planaltos, as planícies, as depressões e as cadeias montanhosas constituem as principais unidades de relevo. Elas são formadas pela ação de **agentes internos** e **externos** que atuam na crosta terrestre. É essa dinâmica que vamos estudar neste capítulo.

Formação e modelagem do relevo terrestre

CAPÍTULO 6

O QUE VOCÊ VAI APRENDER

- A ação dos agentes externos e internos à Terra na formação do relevo
- Os tipos de erosão
- A teoria da tectônica de placas
- As principais unidades de relevo

CONVERSE COM OS COLEGAS

A fotografia ao lado representa um trecho da serra do Mar no estado do Paraná. Essa é uma área de planalto onde se notam a vegetação e a estrada de ferro Curitiba-Paranaguá.

1. Observe a imagem ao lado e descreva suas características.
2. O ser humano constrói obras em diferentes ambientes. Em sua opinião, como é possível realizar obras nesse tipo de terreno?
3. Levante hipóteses sobre a formação desse tipo de unidade de relevo.
4. O que você sabe sobre as diferentes unidades de relevo: planaltos, planícies, depressões e cadeias montanhosas?

Viaduto Carvalho, na Estrada de Ferro Curitiba-Paranaguá, no estado do Paraná. Foto de 2010.

MÓDULO 1
Agentes externos: intemperismo e erosão

As formas da superfície terrestre estão em constante transformação sob a ação dos agentes externos e internos.

●●● Modelando a superfície

Os **agentes externos** são forças naturais que atuam sobre a superfície terrestre modelando e esculpindo as formas do relevo. Os ventos, os mares, as geleiras, as chuvas, os rios, a luz solar e os seres vivos são exemplos de agentes externos.

No Brasil, a maior parte do relevo apresenta altitudes pouco elevadas. Esse relevo suave é resultado da ação dos agentes externos sobre as formas da superfície ao longo de milhões de anos.

Intemperismo e erosão

As formas da superfície sofrem o impacto conjunto, simultâneo e contínuo de agentes externos, por meio de dois processos básicos: o intemperismo e a erosão.

Intemperismo é um processo de decomposição e desagregação que as rochas e seus minerais sofrem, principalmente pela ação da umidade e da temperatura. As alterações de temperatura provocam fissuras nas rochas, e a água das chuvas decompõe quimicamente os seus minerais. Além disso, a água favorece a proliferação de bactérias e fungos, que contribuem para essa decomposição.

A **erosão** é a remoção e o transporte dos sedimentos resultantes do intemperismo e pode ser causada pela ação dos ventos, da água de rios, das chuvas, dos mares ou das geleiras. Os sedimentos são transportados das partes mais altas para as partes mais baixas do terreno ou para o fundo de lagos, lagoas, rios e mares.

A imagem representa uma área de relevo bastante erodido na serra da Bocaina, em Cunha (SP), 2004.

A ação de agentes, como o vento e as chuvas, contribui para a modificação do relevo. Parque Nacional das Sete Cidades (PI), 2006.

••• A ação dos agentes externos

A velocidade e intensidade da ação erosiva dos agentes externos dependem, entre outros fatores, do clima, do tipo de rocha, do solo e do relevo de determinada área. Os principais agentes externos são as **chuvas**, os **rios**, os **mares**, as **geleiras**, os **ventos** e a **ação humana**.

Chuvas

Parte das águas das chuvas que escorrem pela superfície causa impacto sobre o solo e as rochas, provocando o seu desgaste. É a erosão **pluvial**. A erosão ocorre porque a água carrega grande quantidade de sedimentos das regiões mais altas para as mais baixas. Quanto mais inclinado for o terreno, maior será a velocidade das águas e maior a erosão. Se o terreno for recoberto por vegetação, a erosão será menor, pois essa cobertura ameniza o impacto da chuva no solo, diminuindo a velocidade de escoamento das águas. Por isso, terrenos sem vegetação são mais facilmente erodidos.

> **Efeito da erosão pluvial**
>
> A erosão provocada pelas chuvas pode causar uma série de transtornos para a população, como prejuízos materiais, danos físicos e até morte.
>
> I. O poder público tem responsabilidade sobre o uso e a ocupação do solo. Que ações preventivas deveriam ser tomadas para evitar as tragédias causadas pelas chuvas?
>
> II. Além da perda material, muitas famílias têm a vida totalmente modificada depois de catástrofes como a mostrada na foto ao lado. Por quê? Como as campanhas de solidariedade contribuem para minimizar os efeitos dessas catástrofes?

Os deslizamentos de terra decorrem da ação conjunta do desmatamento, da chuva e da gravidade. Esse conjunto de forças arrasta grandes quantidades de sedimentos, causando prejuízos e riscos para a população. Recife (PE), 2011.

Rios

A força das águas dos rios provoca erosão em suas margens e escava o seu leito, transportando muitos sedimentos. É a erosão **fluvial**.

Uma parte desses sedimentos é depositada nos leitos dos próprios rios, ao passo que outra parte é levada pela força das águas, podendo chegar até os oceanos.

A velocidade das águas de um rio pode variar muito desde a nascente até a foz, o lugar onde ele deságua. Quanto menor for a velocidade das águas, menor será a sua capacidade de transportar sedimentos. O processo de deposição de sedimentos é chamado de **sedimentação**.

> **A ação dos rios**
>
> Os rios exercem três papéis essenciais na construção e modificação do relevo de maneira lenta e contínua. São eles: **intemperismo**, **erosão** e **sedimentação**. Estima-se que, em média, a erosão fluvial rebaixe o relevo em cerca de 5 cm a cada mil anos.

Mares

O impacto das águas marinhas desgasta as rochas litorâneas lentamente. As partículas desprendidas das rochas misturam-se com a areia ou são depositadas no fundo do mar. Esse desgaste pode formar desde esculturas em rochas até praias e ilhas. As águas dos mares, assim como as dos rios e das chuvas, causam intemperismo e erodem as rochas.

O impacto das ondas do mar fragmenta e modela as rochas, como se pode observar nesta foto tirada na região das Astúrias, Espanha, em 2003.

Geleiras

O gelo também é capaz de remodelar a superfície. Quando o gelo que cobre as montanhas se desprende, provoca forte atrito com as rochas e com o solo, arrastando as partículas desprendidas para áreas mais baixas. A repetição desse processo por milhões de anos transforma o aspecto dessas montanhas.

Ventos

A ação do vento pode ser muito intensa, como nos desertos. Nessas áreas secas, os ventos carregam pequenos grãos de areia que se chocam contra as rochas, acelerando o desgaste e alterando suas formas. Os ventos também podem provocar o acúmulo de grandes montes de areia, as dunas, que podem se deslocar ao longo do tempo.

As dunas são formadas pela ação dos ventos, que transportam areia de um lugar para outro. Dunas de Genipabu em Extremóz (RN), em 2009.

A ação humana

As sociedades são importantes agentes transformadores da paisagem. Para atender às suas necessidades, elas modificam o relevo, criando novas formas.

Um bom exemplo são as áreas litorâneas aterradas, que criam um novo espaço onde antes havia mar. Atualmente, a tecnologia permite que os aterros avancem pelo mar, criando ilhas artificiais.

Arquipélago artificial em Dubai, Emirados Árabes Unidos, no Oriente Médio, 2004.

A ação humana também contribui para acelerar o processo de erosão do relevo. Merecem destaque a queima de vegetação nativa e a derrubada de florestas, que deixam o solo desprotegido e muito mais exposto à erosão causada pelas chuvas. Por causa da ação da gravidade, as áreas de encostas são erodidas mais facilmente.

O depósito dos sedimentos no leito e na foz dos rios causa **assoreamento** (acúmulo de sedimentos em corpos de água). Os resultados são as enchentes e até mesmo a mudança de curso dos rios.

O assoreamento de rios diminui a profundidade de seu leito, podendo causar enchentes. Na foto, trecho assoreado no córrego Prosa, em Campo Grande (MS), em 2011.

Voçorocas

O desmatamento resulta em grandes extensões de terreno sem vegetação, expondo-o à erosão.

Em alguns lugares, as águas das chuvas cavam sulcos tão profundos na superfície que impedem essas áreas de serem cultivadas ou usadas para a criação de animais. Essas formas erosivas são chamadas de **ravinas** (menos profundas) e **voçorocas** (mais profundas). A recuperação de áreas de voçorocas é muito difícil.

Voçoroca nas proximidades de Alexania (GO), em 2009.

Verifique o que aprendeu

1. Como os agentes externos atuam no relevo?
2. O que é intemperismo? Como ele ocorre?
3. O que é erosão?
4. Por que se pode dizer que a água atua simultaneamente no intemperismo e na erosão das rochas?
5. Como o ser humano interfere no relevo?

ATIVIDADES

1. Desenhe uma paisagem para ilustrar os agentes externos que atuam sobre a superfície terrestre, modelando as formas de relevo.

2. Observe a fotografia da cachoeira do Corisco, no Paraná, e escreva como ocorre a erosão e o intemperismo nas rochas existentes nessa paisagem.

Cachoeira do Corisco, Sengés (PR), 2008.

3. As encostas são áreas seguras para ser habitadas? Na época de chuvas o risco de deslizamento aumenta ou diminui? Escreva um breve texto com suas conclusões.

4. Observe as imagens abaixo e resolva as questões:

Tangará da Serra (MT), 2005.

Mateiros (TO), 2006.

a) Descreva as paisagens representadas pelas fotografias 1 e 2.
b) Cada um dos ambientes representados acima sofre tipos diferentes de erosão. Identifique esse processo em cada uma das paisagens apresentadas.
c) Em qual das situações a erosão foi agravada pela ação humana? Por quê?

MUNDO ABERTO

O Parque Indígena do Xingu

O povo Kamayurá vive na Região Centro-Oeste do Brasil. Contam os mais velhos desse povo que a humanidade se iniciou em um lugar mágico chamado Morená.

Localizado no encontro dos rios Culuene, Ronuro e Batovi, o Morená é considerado o lugar onde surgiram os povos indígenas daquela região. Segundo conta o mito indígena, foi de lá que Mavutsinim, o primeiro homem, retirou os troncos que viraram os antepassados dos índios que vivem ali até hoje. É lá também que começa o rio Xingu, o mais importante da região. O Xingu é a principal fonte de água e alimento de muitos povos indígenas.

É por essa importância que seu nome foi dado ao Parque Indígena do Xingu, onde hoje vivem mais de cinco mil índios, de dezesseis povos diferentes. Para todos eles, o rio Xingu é o lugar de onde vem sua vida.

O parque ontem e hoje

O Parque Indígena do Xingu foi criado em 1961 e está localizado no norte do estado do Mato Grosso. A ocupação dessa região pela população não indígena se iniciou no ano de 1943, com a Expedição Roncador-Xingu.

O principal objetivo da Expedição era mapear o centro do país e abrir caminho para a chegada de estradas, os meios de comunicação e as cidades. Liderada pelos irmãos Cláudio, Orlando e Leonardo Villas-Boas, a expedição foi responsável pela fundação de quarenta e três cidades.

Os irmãos Villas-Boas ficaram muito conhecidos por dedicar toda a sua vida à defesa dos indígenas do Xingu. Ao fundarem o parque, sua ideia era criar um lugar protegido, onde os índios vivessem de acordo com sua cultura. Eles acreditavam que os índios deviam ser isolados do contato com os não índios, deviam ser protegidos. Eles achavam que os indígenas não deviam andar de bicicleta, nem usar chinelos de borracha, já que isso não era considerado "coisa de índio".

Durante muito tempo os indígenas foram considerados pessoas que não conseguiriam, por si mesmos, relacionar-se com os não índios. Precisavam ser tutelados, cuidados, quase como se fossem crianças. Hoje não é mais assim.

Tribo indígena Kalapalo, em festejos no Parque Indígena do Xingu, localizado em Mato Grosso, em 2011.

Os índios do Xingu vivem de acordo com sua cultura, falam suas línguas, fazem suas festas e seus rituais, mas houve várias mudanças. Há muitos indígenas que estudam em universidades, administram o parque, se organizam e viajam para longe da aldeia para exigir seus direitos perante os governantes.

O que mais tem preocupado esses novos líderes é a devastação das florestas para plantio de monoculturas, principalmente de soja, nas nascentes que formam o rio Xingu. Além disso, está prevista a construção de uma hidrelétrica no rio Culuene.

Essas mudanças trazem muitos problemas ambientais. O volume dos rios diminui, o que reduz o número de peixes, deixando os indígenas sem boa parte de seu alimento. Cinquenta anos depois de sua criação, o Parque Indígena do Xingu está seriamente ameaçado.

■ Atividades

1. Quais as principais mudanças que aconteceram no Parque Indígena do Xingu desde que foi criado?

MÓDULO 2

Agentes internos: as placas tectônicas

Além dos agentes externos, as formas do relevo terrestre também são modeladas e estruturadas pelos movimentos das placas tectônicas e pelo vulcanismo. Estes são chamados de agentes internos.

●●● A Deriva Continental

Durante séculos, os seres humanos acreditaram que os continentes fossem fixos na crosta terrestre. Desde que surgiram os primeiros mapas da América e da África, porém, observou-se que as costas atlânticas desses dois continentes poderiam se encaixar.

Foi o alemão Alfred Wegener que, no início do século XX, ao participar de uma expedição na Groenlândia, constatou que as placas de gelo se quebravam e se afastavam umas das outras. Com base nessa constatação, ele desenvolveu a **Teoria da Deriva Continental**. Wegener imaginava que a crosta flutuaria sobre o magma e que, como as placas de gelo, os continentes se afastariam.

Segundo essa teoria, há cerca de 200 milhões de anos todos os continentes formavam um só bloco, o continente **Pangeia**, rodeado por um único oceano, o **Pantalassa**. Ao longo de milhões de anos, essa massa continental dividiu-se em blocos, dando origem aos atuais continentes e oceanos.

A teoria apresentada foi contestada pelos cientistas da época, porque, apesar das evidências, Wegener não conseguia explicar o que poderia causar esses movimentos da crosta.

Da Pangeia aos dias atuais

Há 200 milhões de anos.

Há 65 milhões de anos.

Hoje.

OS ARGUMENTOS DE WEGENER

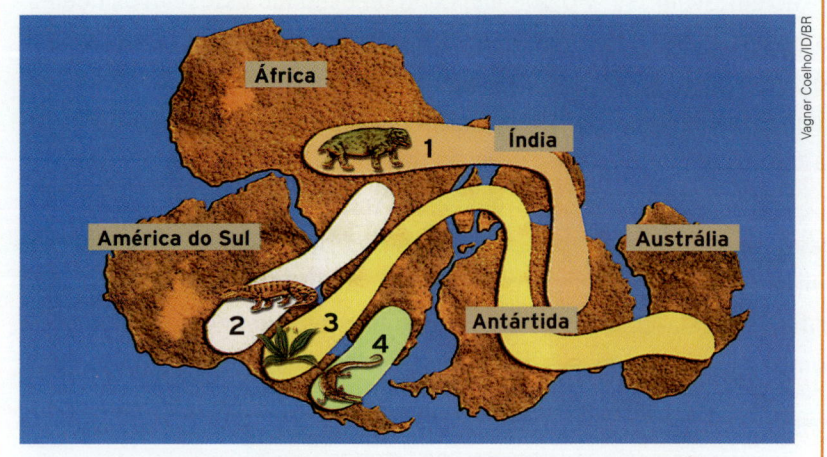

Wegener recolheu fósseis idênticos de plantas e animais no Brasil e na África e constatou a presença de solo e rochas do mesmo tipo nas costas dos dois continentes. Fósseis idênticos também foram encontrados nos territórios de outros continentes. Os répteis terrestres são representados pelos números 1 e 2, a planta terrestre por 3, e o réptil aquático, por 4.

As placas tectônicas

Na década de 1960, cientistas comprovaram a Teoria da Deriva Continental proposta por Wegener e compreenderam como e por que os continentes se separam.

Por meio de expedições submarinas, eles encontraram fendas no fundo do oceano Atlântico por onde o magma aflorava e formava rochas. Os especialistas recolheram amostras de rochas em diferentes pontos do leito oceânico e constataram que as de formação mais recente estavam próximas às fendas. À medida que se afastavam das fendas, encontravam rochas cada vez mais antigas. Dessa forma, confirmaram que o fundo do oceano Atlântico estava aumentando e que os continentes americano e africano estavam se afastando um do outro.

Essas descobertas foram fundamentais para explicar que a litosfera não é uma massa rochosa compacta. Ela tem espessura variável, de 100 km em média, e é dividida por fraturas profundas. Os grandes pedaços de rocha que compõem a litosfera são chamados **placas tectônicas**.

Essas placas deslizam sobre o manto e exercem pressões umas sobre as outras, provocando choques, atritos, fraturas e dobramentos. As áreas de encontro entre essas placas são frequentemente atingidas por **terremotos** e **vulcões**. As **cordilheiras submarinas** e as fossas abissais também têm origem nos movimentos tectônicos.

As novas ideias

As novas ideias de Wegener foram rejeitadas pelos cientistas de sua época. Elas contrariavam o princípio de que todos os continentes estariam fixados à crosta terrestre.

I. Novas teorias científicas podem ser recebidas com certa desconfiança no meio científico. Depois de certo tempo algumas passam a ser aceitas e a ter mais credibilidade. Como se percebe a importância de uma teoria?

II. Converse com seus colegas e com seu professor sobre um caso em que houve incredulidade em relação a uma nova teoria.

III. Você aceita bem ideias novas? Dê exemplos que expliquem sua resposta.

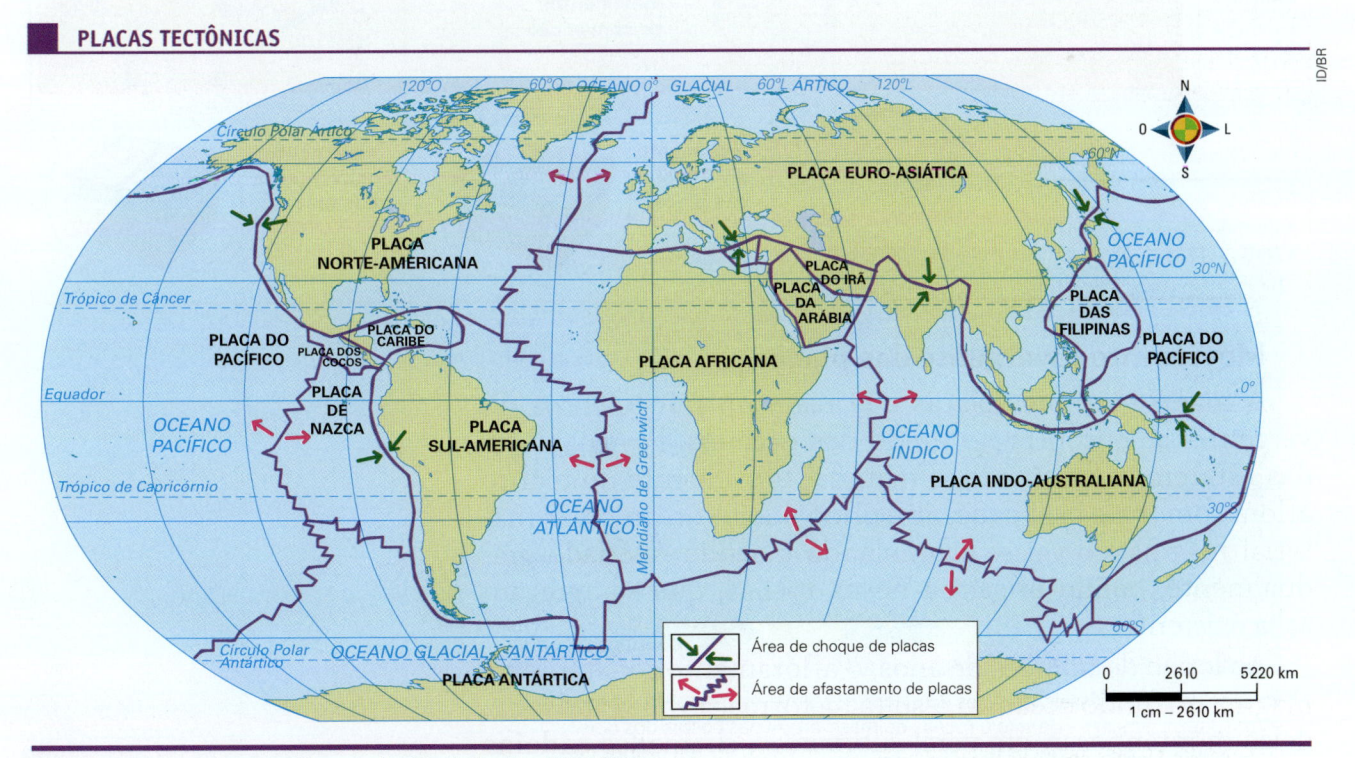

PLACAS TECTÔNICAS

Fonte de pesquisa: *Atlas geográfico escolar*. Rio de Janeiro: IBGE, 2004. p. 66.

A litosfera está dividida em placas tectônicas. Quando essas placas se movimentam, tudo o que está sobre elas também se desloca. As setas indicam a direção da movimentação das placas.

O deslocamento das placas

As placas se deslocam em diversas direções, afastando-se e chocando-se umas contra as outras por causa da enorme pressão exercida pelo manto sobre a crosta terrestre.

As diferenças de temperatura e de materiais do interior da Terra formam correntes ascendentes ou descendentes, conhecidas por **correntes de convecção**. Essas correntes exercem pressão sobre as placas, causando seus movimentos, que podem ser **divergentes**, quando elas se afastam, ou **convergentes**, quando se chocam.

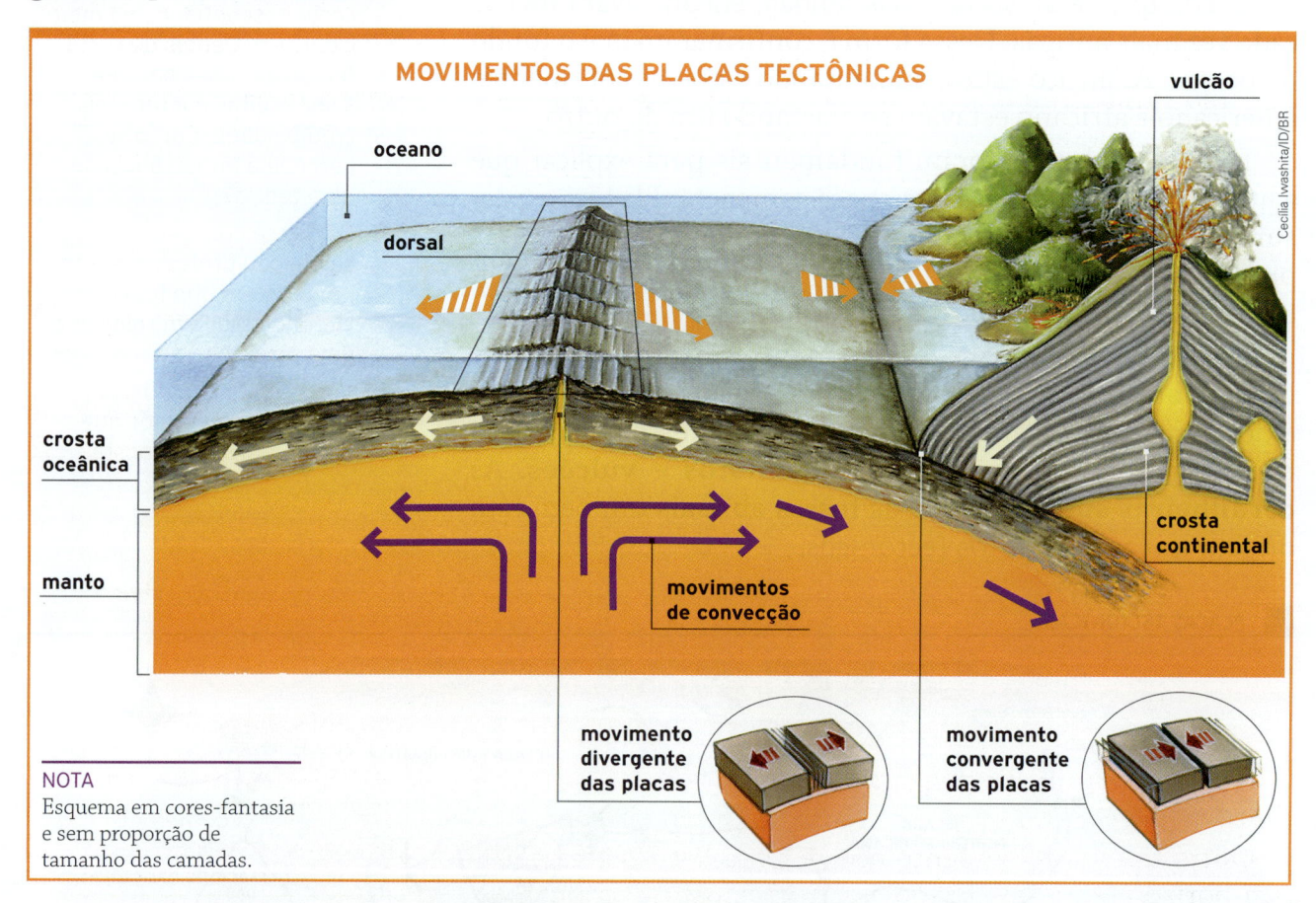

MOVIMENTOS DAS PLACAS TECTÔNICAS

NOTA
Esquema em cores-fantasia e sem proporção de tamanho das camadas.

Movimento divergente das placas

A maior parte das placas que realizam movimentos divergentes se encontra no fundo dos oceanos. Por suas bordas estarem se afastando, o material proveniente do manto aflora com mais facilidade, atingindo o leito oceânico. O material magmático vai se acumulando e sendo resfriado gradualmente, dando origem a novas rochas, que se agregam às já existentes.

Ao longo de milhões de anos, o afloramento constante de magma no fundo oceânico resulta na formação de grandes cadeias montanhosas, em geral submersas, chamadas **cadeias mesoceânicas** ou **dorsais**. Desse processo resulta a expansão do fundo dos oceanos.

Movimento convergente das placas

O movimento convergente das placas atua de diferentes maneiras sobre a superfície terrestre, causando grandes transformações no relevo.

No choque das placas, a borda formada por materiais menos densos e menos resistentes torna-se mais maleável pelo atrito gerado e tende a dobrar-se pela força da outra placa. Ao longo de milhões de anos, esse processo de **dobramento** deu origem a grandes cadeias montanhosas, como os Andes, na América do Sul, e o Himalaia, na Ásia.

Já a placa formada por materiais mais densos e mais resistentes tende a mergulhar no manto. Nesse processo, conhecido como **subducção**, o material rochoso que compõe a placa volta a fundir-se em magma. É o caso da placa de Nazca, que pressiona a placa Sul-americana e mergulha sob ela. Enquanto ocorre a subducção da placa de Nazca, na borda continental a placa Sul-americana se dobra, formando a cordilheira dos Andes. Observe o esquema a seguir.

Esquema das dobras
choque de duas placas

Os materiais mais densos e menos resistentes tendem a dobrar com o choque das placas.

NOTA
Esquema em cores-fantasia e sem proporção de tamanho das camadas.

MOVIMENTO DE SUBDUCÇÃO

placa continental (placa Sul-americana)
manto
placa oceânica (placa de Nazca)
manto
subducção

NOTA
Esquema de cores-fantasia e sem proporção de tamanho das camadas.
A placa oceânica submerge para a placa continental.

A cordilheira do Himalaia também resulta do encontro de placas que se chocam.

Outro tipo de movimento ocorre quando as placas deslizam horizontalmente em movimentos opostos, produzindo **falhas**. As falhas, como a de San Andreas, dão origem a várias formas de relevo, como escarpas, vales e serras.

Esquema das falhas
choque de duas placas

Os materiais mais densos e mais resistentes tendem a mergulhar no manto com o choque das placas.

NOTA
Esquema em cores-fantasia e sem proporção de tamanho das camadas.

Falha de San Andreas, nos Estados Unidos, onde ocorre o deslizamento entre a placa Norte-americana e a do Pacífico. O lado do Pacífico desloca-se para o norte com relação ao bloco continental. Foto de 2008.

Verifique o que aprendeu

1. Qual foi a teoria proposta por Wegener sobre os continentes? Explique-a.
2. O que são placas tectônicas?
3. Por que as placas tectônicas se movimentam?
4. Como se formam as dorsais oceânicas?
5. Como se explica a formação das cordilheiras dos Andes e do Himalaia?

ATIVIDADES

1. Imagine que você é repórter de um jornal do início do século XX. Escreva uma notícia explicando aos leitores a teoria de Wegener e relate a reação da comunidade científica ao tomar conhecimento de suas ideias.

2. Observe as imagens e responda às questões a seguir.

   a) O que elas representam?
   b) Como se chamam o grande continente e o grande oceano representados na primeira figura?
   c) Em sua opinião, daqui a 200 milhões de anos a disposição dos continentes será a mesma de hoje? Justifique sua resposta.

3. Observe o mapa da página 119 e resolva as questões abaixo.
   a) Com o auxílio de um mapa-múndi físico, identifique quais são as placas tectônicas relacionadas às seguintes formações:
      - Cordilheira dos Andes
      - Montanhas Rochosas
      - Cordilheira do Himalaia
      - Cordilheira Mesoatlântica ou dorsal Atlântica
   b) Identifique se os movimentos dessas placas são convergentes ou divergentes.

4. Observe a imagem abaixo e resolva as questões a seguir.
   a) Explique por que há a formação de uma cordilheira no leito do oceano Atlântico.
   b) O oceano que hoje separa a América da África e da Europa poderá vir a ser dividido em dois? Justifique sua resposta.

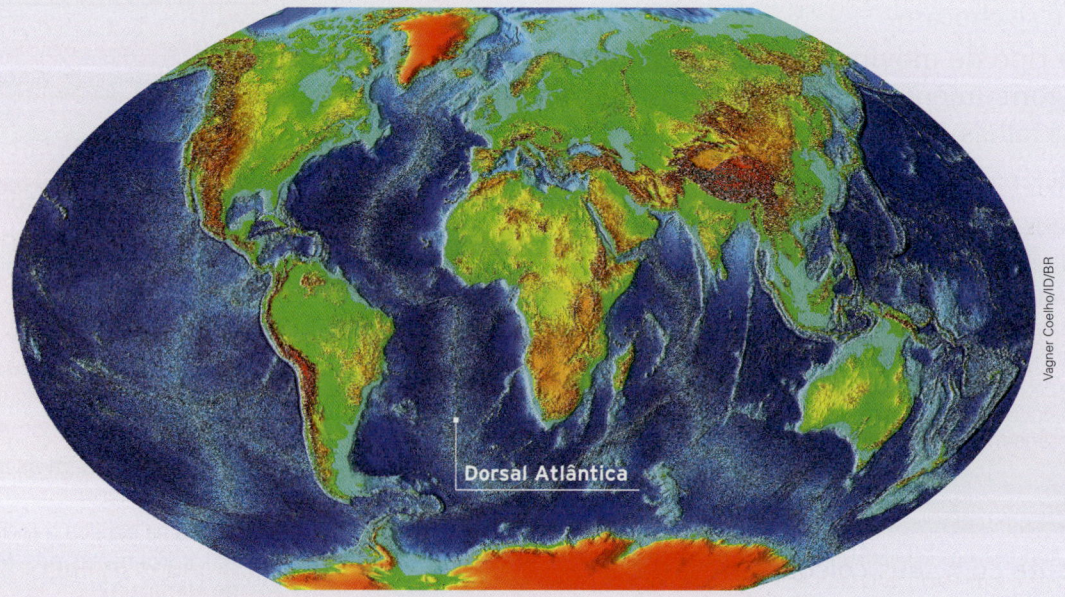

Dorsal Atlântica

Fonte de pesquisa: Ngdc/NOAA.

MUNDO ABERTO

Tradição indígena para salvar a pequena vicunha

Na cordilheira dos Andes, que se estende por seis países da América do Sul, vivem populações indígenas que, em sua maioria, falam a língua quíchua. Muitas comunidades indígenas vivem a cerca de 4 mil metros de altitude e apresentam notável capacidade de se adaptar em um lugar tão alto e de clima tão difícil. Grandes conhecedores da fauna e da flora da região onde vivem, esses indígenas são os responsáveis pela proteção de um dos mais importantes animais da região, a vicunha.

A vicunha é o menor dos camelídeos sul-americanos e a maioria deles vive no alto dos Andes peruanos. Pequenina, com cerca de 80 centímetros de altura, a "vicunhita", como é carinhosamente chamada, tem uma característica muito especial: sua lã é a mais fina e quente que existe, o que a torna muito valiosa.

A lã da vicunha é utilizada pelos povos andinos desde muito antes da chegada dos europeus. Para os povos andinos, a vicunha sempre foi tratada como um animal sagrado. Durante o Império Inca, que terminou no século XVI, com a chegada dos colonizadores espanhóis, sua caça era proibida, e sua preciosa lã era usada apenas nas roupas do Inca (o imperador) e de sua corte. Calcula-se que no século XVI havia mais de 2 milhões de vicunhas espalhadas em toda a região andina.

No início do século XX, grandes estilistas da Europa descobriram a lã de vicunha, a qual se tornou muito procurada para fazer roupas caras. Os animais passaram, então, a ser caçados para tirar a lã, sem nenhum cuidado. Milhares de "vicunhitas" eram mortas todos os anos. A caça descontrolada foi tão grande que, em 1974, só restavam 6 mil vicunhas.

A festa do *chaccu*

Para evitar que a vicunha fosse extinta, o governo peruano iniciou um programa de proteção a esses animais. As comunidades indígenas passaram a ser responsáveis pelas vicunhas de suas regiões e, pela lei, toda a renda com a venda da lã vai para essas comunidades.

Os indígenas voltaram, então, a realizar a antiga festa do *chaccu*, que consiste na captura das vicunhas com o objetivo de mantê-las algumas horas em cativeiro para poder tosquiá-las. Assim, se aproveita a lã sem prejudicar os animais.

A festa se inicia com oferendas e orações a Pachamama, a mãe terra, pedindo-lhe licença para usar os recursos que oferece. Depois, grupos de pessoas fazem grandes rodas em volta das vicunhas que correm no campo. As "cirandas" vão se apertando até juntar as vicunhas e poder tosquiá-las. Tudo isso é feito em meio a cantos e danças, numa festa muito alegre que se tornou atração turística no Peru.

O *chaccu* é um ritual milenar que consiste em rodear as vicunhas para capturá-las temporariamente e cortar-lhes a lã. Pampa Galera, no Peru, em 2010.

Cris Bouroncle/AFP

■ Atividades

1. Discuta com seus colegas: é correta a decisão de tornar as comunidades indígenas responsáveis pelas vicunhas? Por quê?

MÓDULO 3
Agentes internos: vulcões e abalos sísmicos

O relevo terrestre é continuamente modificado por processos naturais, geralmente muito lentos. Algumas vezes, entretanto, alguns desses processos são intensos e violentos, como as erupções vulcânicas e os terremotos, que podem provocar rápidas mudanças no relevo.

●●● Vulcanismo

As erupções vulcânicas impressionam pela grandiosidade ao expelir lava, cinzas e gases na atmosfera. As erupções podem ocasionar catástrofes, a exemplo da que ocorreu em 79 d.C., quando a erupção do Vesúvio soterrou cidades ao seu redor, como Pompeia e Herculano, na atual Itália.

O **vulcanismo** é um fenômeno natural responsável pelo afloramento da lava na superfície terrestre. Pode ocorrer em razão do derretimento do material rochoso, quando há choque entre placas tectônicas, como também pela subida do magma proveniente do manto, por meio de fissuras na litosfera, que acontecem principalmente onde há separação de placas. O **vulcão** corresponde à abertura por onde a lava chega à superfície.

A maior parte dos vulcões ativos localiza-se no oceano Pacífico. Essa região abrange ilhas e áreas continentais da América, Ásia e Oceania e é conhecida como **Círculo de Fogo do Pacífico**. Veja o mapa.

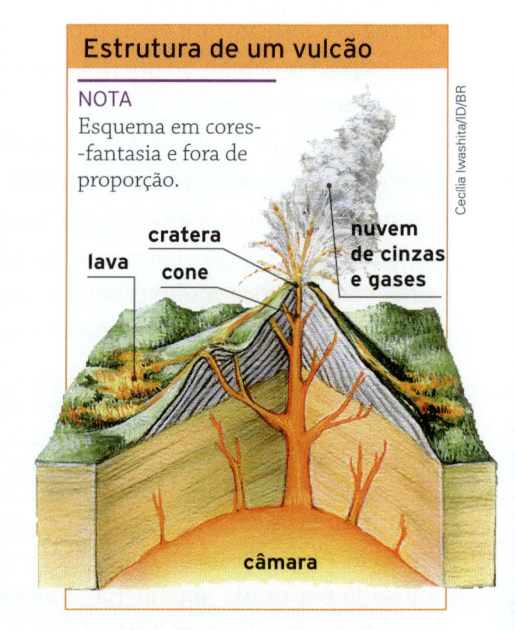

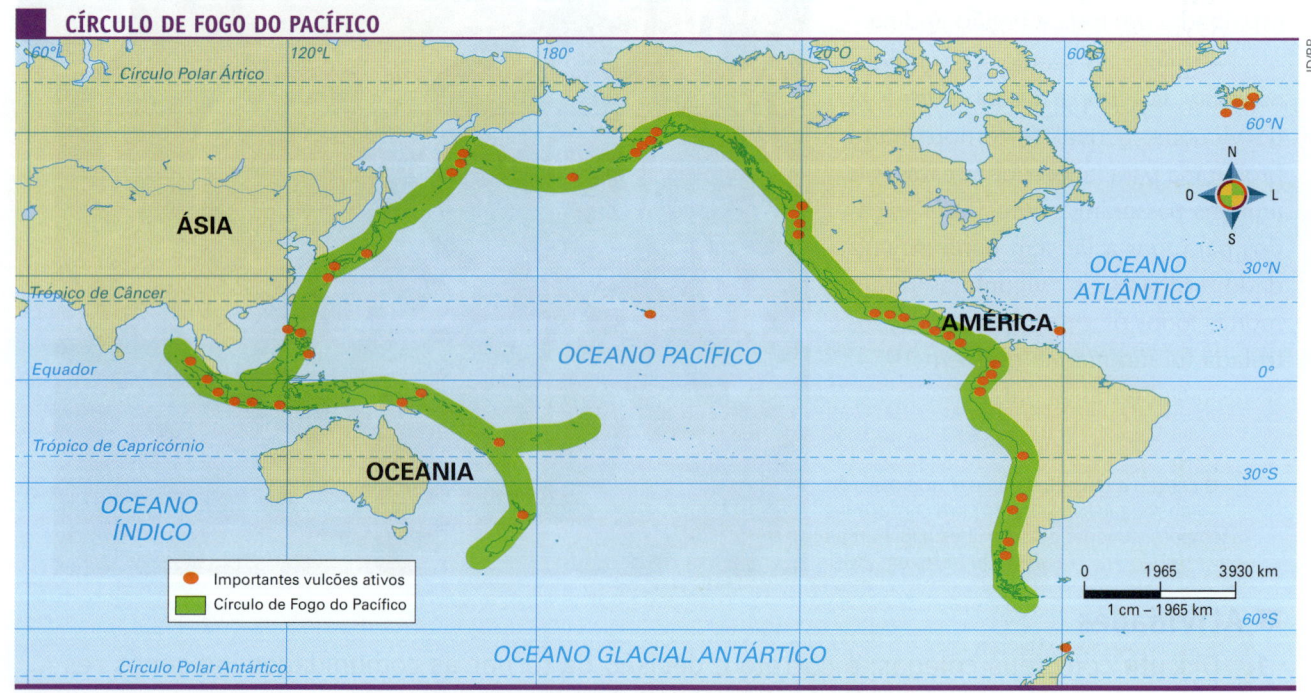

Estrutura de um vulcão

NOTA
Esquema em cores-fantasia e fora de proporção.

CÍRCULO DE FOGO DO PACÍFICO

● Importantes vulcões ativos
▬ Círculo de Fogo do Pacífico

Fonte de pesquisa: <http://vulcan.wr.usgs.gov>. Acesso em: 18 jun. 2014.

••• Terremotos

Os abalos sísmicos, também chamados sismos, terremotos ou tremores de terra, podem ser sentidos na superfície terrestre, às vezes causando catástrofes. Todos os dias acontecem milhares de tremores de terra de pequena intensidade. Sua baixa magnitude não permite que percebamos as vibrações originadas no interior da litosfera que chegam à superfície.

Origem dos terremotos

Os terremotos são vibrações rápidas e inesperadas, de intensidade variável, na crosta terrestre. Eles ocorrem quando grandes pressões provocam acomodação ou fratura nos blocos rochosos. Esse fenômeno é bastante comum nas bordas das placas tectônicas.

Terremotos de grande intensidade em áreas populosas podem causar enormes danos materiais e perda de vidas. Concepción, Chile, 2010.

O lugar onde se origina o terremoto é chamado de **hipocentro**. A partir dele, as vibrações, ou **ondas sísmicas**, se irradiam em todas as direções até chegar à superfície. O primeiro ponto da superfície atingido pelo abalo sísmico é denominado **epicentro**.

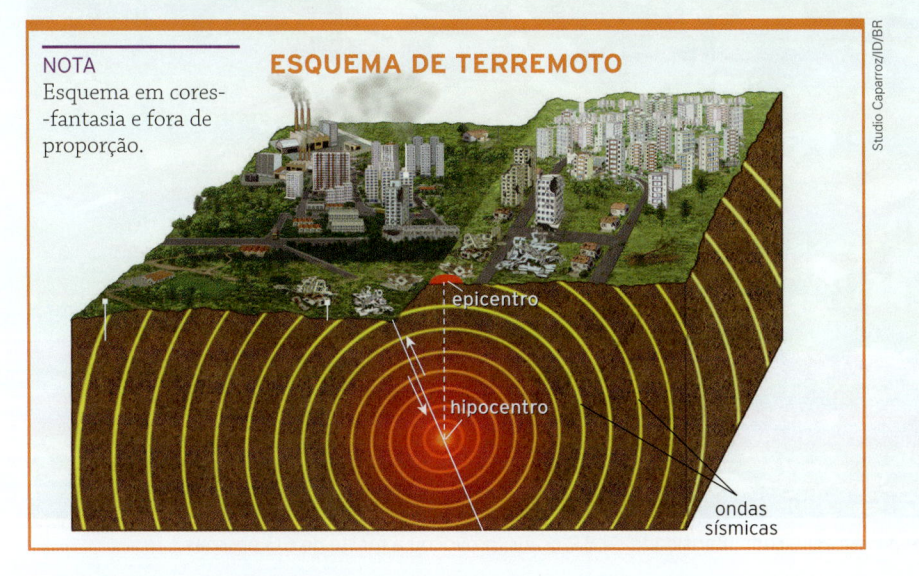

ESQUEMA DE TERREMOTO

NOTA
Esquema em cores-fantasia e fora de proporção.

Medindo terremotos

Os terremotos são medidos por **sismógrafos**, aparelhos que registram ondas sísmicas que chegam à superfície durante um tremor. Para medir a força e a magnitude dos terremotos, costuma-se utilizar a escala Richter, cuja gradação varia de 0 a 9 graus.

Nessa escala, a transição entre um grau e outro representa 10 vezes a magnitude do grau anterior. Dessa forma, um abalo sísmico de 9 graus na escala Richter é 10 vezes mais intenso do que um de 8 graus e 100 vezes mais intenso do que um de 7 graus. Quanto maior a intensidade do abalo, maior o seu poder de destruição.

Hoje sabemos que é possível ocorrerem tremores com intensidade superior a 9 graus na escala Richter.

Quando o epicentro de um abalo sísmico ocorre no fundo do oceano, esse abalo recebe o nome de **maremoto**.

Fortes maremotos causam ondas gigantes que se deslocam em grande velocidade, os ***tsunamis***. Ao atingirem o litoral, eles podem provocar grande destruição e mortes.

Em março de 2011, ocorreu na costa do Japão um terremoto de 8,9 graus na escala Richter, seguido por um forte *tsunami*. Esses fenômenos arrasaram uma grande área do nordeste do país e causaram a morte de mais de 15 mil pessoas.

Sismógrafo

No ano 132, os chineses inventaram um tipo de sismógrafo. Consistia em uma urna de cerâmica com oito dragões que sustentavam bolas de metal. Quando ocorria um tremor, um pêndulo situado no interior da urna abria a boca do dragão. Este soltava a bola, que caía sobre um sapo, indicando, assim, a direção do terremoto.

Representação do sismógrafo chinês do século II.

Terremoto na cidade de Kesennuma, no Japão, em 2011, com intensidade de 8,9 graus, provocou a morte de 613 pessoas.

Proteção desigual

Quando atingidos por terremotos, os países ricos geralmente sofrem menos danos materiais e perdas de vidas do que as nações pobres. Isso ocorre por causa do desenvolvimento de tecnologias sofisticadas que permitem construir edifícios capazes de resistir a grandes abalos. Além disso, são postos em ação intensos programas de treinamento para que a população se proteja em caso de terremoto. Por fim, são despendidos grandes recursos financeiros para reparar os danos e socorrer a população.

Em muitos países pobres, os abalos sísmicos causam maior destruição e mais mortes, pela precariedade das construções e pela falta de tecnologia, equipamentos e recursos para socorrer as populações atingidas.

Terremoto em Porto Príncipe, no Haiti, em 2010, com intensidade de 7 graus, provocou a morte de aproximadamente 300 mil pessoas.

Verifique o que aprendeu

1. O que é o Círculo de Fogo do Pacífico?
2. O que são terremotos? Como são medidos?
3. Explique por que na costa Oeste da América ocorre tanta atividade sísmica e vulcânica.
4. Por que os terremotos costumam causar mais danos nos países pobres do que nos países ricos?

NOTAS

Este mapa registra os terremotos ocorridos no planeta no dia 7 de julho de 1999 e em períodos anteriores a essa data. Os registros, feitos por uma universidade estadunidense, permitem verificar a grande ocorrência desses abalos e os locais onde são mais frequentes.

TERREMOTOS EM 7 DE JULHO DE 1999

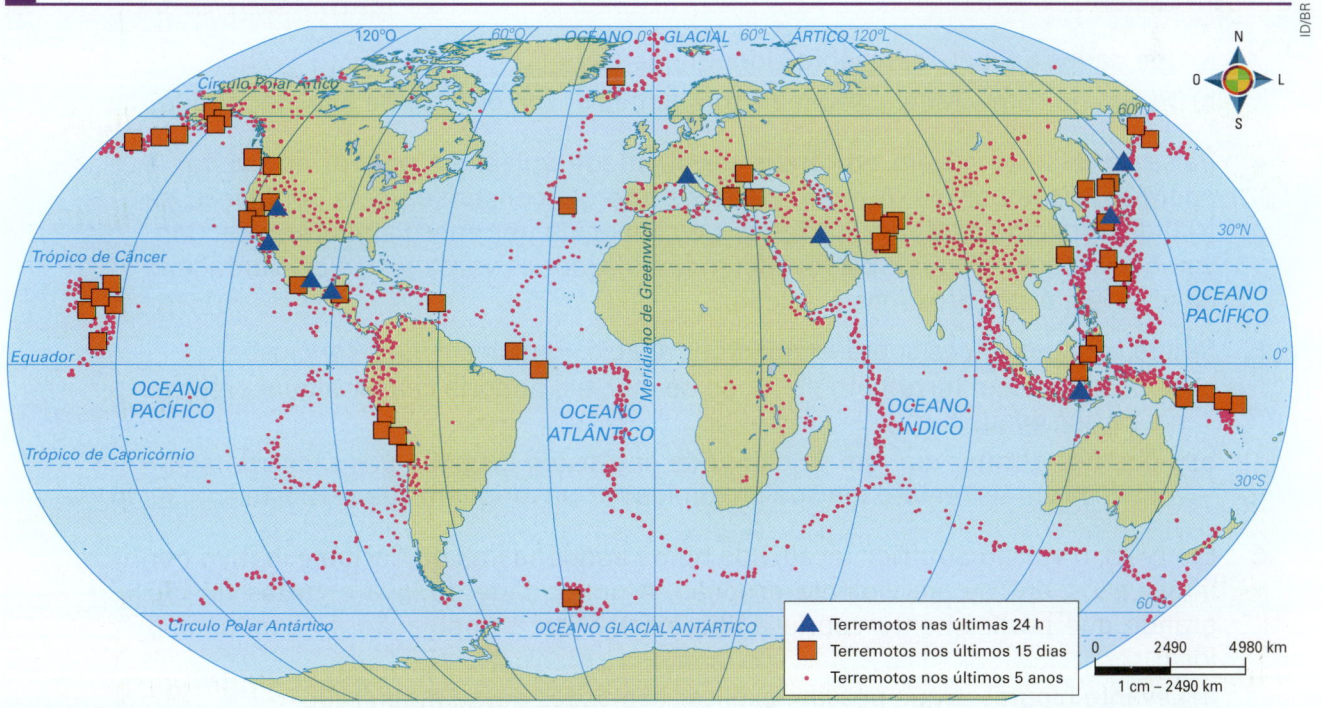

▲ Terremotos nas últimas 24 h
■ Terremotos nos últimos 15 dias
• Terremotos nos últimos 5 anos

1 cm – 2490 km

Fonte de pesquisa: <http://vulcan.wr.usgs.gov>. Acesso em: 18 jun. 2014.

ATIVIDADES

1. Com base no texto abaixo e no mapa da página 119, responda às questões.

> O maior tremor de terra registrado [no Brasil] aconteceu em 1955 em Porto dos Gaúchos (MT), e teve magnitude 6,2. Não causou preocupação ou danos à população, já que era uma região pouco habitada na época. Em 1986, em João Câmara (RN), um terremoto de magnitude 5,1 abalou a cidade, destruindo algumas casas e assustando a população da zona rural.
>
> Fonte de pesquisa: *Ciência Hoje*. Rio de Janeiro, SBPC, v. 42, n. 249, p. 23, 2008.

a) O Brasil está situado sobre qual placa tectônica?

b) No Brasil não é comum a ocorrência de terremotos e vulcanismo. Com base na observação do mapa das placas tectônicas, justifique esse fato.

c) Do que trata o texto acima?

d) Se a ocorrência de terremotos não é comum no Brasil, como se explicam as situações descritas pelo texto?

2. De maneira geral, são os vulcões ou os terremotos que mais trazem danos e prejuízos à vida humana? Justifique sua resposta.

3. Analise a tabela a seguir.

Terremotos no mundo entre 2004 e 2010								
Magnitude (graus)	2004	2005	2006	2007	2008	2009	2010	Média anual
6 a 6,9	141	140	142	178	168	144	151	152
7 a 7,9	14	10	9	14	12	16	21	13
8 a 9,9	2	1	2	4	0	1	1	1

Fonte de pesquisa: US Geological Survey.

a) Que dados a tabela apresenta? Identifique-os.

b) De acordo com a tabela, são mais frequentes os terremotos de que magnitude?

4. Países que se localizam em áreas de atividade vulcânica podem aproveitar a energia gerada por ela. A maior parte da energia consumida pela população da Islândia provém do interior da Terra, e é conhecida por energia geotérmica. Converse com seus colegas e escrevam um texto sobre as vantagens e desvantagens de viver em áreas próximas a vulcões.

5. Reflita com um colega sobre as questões abaixo. Registrem suas conclusões.

a) Se ocorresse um terremoto no fundo do mar, ele poderia causar algum prejuízo para a sociedade?

b) É possível afirmar que um vulcão pode entrar em erupção por causa da ocorrência de um terremoto em sua proximidade? Justifiquem sua resposta.

6. Em 1998, o vulcão Soufrier, localizado numa pequena ilha do Caribe e inativo por muito anos, entrou em violenta erupção. A quantidade de lava e cinzas foi tão grande que praticamente cobriu a ilha, obrigando a população a abandonar o local.

a) Levante hipóteses que possam explicar explosões dessa magnitude.

b) Em sua opinião, o relevo da ilha foi modificado pela erupção? Justifique.

APRENDER A...

Identificar planos de visão

Para orientar a localização de elementos de uma paisagem representada em uma fotografia e facilitar o dimensionamento das distâncias entre esses elementos, é importante identificar os diferentes planos de visão.

Veja, no esquema ao lado, que o primeiro plano é o que se apresenta à frente, sendo representado na parte de baixo da imagem. Os demais planos aparecem na sequência, em direção às partes superiores do esquema, e permitem a visualização de diferentes gradações de distância (profundidade).

Agora, observe a fotografia da cidade italiana de Nápoles. Ela possui 1,25 milhão de habitantes e está situada a 12 quilômetros do Vesúvio, um vulcão em atividade. No ano 79 d.C. o Vesúvio entrou em erupção e soterrou seus arredores, incluindo as antigas cidades de Pompeia e Herculano.

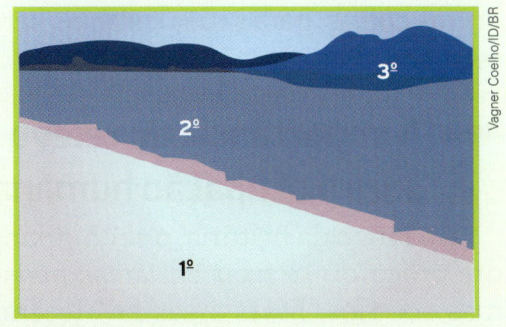

Planos de visão da fotografia de Nápoles, reproduzida abaixo.

A Cidade de Nápoles
B Baía de Nápoles
C Vulcão Vesúvio

Cidade de Nápoles, Itália, 2006.

As letras A, B e C indicam três diferentes planos de visão da fotografia:

A – Primeiro plano: cidade de Nápoles, onde há prédios, vias asfaltadas e árvores.

B – Segundo plano: baía de Nápoles e também uma parte da cidade; podem-se observar o mar e os barcos.

C – Terceiro plano: vulcão Vesúvio, bem distante; na sua base é possível enxergar edificações, que aparecem bem reduzidas.

■ Atividades

1. Escolha uma fotografia deste capítulo que represente uma paisagem ou utilize outra que você mesmo tenha tirado. Identifique seus planos de visão. Depois, anote os elementos da paisagem encontrados em cada plano.

129

MÓDULO 4
As unidades do relevo

O relevo terrestre está continuamente sendo construído e modificado por agentes externos e internos. Conhecer as formas da superfície do planeta é importante, entre outras coisas, para saber como os seres vivos se distribuem pelo globo e utilizam seus recursos.

A importância do relevo para a ocupação humana

Ao longo da história, o ser humano sempre procurou se fixar em áreas mais próximas aos rios. Essas áreas favorecem o cultivo de lavouras e facilitam o transporte de pessoas, animais e mercadorias.

Alguns povos, no entanto, fixaram-se em áreas de altas montanhas, com relevo acidentado, onde a sobrevivência é mais difícil. Entre eles estavam os incas, que habitavam trechos da cordilheira dos Andes. Como as áreas de cultivo eram restritas, eles desenvolveram um sistema chamado **terraço**, pelo qual se abriam degraus nas encostas das montanhas nos quais era possível plantar milho, batata e muitos outros gêneros alimentícios.

O conhecimento das formas de relevo é muito importante para planejar, por exemplo, o crescimento de cidades e a ocupação de encostas, para identificar a necessidade da construção de rodovias e túneis, entre outros.

O relevo é um elemento importante também para a defesa militar. Na Europa medieval, por exemplo, os castelos e fortes eram construídos em áreas mais elevadas para que os inimigos pudessem ser vistos e, assim, a defesa fosse mais bem planejada.

Em Machu Picchu, cidade edificada nos séculos XV e XVI pelos incas, no Peru, a técnica de terraços foi usada para evitar a erosão e permitir a construção de casas e a agricultura em áreas muito íngremes do alto da montanha. Essa técnica é usada ainda hoje nos Andes e em outras regiões montanhosas no mundo. Foto de 2011.

Castelo Burg Katz, Alemanha. Foto de 2008.

••• As principais unidades de relevo

A superfície da Terra apresenta formas muito variadas. O conjunto dessas formas é conhecido como **relevo**. A formação do relevo terrestre é um processo dinâmico e contínuo.

O relevo é formado pelos agentes internos, originados na litosfera terrestre e, ao mesmo tempo, modelado e esculpido pelos agentes externos.

As principais unidades do relevo terrestre são as **cadeias montanhosas** (também chamadas de **cordilheiras**), as **depressões**, as **planícies** e os **planaltos**.

Essas unidades de relevo são classificadas de acordo com seu processo de formação.

Os fatores externos, como o vento, as chuvas, os rios e mares, as geleiras e a luz solar, influenciam mais as planícies, os planaltos e as depressões. Já as cadeias montanhosas e alguns tipos de depressão são influenciados com mais intensidade pelos movimentos tectônicos.

Foto do morro Dois Irmãos, no arquipélago de Fernando de Noronha (PE), em 2009. As ilhas desse arquipélago, de origem vulcânica, foram gradualmente modeladas pela ação dos agentes externos.

As cadeias montanhosas

As **cadeias montanhosas** são as maiores elevações da superfície terrestre. Essas unidades de relevo têm origem, como vimos, no encontro ou na separação de placas tectônicas.

Quando se originam pelo choque de duas placas tectônicas, a placa mais densa mergulha sob a menos densa. No choque de uma placa oceânica com uma continental, a oceânica, mais densa, sofre subducção; a continental sofre dobramento.

Há ainda a situação em que a cadeia de montanhas se origina da separação das placas. Esse movimento é chamado de **divergente** e se dá pelo afloramento do material do manto por meio de fissuras formadas no fundo oceânico.

As cadeias montanhosas geralmente apresentam formas íngremes e grandes altitudes. São formações geológicas recentes, de milhões de anos, que sofreram, portanto, pouco desgaste erosivo ao longo do tempo. Existem várias cordilheiras no mundo. Entre as mais famosas estão a cordilheira dos Andes, na América do Sul, as montanhas Rochosas, na América do Norte e a cordilheira do Himalaia, na Ásia.

O palácio de Potala, em Lhasa, no Tibete, situa-se na cordilheira do Himalaia e foi construído entre 1645 e 1693. Está localizado numa das cidades de maior altitude do globo (3 500 m acima do nível do mar). Foto de 2007.

Fazenda de criação de ovelhas; ao fundo, a cordilheira dos Andes, no Chile. Foto de 2007.

As depressões

As depressões são áreas mais baixas que o nível do mar ou que as demais unidades do relevo que as circundam. São formadas por falhas tectônicas ou pela erosão. Quando estão em um nível inferior ao do mar, chamam-se **depressões absolutas**. Quando estão em níveis inferiores a outras regiões próximas, chamam-se **depressões relativas**. Estas possuem ondulações suaves e altitudes que, em geral, variam de 100 a 500 metros acima do nível do mar.

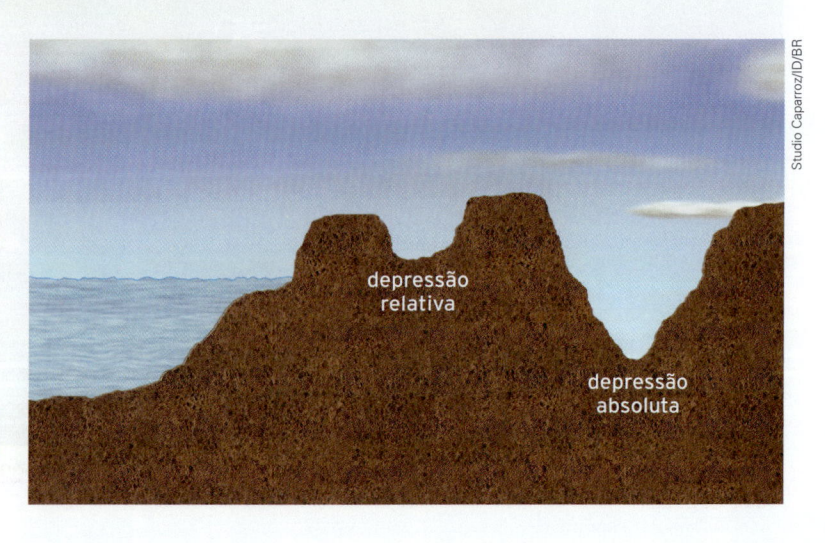

As planícies

As **planícies** são formadas pelo depósito de sedimentos vindos de terrenos mais elevados. Embora os processos de erosão atuem sobre a planície, essa área recebe mais sedimentos do que perde. A maior parte das planícies forma-se pelo depósito de sedimentos trazidos pelos rios ao longo de milhões de anos. Por sua forma plana e pela fertilidade de seus solos, desde a Antiguidade as áreas de planície têm sido densamente ocupadas.

Paisagem de planície do Pantanal em Corumbá (MS), em 2011.

Os planaltos

Os **planaltos**, também chamados *platôs*, são regiões onduladas, mais elevadas que as áreas ao seu redor. Ao contrário das planícies, os planaltos caracterizam-se pelo fato de os processos erosivos serem mais importantes que os de sedimentação, ou seja, nas áreas de planalto o processo de erosão supera o de acumulação de sedimentos.

Um planalto pode ter milhares de quilômetros de extensão. Por isso, sua superfície pode conter outras formas de relevo, como serras, morros, vales, colinas e chapadas. Cidades como São Paulo e Belo Horizonte localizam-se em áreas de planalto.

Os mapas físicos, ao representar as diferentes altitudes, mostram as áreas mais elevadas, como a cordilheira do Himalaia, com tonalidades de marrom e as mais baixas e planas com tonalidades de verde. Observe o mapa a seguir.

Paisagem de planalto na Chapada Diamantina (BA), em 2002.

MAPA-MÚNDI – FÍSICO

Fonte de pesquisa: *Atlas geográfico escolar*. Rio de Janeiro: IBGE, 2009. p. 56.

••• O relevo brasileiro

Em sua maior parte, as terras do Brasil são muito antigas, portanto, bastante desgastadas pelos agentes erosivos. Isso explica a existência de numerosos planaltos em território nacional. As depressões, também muito numerosas, situam-se entre as unidades de planalto. As planícies brasileiras localizam-se na faixa litorânea e nas proximidades de grandes rios, como o Amazonas e o Paraná.

Como o Brasil não está localizado próximo às bordas das placas tectônicas, não existem dobramentos modernos no país. A única unidade de relevo desse tipo na América do Sul é a cordilheira dos Andes.

Aproveitamento econômico do relevo

As áreas de planície favorecem a navegação fluvial e o desenvolvimento da agricultura. As áreas de planalto e de altas montanhas apresentam muitos desníveis que formam quedas-d'água. Estas podem ser utilizadas para a construção de hidrelétricas, onde a força das águas, combinada à ação da gravidade, é aproveitada para a geração de energia elétrica.

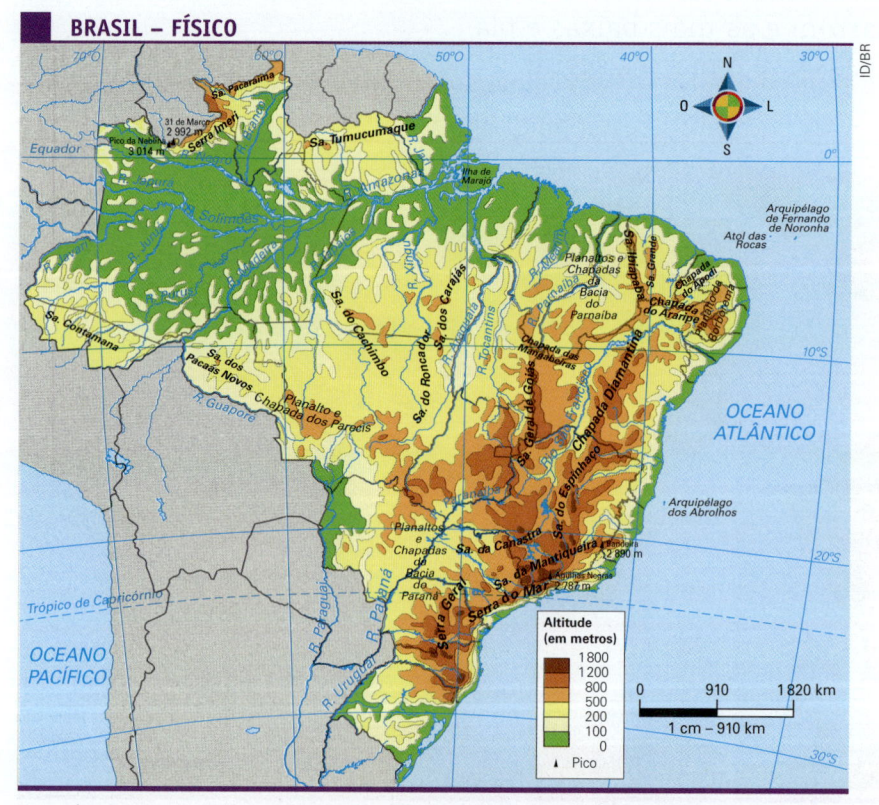

Fonte de pesquisa: J. L. S. Ross (Org.). *Geografia do Brasil*. São Paulo: Edusp, 2008. p. 53.

Fonte de pesquisa: *Atlas geográfico escolar*. Rio de Janeiro: IBGE, 2009. p. 88.

Verifique o que aprendeu •••

1. Por que os seres humanos preferem ocupar áreas mais planas e baixas da superfície terrestre?
2. Identifique as principais unidades de relevo do globo.
3. No relevo brasileiro predominam altitudes elevadas ou baixas, quando comparadas ao restante do continente americano? Por quê?

ATIVIDADES

1. Observe a fotografia ao lado e resolva as questões.
   a) Essa área é característica de qual unidade de relevo?
   b) Como você chegou a essa conclusão?

   Ladeira São Pedro Gonçalves, no bairro do Varadouro, em João Pessoa (PB), em 2011.

2. Em relação à ocupação humana:
   a) Que dificuldades as áreas montanhosas apresentam para o desenvolvimento da agricultura?
   b) É possível obter aproveitamento econômico em áreas planálticas e montanhosas? Dê exemplos.
   c) Cite exemplos de como o ser humano tem alterado o relevo, adaptando-o às necessidades e aos interesses das sociedades.

3. A figura representa um modelo de duas das principais formas de relevo da superfície terrestre.

   NOTA
   Figura em cores-fantasia e fora de proporção.

   a) Qual das duas áreas recebe a maior quantidade de sedimentos? Por quê?
   b) Qual das duas áreas perde a maior quantidade de sedimentos? Qual é o nome dado a esse processo?
   c) Levando em consideração as respostas às perguntas anteriores, qual classificação de unidade de relevo podemos adotar para as duas áreas representadas na figura?

4. Explique o processo de formação das cordilheiras considerando seus agentes formadores. Cite exemplos de cordilheiras no continente americano e no asiático.

VIAJANDO PELO MUNDO — Nova Zelândia

Monte Ngauruhoe, Nova Zelândia, 2003.

A Nova Zelândia é um país formado por duas grandes ilhas de origem vulcânica, a ilha do Norte e a ilha do Sul, que estão situadas no oceano Pacífico, no hemisfério Sul. O clima do país é ameno e úmido, tendendo a frio no Sul.

A maioria da população da Nova Zelândia vive na ilha do Norte, onde fica Wellington, a capital do país. A ilha do Norte possui muitos vulcões. O Ruapehu é o mais alto e mais importante do país. Nessa ilha há também muitos gêiseres, que são fontes de águas aquecidas pelo calor do interior da Terra e lançadas a até 100 metros de altura.

A ilha do Sul é cortada por uma grande cadeia montanhosa. Também apresenta áreas de pastagens bem verdes, onde são criados carneiros, que formam um rebanho com mais de 50 milhões de cabeças.

As paisagens bonitas, os vulcões e os gêiseres atraem muitos visitantes. O turismo é importante fonte de renda para os neozelandeses.

Além disso, a Nova Zelândia exporta muitos produtos. Os principais são laticínios, mariscos, madeira, carne e lã.

Escultura dos Maori, povo nativo da Nova Zelândia.

SETORES DA ECONOMIA NA NOVA ZELÂNDIA
- 67% Serviços (turismo, comércio e construção civil)
- 15% Indústria
- 10% Outros
- 8% Setor primário (agricultura, silvicultura, mineração)

Fonte de pesquisa: Banco Mundial, 2006.

NOVA ZELÂNDIA – DISTRIBUIÇÃO DA POPULAÇÃO URBANA E RURAL (2008)
- 86,6% | 13,4%

Fonte de pesquisa: Trading Economics. Disponível em: <http://www.tradingeconomics.com/new-zealand/urban-population-percent-of-total-wb-data.html>. Acesso em: 18 jun. 2014.

De olho no texto

1. Observe o gráfico acima e indique as principais atividades econômicas da Nova Zelândia.
2. A maior parte da população da Nova Zelândia vive na cidade ou no campo?
3. Uma das principais características da Nova Zelândia é a diversidade de paisagens e a presença de vulcões e gêiseres. Qual é a relação entre os vulcões da Nova Zelândia e a atividade turística?

LENDO GEOGRAFIA

ANTES DE LER

- Você acha que o título do texto está relacionado a algum assunto que já estudou em Geografia? Qual?
- Observe que a fonte do texto é um *site* da internet. Você já usou a internet para pesquisar textos? De quais tipos?

A atividade humana agrava desastres naturais

Hoje, existem no mundo mais pessoas desabrigadas por causa de desastres naturais do que por guerras. Na década de [19]90, as catástrofes naturais como furacões e inundações afetaram mais de dois bilhões de pessoas em todo o mundo, causando prejuízos superiores a US$ 608 bilhões de dólares – uma perda maior do que nas quatro décadas anteriores.

Cada vez mais a devastação das florestas, a mudança do curso dos rios e o aterramento de áreas alagadas destroem as defesas do planeta. O estudo sugere que é essencial manter e restaurar as barreiras naturais de "segurança ecológica". Dunas, manguezais e áreas alagadas litorâneas são "para-choques" naturais contra ressacas. As florestas e áreas alagadas são "esponjas" que absorvem as enchentes. A natureza presta esses serviços e precisamos usufruí-los ao invés de miná-los.

A China reconhece que as florestas são dez vezes mais valiosas para o controle das inundações e abastecimento de água do que se as destruíssem e vendessem sua madeira. As autoridades chinesas proibiram a derrubada de florestas junto ao rio Yang-tsé-kiang, pois a devastação de 85% da área florestal na parte superior desse rio agravou a enchente de 1998, que atingiu 233 milhões de pessoas.

Vista de Xangai e do rio Yang-tsé-kiang, China, 2009.

WWI – Worldwatch Institute. Disponível em: <http://www.wwiuma.org.br/ativ_hum_desdesnatur.htm>. Acesso em: 18 jun. 2014.

De olho no texto

1. Procure no primeiro parágrafo dados utilizados pelos autores para evidenciar o estado do planeta.

2. O que o estudo sugere que seja feito para evitar que os problemas apresentados se agravem?

3. Leia o texto a seguir.

> O rio Yang-tsé-kiang, o maior da China, é um curso-d'água "canceroso" por causa da poluição e está morrendo rapidamente. A degradação ameaça o fornecimento de água potável para 186 cidades situadas às suas margens. Ambientalistas avaliaram que a poluição pode matar o rio num prazo de cinco anos.

Forme dupla com um colega e respondam: qual a relação entre essa notícia e a informação sobre o rio Yang-tsé-kiang presente no primeiro texto?

FAZENDO GEOGRAFIA

O mapa como recurso para demonstrar uma teoria

Uma representação cartográfica pode contribuir para o desenvolvimento e a exposição de novas teorias. Para demonstrar essa possibilidade, vamos acompanhar de que maneira surgiu a Teoria da Deriva Continental, desenvolvida pelo alemão Alfred Wegener, no início do século XX, e que depois serviu de base para a descoberta das placas tectônicas.

Foi a partir da observação de um mapa-múndi que Wegener pôde constatar que as formas dos continentes pareciam se encaixar. Assim, supôs que eles já estiveram unidos em algum período da história do planeta. A representação da superfície terrestre em uma escala reduzida mostrou-se fundamental para conseguir visualizar os contornos de todos os continentes ao mesmo tempo, o que seria impossível observando-os diretamente.

Veja como os continentes parecem se encaixar (principalmente a América e a África), analisando seus contornos no planisfério abaixo e confrontando-os com a ilustração que mostra como eram quando estavam unidos.

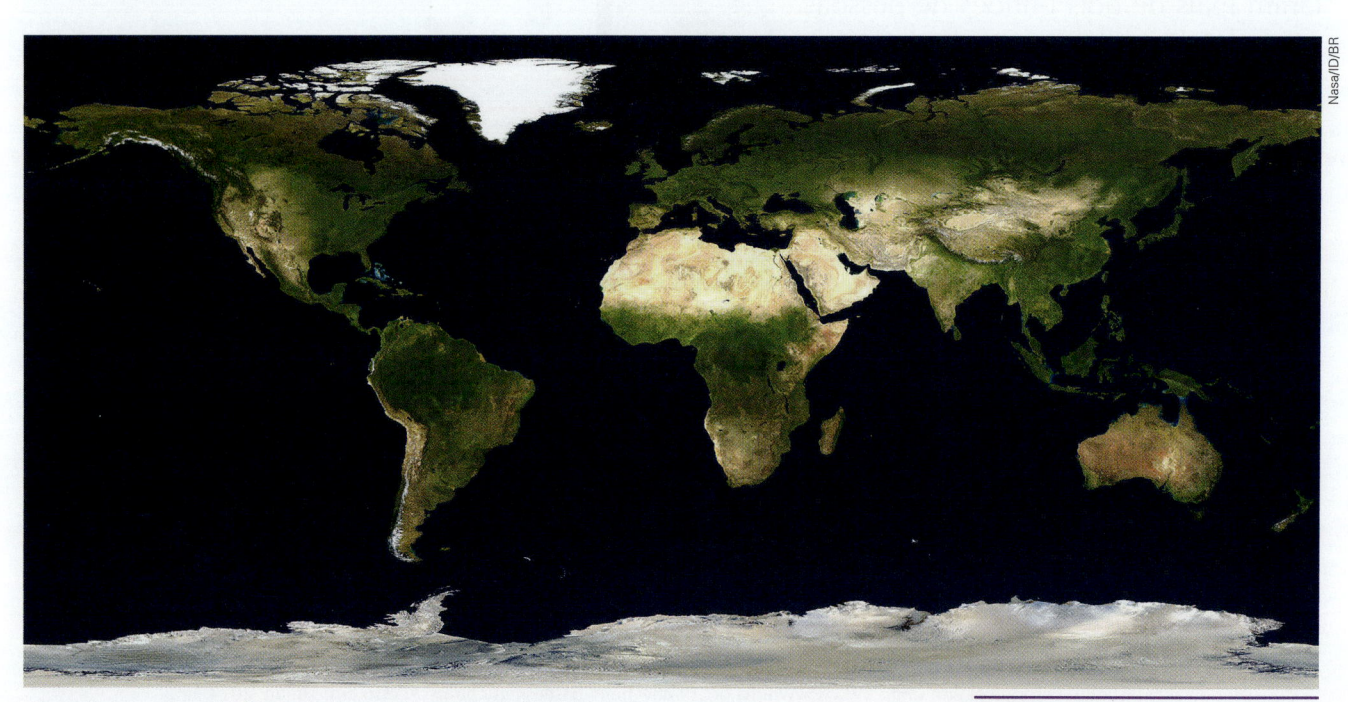

Disponível em: <http://visibleearth.nasa.gov/view_rec.php?id=2433>. Acesso em: 18 jun. 2014.

NOTA
Fotomontagem em cores artificiais.

Para comprovar sua teoria, Wegener fez muitas pesquisas em diversas partes do mundo, recolhendo fósseis, plantas e rochas. Depois de vários anos de estudo, baseando-se no fato de que havia fósseis de plantas e animais da mesma espécie em diferentes continentes, justamente nas "áreas de encaixe", Wegener concluiu que os continentes atuais já estiveram unidos, há mais de 250 milhões de anos, em um supercontinente chamado Pangeia. Com o passar do tempo esses blocos continentais foram se separando até atingir a forma atual.

NOTA
Figura em cores-fantasia.

Agora, vamos simular como chegar a conclusões semelhantes às de Wegener utilizando mapas. As imagens abaixo representam quatro continentes imaginários. As legendas indicam a ocorrência de rochas de diferentes tipos, que teriam sido constatadas previamente por pesquisas de campo.

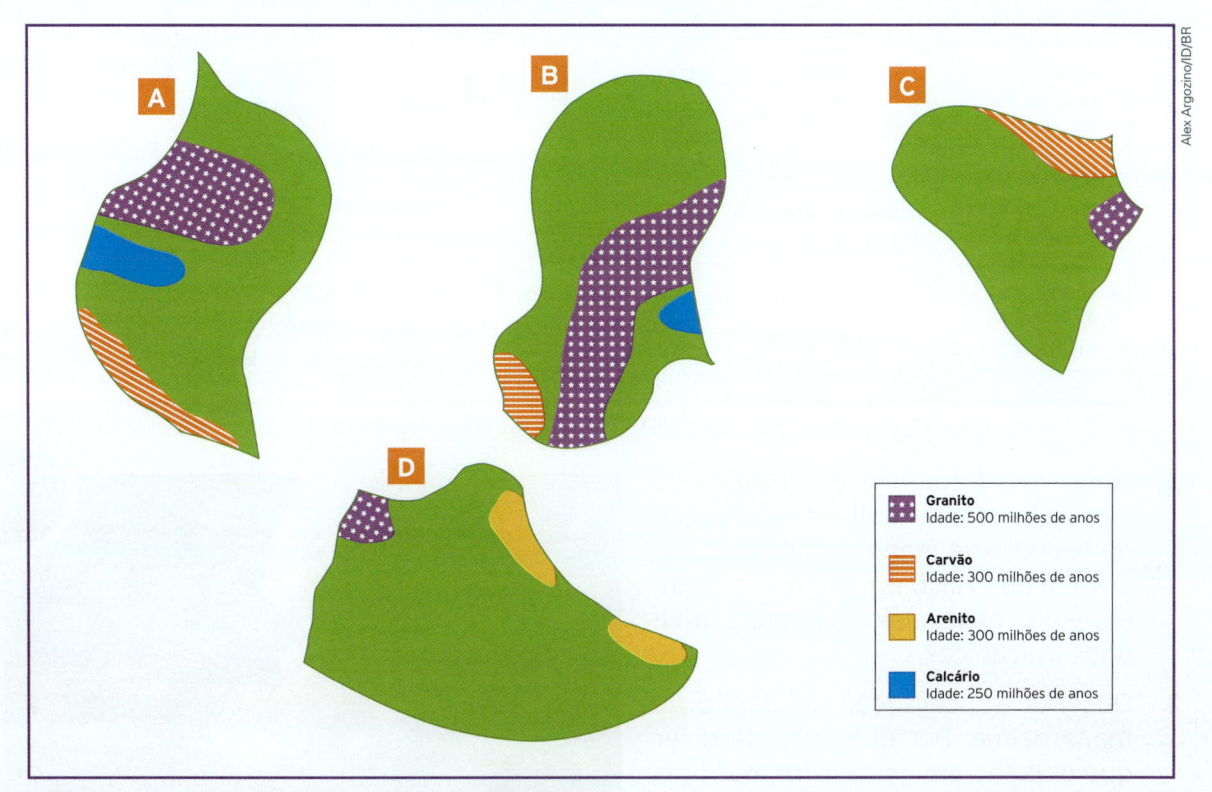

Granito — Idade: 500 milhões de anos
Carvão — Idade: 300 milhões de anos
Arenito — Idade: 300 milhões de anos
Calcário — Idade: 250 milhões de anos

Note que os contornos dos continentes nos permitem perceber que eles aparentemente se encaixam. Contudo, é a presença de um mesmo tipo de rocha (o granito, com 500 milhões de anos) em todos os continentes que serviria de indício para embasar uma teoria de que eles já estiveram unidos. De acordo com a distribuição das rochas com idades diferentes entre os continentes, podemos determinar também as etapas de separação entre eles. Como o continente **D** não apresenta, além do granito, nenhuma outra ocorrência de rochas em comum com os outros continentes, deduz-se que ele foi o primeiro a se separar dos demais. Como o continente **C** não possui um dos tipos presentes nos continentes **A** e **B**, concluímos que ele foi o segundo a se separar. Os continentes **A** e **B** teriam se separado por último por apresentar todos os tipos de rocha em comum e áreas de ocorrência se encaixando. Observe, na ilustração ao lado, como seriam esses continentes encaixados, formando uma "pangeia".

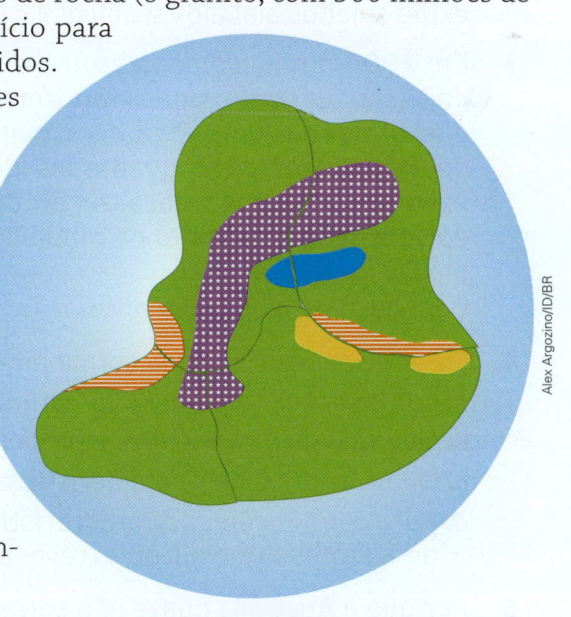

■ Atividades

1. Qual é o provável período em que o continente **D** se manteve unido aos demais?
2. Quando ocorreu provavelmente a última separação continental?

QUESTÕES GLOBAIS

Utilize o mapa das placas tectônicas para responder às questões de 1 a 5.

PLACAS TECTÔNICAS

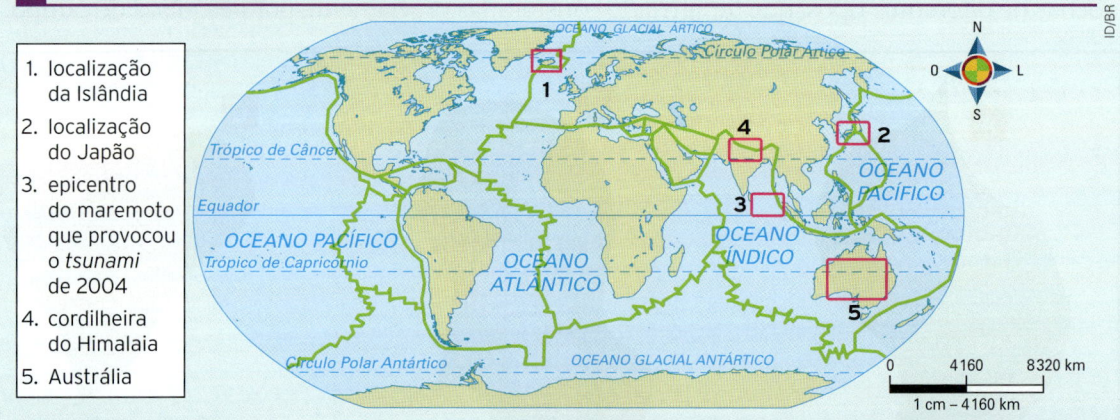

1. localização da Islândia
2. localização do Japão
3. epicentro do maremoto que provocou o *tsunami* de 2004
4. cordilheira do Himalaia
5. Austrália

Fonte de pesquisa: *Atlas geográfico escolar*. Rio de Janeiro: IBGE, 2002. p. 66.

1. Observe a fotografia da erupção do vulcão Eyjafjallajökull e a localização da Islândia no mapa acima. Qual é a origem dos vulcões e por que a Islândia é um local sujeito a intensa atividade vulcânica?

2. Observe a localização do Japão no mapa acima. Por que se pode dizer que o Japão em geral sofre menores danos materiais e perdas de vidas do que os países pobres que também estão sujeitos a abalos sísmicos?

3. Em 2004 um *tsunami* arrasou o sul da Ásia, gerando ondas enormes que atingiram uma área com mais de 800 quilômetros quadrados de extensão. Observe a localização do epicentro do maremoto no mapa de placas tectônicas.

Erupção do vulcão Eyjafjallajökull, na Islândia, em março de 2010.

Com base no mapa e na afirmação acima, explique como se formam os *tsunamis*.

4. Observe a localização da cordilheira do Himalaia e responda às questões:
   a) Em que continente a cordilheira do Himalaia se localiza?
   b) Que tipo de movimento de placas tectônicas dá origem a essa cordilheira?
   c) Quais as principais características dessas unidades de relevo?
   d) Para a definição das características das cadeias montanhosas, predomina a ação de agentes internos ou externos à Terra?

5. Por que a Austrália quase não sofre atividade sísmica?

6. Quais são os principais agentes externos na dinâmica do relevo terrestre? Explique cada um deles.

7. Aponte as diferenças entre agentes internos e externos em relação às formas da superfície terrestre.

••• Síntese

Formação e modelagem do relevo terrestre

Agentes externos: intemperismo e erosão
- Os agentes externos provocam o intemperismo e a erosão, ou seja, decompõem e desagregam a rocha em sedimentos que se depositam em outros pontos da superfície terrestre.
- Os principais agentes do intemperismo são o calor e a umidade, e os da erosão são as chuvas, os rios, os mares, as geleiras e os ventos.
- A ação humana também é um importante agente transformador da paisagem.

Agentes internos: as placas tectônicas
- As formas do relevo terrestre também são modeladas e estruturadas pelos movimentos das placas tectônicas e pelo vulcanismo. Esses são chamados de agentes internos.
- O deslocamento e o choque das placas tectônicas dão origem às cadeias montanhosas na superfície terrestre.
- As cordilheiras formadas no leito dos oceanos são chamadas cadeias oceânicas ou dorsais.

Agentes internos: vulcões e abalos sísmicos
- O vulcanismo é um fenômeno natural que tem origem no interior da Terra.
- O vulcão corresponde à abertura da passagem do magma à superfície.
- Os terremotos, ou abalos sísmicos, acontecem quando grandes pressões provocam a acomodação ou fratura nos blocos rochosos da litosfera.

As unidades de relevo
- As principais unidades de relevo são a planície, o planalto, a depressão e as cadeias montanhosas.
- Os fatores externos, como o vento, as chuvas, os rios e mares, as geleiras e a luz solar, influenciam com maior importância as planícies, os planaltos e as depressões.
- As cadeias montanhosas são influenciadas com maior importância pelos movimentos tectônicos.

[PARA SABER MAIS]

Livros

As aulas do professor Dinossaurius, de Valerie Wilding. São Paulo: Companhia das Letras.
Com o professor Dinossaurius, o 6º ano faz uma excursão até a era Mesozoica, tempo em que os dinossauros dominavam a Terra. O professor inventa tarefas malucas, como conversar com um dinossauro filhote e visitar uma escavação de fósseis.

O portal das montanhas, de Mara Carvalho. São Paulo: Global.
Uma cidadezinha rodeada por enormes montanhas azuis, onde cresce uma árvore mágica de luzes suspensas. É nesse cenário deslumbrante que um adolescente descobrirá grandes mistérios da Terra e do espaço.

Site

<http://chc.cienciahoje.uol.com.br/>
Site da revista *Ciência Hoje das Crianças*. Digitando "Geografia" ou "Arqueologia e Paleontologia" no local de busca, você terá acesso a textos informativos sobre cavernas, vida no gelo, furacões, dinossauros e muitos outros assuntos interessantes. Acesso em: 18 jun. 2014.

PROJETO

Trabalho de campo

Trabalho de campo é uma atividade cujo objetivo é colocar as pessoas em contato com a realidade. Dessa forma, é possível aplicar ou identificar na prática o que foi estudado teoricamente. Isso torna o estudo mais dinâmico e significativo. Este projeto visa levar você a entender a organização essencial de um trabalho de campo.

O que é um trabalho de campo?

O trabalho de campo consiste em visitar um ou vários locais com o objetivo de aprofundar a compreensão de certos temas, aplicar técnicas ou obter elementos que motivem outras pesquisas ou discussões em sala de aula. Permite também o desenvolvimento do companheirismo, a valorização do trabalho em equipe, o reconhecimento de limites e possibilidades e o aprofundamento do respeito ao meio ambiente e aos diversos modos de vida e manifestações culturais.

O trabalho de campo começa antes da saída da escola, e o primeiro passo é o planejamento. Parte desse planejamento é feito pelo professor junto aos alunos e inclui vários itens:

- temas a serem contemplados, que podem ser relacionados apenas ao conteúdo estudado em Geografia ou também a outras disciplinas (temas interdisciplinares);
- objetivos do trabalho de campo – o que será aprendido e de que modo;
- locais onde esses objetivos podem ser alcançados;
- organização da saída – data e horários, materiais necessários, pesquisas prévias, etc.

O trabalho de campo deve ser composto de pelo menos três etapas: **atividades preparatórias**, **atividades de campo** e **atividades de retorno**.

Colocando o trabalho em prática

Veja um exemplo de trabalho de campo a partir de temas que você já estudou.

> **Temas e procedimentos:** paisagens, elementos naturais e sociais, relevo e ocupação humana, orientação espacial (utilização de bússola e de técnicas de orientação espacial) e técnicas cartográficas (confecção de croquis).
> **Objetivos:** análise das relações entre os elementos naturais e os elementos sociais em determinado espaço e utilização de diferentes formas de registro.
> **Local de estudo:** arredores da escola.
> **Materiais:** bússola artesanal (construída segundo as orientações da página 33), sacos plásticos para coleta de materiais, caderneta ou caderno de campo, folha para o croqui, lápis e borracha. Materiais opcionais: câmera fotográfica, filmadora e gravador.

Atividades preparatórias

Antes de sair, é necessário retomar conceitos e conteúdos estudados que tenham relação com os objetivos do trabalho de campo. Para o que foi proposto, retome os conceitos de paisagem, elementos naturais e sociais e relevo. Será importante também retomar os conteúdos sobre orientação espacial e elaboração de croquis. Se houver alguma dúvida sobre esses conteúdos, aproveite para saná-la com o professor e os colegas.

Após rever os conteúdos, é hora de planejar as atividades que serão realizadas em campo. Converse com seus colegas e o professor sobre os trajetos e pontos de parada; o que deverá ser observado; o que esperam encontrar no local; como proceder nas atividades.

Elabore também um roteiro de entrevista para ser feita com um morador vizinho à escola. Consulte a *Caixa de ferramentas* (páginas 64 e 65).

Atividades de campo

As atividades de campo se iniciam logo que a turma sair da escola e consistem, basicamente, em observação, interação e registro.

1. *Observações livres* – ao caminhar pelo entorno da escola, utilize seus sentidos para apreender características das paisagens e preste atenção às suas sensações ao interagir com o ambiente. Após o professor determinar um local de parada, anote suas observações na caderneta. Faça também um desenho para expressar o aspecto que, a seu ver, melhor representa as características observadas.

Alunos e professora em um trabalho de campo. São Paulo (SP), 2009.

2. *Observações direcionadas* – a partir das orientações do professor, identifique ao seu redor:
   - os elementos naturais: caminhe pelo ambiente para analisar as características do relevo (ondulações, inclinações, presença de vales ou encostas, etc.), da vegetação (caso exista) e se há presença ou indícios de animais. Registre as informações na caderneta e, se for possível, faça a coleta de materiais em sacos plásticos individuais e tire fotografias representativas das características observadas. Ao coletar materiais, esteja atento para não danificar o meio (natural ou construído). Assim, colete, por exemplo, apenas folhas de árvores caídas no chão; nunca as arranque das árvores.
   - os elementos sociais: observe as construções vizinhas (arquitetura, materiais empregados, acabamentos, etc.) e analise se refletem alguma interferência do relevo. Anote as informações na caderneta. Observe e registre outros elementos originados da atividade humana, como postes de energia elétrica e veículos e seu fluxo.

3. *Croqui* – represente em um croqui a área observada. Isso pode ser feito na própria caderneta de campo ou em folha avulsa. Determine a localização dos elementos (escola, casas, ruas, árvores) por meio das técnicas de orientação espacial e do uso da bússola que você construiu no capítulo 2.

4. *Entrevista* – como forma de complementar as informações, entreviste, com os colegas, um morador local previamente convidado pelo professor. Explorem, entre outras questões, as condições de moradia, a existência de serviços públicos no bairro, se ele considera o local bem arborizado. Registrem a entrevista em tópicos ou utilizem um gravador.

Atividades de retorno

Esta é uma etapa de síntese e conclusão. Após o retorno do campo, em sala de aula, reúna-se com outros colegas, formando um grupo de quatro ou cinco integrantes. Analisem os registros feitos: há predomínio de elementos sociais ou naturais? Há lixo nas ruas ou outro tipo de poluição? Há árvores fornecendo sombra? Há sons emitidos por pássaros? De que forma o relevo interfere na declividade das ruas? Produzam um texto relatando as conclusões do grupo e, por fim, compartilhem-nas com toda a sala.

Autoavaliação

- Avalie os pontos positivos e negativos de cada etapa do trabalho de campo.
- Verifique a qualidade e a organização dos seus registros.
- Reflita sobre o quanto a sua atitude contribuiu para os resultados finais.
- Os objetivos do trabalho de campo foram alcançados?

Muitos dos recursos utilizados para atender às necessidades econômicas e cotidianas das sociedades são retirados dos rios e oceanos. As pessoas usam a água, por exemplo, para preparar alimentos e fazer a higiene pessoal e doméstica.

No entanto, a oferta de água que pode ser consumida pelos seres humanos está ameaçada. O aumento de consumo mundial, a poluição das águas, o desperdício e o mau uso desse recurso, sobretudo devido a sua exploração econômica, transformaram a questão da água em uma das maiores preocupações da atualidade.

A hidrosfera terrestre

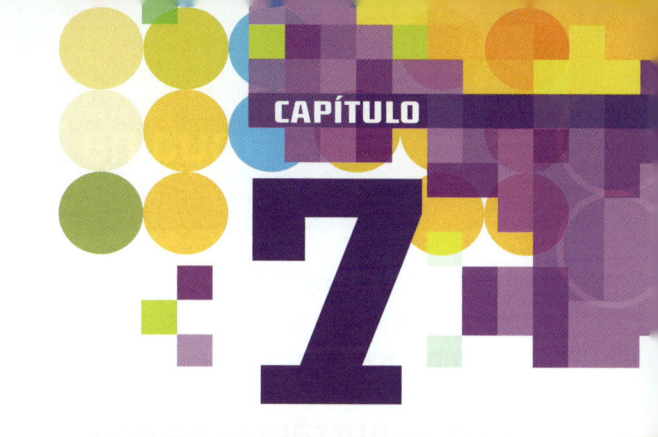

CAPÍTULO 7

O QUE VOCÊ VAI APRENDER

- A importância da água para a vida no planeta Terra
- A distribuição da água na Terra
- A exploração econômica das águas
- A poluição das águas
- A escassez de água

CONVERSE COM OS COLEGAS

A fotografia ao lado mostra homens e mulheres de uma vila na Índia realizando uma atividade essencial a sua sobrevivência.

1. O que você acha que todas essas pessoas estão fazendo?
2. Qual é a importância da água para a vida humana?
3. Que técnicas para a obtenção de água doce você conhece?
4. Com base na imagem, descreva como você imagina que seja esse lugar.
5. Várias regiões do mundo sofrem diariamente com a falta de água potável. Para você, quais motivos levam a essa situação?
6. Além da água doce, há grande disponibilidade de água salgada no planeta Terra. Conte aos colegas o que você sabe sobre esse recurso.

Natwarghad, Índia, 2003.

MÓDULO 1 — A água na Terra

A água é um elemento fundamental para a existência e a manutenção da vida na Terra. Ao longo da história, as sociedades desenvolveram diversas técnicas para obter a água doce de que precisam.

••• Importância da água

Toda a água presente na Terra forma a **hidrosfera**. Esta é composta pelos oceanos, mares, rios, lagos, geleiras, águas subterrâneas e pela água presente na atmosfera.

A água é encontrada na natureza em três estados da matéria, ou seja, nas formas **sólida**, **líquida** e **gasosa**. Além de ser fundamental para a existência e a manutenção da vida, a água está presente em inúmeros aspectos do cotidiano, pois é essencial na agricultura, nas indústrias, nos transportes, na higiene pessoal, nos serviços domésticos, entre outras atividades.

Desde a Antiguidade, a presença dos oceanos, rios e lagos exerceu importante influência na distribuição e no desenvolvimento das sociedades humanas e, consequentemente, na organização do espaço geográfico.

Grande parte das áreas urbanas e agrícolas se desenvolve às margens dos rios e lagos. Isso facilita a distribuição da água doce para o consumo da população urbana e rural e propicia o desenvolvimento da pesca e da irrigação. Além disso, as águas fluviais são importante meio de transporte de pessoas e mercadorias.

A água é um elemento natural muito importante para todos os seres vivos.

Em muitas localidades da Região Norte do Brasil, comunidades que vivem à beira de rios têm forte dependência da água. Muitas crianças dessas comunidades vão para a escola de barco. Porto Velho (RO), 2009.

●●● A água em contínuo movimento

A quantidade de água presente na Terra é sempre a mesma, o que muda é o seu estado físico e a sua distribuição na superfície terrestre.

O ciclo da água

Em virtude do calor do Sol, a água da superfície terrestre, presente nos rios, lagos, oceanos e solos, evapora. Além disso, o organismo dos seres vivos elimina vapor de água por meio dos processos de respiração e transpiração.

Quando o vapor de água da atmosfera se resfria, ele se condensa, ou seja, passa para o estado líquido, formando pequenas gotas, que constituem as nuvens. Conforme essas gotas vão se reunindo, a nuvem se torna mais densa, até que ocorre a precipitação em forma de chuva, granizo ou neve, de acordo com a temperatura do ar.

A água da chuva que não cai diretamente em lagos, rios, represas e oceanos pode escoar pela superfície, formando enxurradas e torrentes. Pode também infiltrar-se no solo até se concentrar nos reservatórios subterrâneos. As águas subterrâneas podem brotar em determinados pontos do solo, formando nascentes de rios. Novamente, então, as águas da superfície terrestre são aquecidas, evaporam, se condensam e se precipitam.

Esse movimento permanente da água é chamado de **ciclo hidrológico** ou, simplesmente, **ciclo da água**. Observe-o no esquema a seguir.

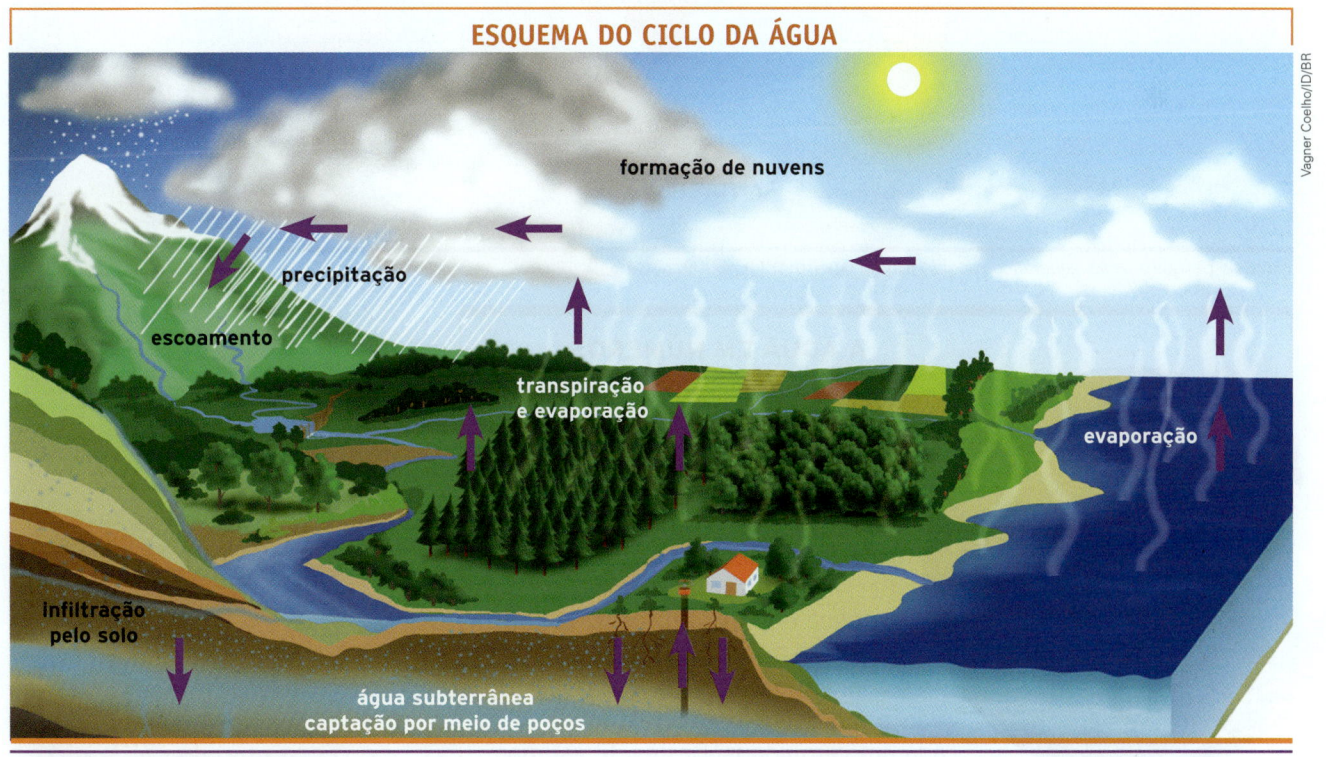

ESQUEMA DO CICLO DA ÁGUA

(formação de nuvens; precipitação; escoamento; transpiração e evaporação; evaporação; infiltração pelo solo; água subterrânea captação por meio de poços)

NOTA
Esquema em cores-fantasia e fora de proporção.

●●● A distribuição das águas no planeta

As águas presentes na Terra são classificadas em **águas oceânicas** e **águas continentais**. Elas ocupam cerca de três quartos da superfície terrestre.

As águas continentais são as que se acumulam nas terras emersas, mais as águas subterrâneas. Grande parte das águas acumuladas nas terras emersas apresenta-se em estado sólido nas geleiras próximas às regiões polares e nas altas montanhas.

As águas oceânicas, formadas pelos mares e oceanos, representam a maior parte da água na Terra. Elas desempenham papel fundamental na produção de oxigênio e na regulação do clima do planeta, além de constituir o hábitat de um grande número de seres vivos.

Observe o mapa abaixo e veja como são distribuídos os continentes e os oceanos pela superfície do planeta.

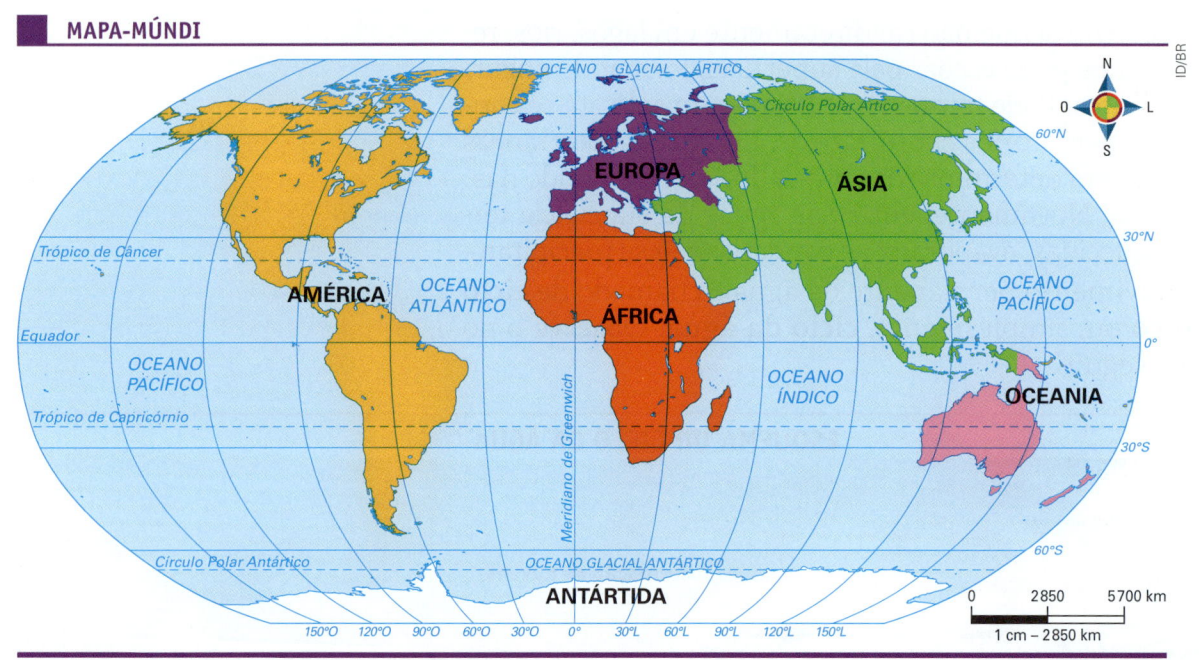

MAPA-MÚNDI

Fonte de pesquisa: *Atlas geográfico escolar*. Rio de Janeiro: IBGE, 2009. p. 34.

A ÁGUA EM NÚMEROS

Se a superfície do planeta Terra fosse dividida em quatro partes iguais, três delas seriam compostas de água e apenas uma de terra.

Imagine que toda a água do planeta fosse colocada em cem copos. Destes, apenas dois e meio seriam de água doce; os outros 97 copos e meio seriam de água salgada.

Agora, imagine que toda a água doce disponível no planeta fosse colocada em cem copos. Destes, 12 estariam no Brasil.

Verifique o que aprendeu ●●●

1. Por que, desde a Antiguidade, a presença de oceanos, rios e lagos sempre exerceu importante influência sobre a distribuição e o desenvolvimento das sociedades humanas?
2. Como são classificadas as águas presentes na Terra?
3. Explique o ciclo da água.

ATIVIDADES

1. Qual é o nome do rio mais importante que passa pela região em que você mora? Como é a ocupação de seu entorno? Qual é o uso que se faz de suas águas?

2. O cosmonauta russo Yuri Gagarin foi o primeiro ser humano a viajar para o espaço. Isso aconteceu em 12 de abril de 1961. Do espaço, Gagarin exclamou: "A Terra é azul!". A imagem ao lado é o planeta Terra visto do espaço. Observe-a e responda às questões.

    a) Na sua opinião, por que o cosmonauta se surpreendeu ao ver a imagem da Terra do espaço?

    b) Relacione a cor do planeta Terra visto do espaço ao que você estudou neste módulo.

3. Leia abaixo a letra da canção "Água", escrita por Paulo Tatit e Arnaldo Antunes. Depois, responda às questões.

    > Da nuvem até o chão, do chão até o bueiro
    > Do bueiro até o cano, do cano até o rio
    > Do rio até a cachoeira
    >
    > Da cachoeira até a represa, da represa até a caixa-d'água
    > Da caixa-d'água até a torneira, da torneira até o filtro
    > Do filtro até o copo
    >
    > Do copo até a boca, da boca até a bexiga
    > Da bexiga até a privada, da privada até o cano
    > Do cano até o rio
    >
    > Do rio até outro rio
    > De outro rio até o mar
    > Do mar até outra nuvem

    Arnaldo Antunes e Paulo Tatit. Água. Em: *Canções de brincar*. Palavra Cantada, 1996. Col. Palavra Cantada.

    a) Faça um esquema indicando o caminho seguido pela água na letra dessa canção.

    b) Agora, faça um desenho para ilustrar a canção.

    c) Se você fosse dar outro título para essa canção, qual seria?

4. Observe os esquemas abaixo.

    NOTA
    Esquemas em cores-fantasia e fora de proporção.

    a) Escreva qual fase do ciclo da água cada esquema representa.

    b) Releia a letra da canção "Água". As imagens acima poderiam ilustrar quais versos da canção? Escreva.

MÓDULO 2

O uso das águas oceânicas

Além de servirem para o transporte naval, os oceanos e mares são importantes fontes de recursos animais e minerais. Entretanto, a exploração econômica e a poluição constituem séria ameaça à conservação das águas oceânicas.

●●● O mar como fonte de recursos

O mar é uma importante fonte de recursos para os seres humanos; nele se encontram a vida marinha e os recursos minerais. A **pesca** e a **extração de petróleo** são as atividades econômicas mais frequentes nos oceanos e mares.

A pesca

A **pesca oceânica**, realizada em alto-mar, é a mais praticada. No entanto, a pesca realizada nas áreas costeiras ainda é importante em muitos países. Outra forma de exploração pesqueira são as "fazendas de peixes", ou **aquicultura**, onde os peixes são criados em cativeiro. No Chile e na Escócia a criação de salmão em cativeiro cresce a cada ano, sendo importante item de exportação desses países.

A **pesca industrial** é praticada com o uso de grandes navios e recursos avançados, como os sonares, que são capazes de identificar cardumes imensos. Apesar de empregar um número muito menor de trabalhadores do que a pesca artesanal e representar apenas uma pequena parte da frota pesqueira mundial, a pesca industrial retira do mar metade de tudo que é pescado no mundo. Países pobres, nos quais os pescadores mantêm suas atividades de pesca artesanal, sem incorporar os avanços tecnológicos, não conseguem concorrer com as grandes empresas.

A pesca é uma atividade praticada no mundo inteiro, mas só dez países concentram mais de 60% do total da captura de peixes. Observe a tabela ao lado.

	Maiores produtores de pescado	
	País	%
1º	China	38,0
2º	Peru	4,17
3º	Japão	4,12
4º	Indonésia	4,07
5º	Índia	4,03
6º	Estados Unidos	3,78
7º	Chile	3,11
8º	Filipinas	2,47
9º	Tailândia	2,45
10º	Rússia	2,34

Fonte de pesquisa: *Images économiques du monde, 2007*. Paris: Armand Colin, 2007. p. 376.

OS BARCOS-FÁBRICA

A pesca industrial no mundo atualmente é realizada em grandes embarcações chamadas de **barcos-fábrica**. Eles são capazes não apenas de oferecer condições para a pesca, como também de preparar e conservar os peixes para futuro consumo.

Esses barcos podem permanecer no oceano por vários meses antes de retornar aos portos, pois possuem enormes câmaras de congelamento.

Barco-fábrica na Alemanha, 2005.

A superexploração pesqueira

A pesca industrial em larga escala tem sido feita de maneira **predatória**. Não é respeitado o período de reprodução das espécies de alto valor comercial, o que diminui a reposição natural dessas e de outras espécies. Ao mesmo tempo, enormes redes de pesca capturam pequenos peixes que não podem ser comercializados de acordo com as leis de proteção ambiental e outros sem valor comercial, que por isso são inutilizados.

Nas últimas décadas, a pesca marítima excessiva e a grande poluição em áreas costeiras prejudicaram a atividade pesqueira, diminuindo a quantidade e a variedade de peixes.

A pesca predatória ameaça a existência de várias espécies, como o bacalhau, as baleias e algumas espécies de atum.

Pesca costeira

Nas áreas costeiras há grande variedade de organismos marinhos que formam ricas áreas pesqueiras tanto para a pesca artesanal como para a grande indústria de pescado.

Nessas áreas também é frequente a aquicultura, ou seja, a criação de peixes. Essa atividade é apontada como uma alternativa sustentável à pesca predatória, além de ser uma tendência que vem crescendo em quase todas as partes do mundo a uma taxa anual de 8%. Em 1980, apenas 9% dos peixes consumidos no mundo vinham da aquicultura. Em 2008, o índice foi de 43%.

Áreas costeiras

De acordo com dados da Organização das Nações Unidas para a Alimentação e Agricultura (FAO), estima-se que 90% das áreas de pesca de captura estão sob as jurisdições nacionais (não em águas internacionais).

Essas áreas são responsáveis por metade da produção mundial total de peixes capturados para o consumo, fornecendo quase todo o peixe consumido nos países em desenvolvimento.

ÁREAS PESQUEIRAS

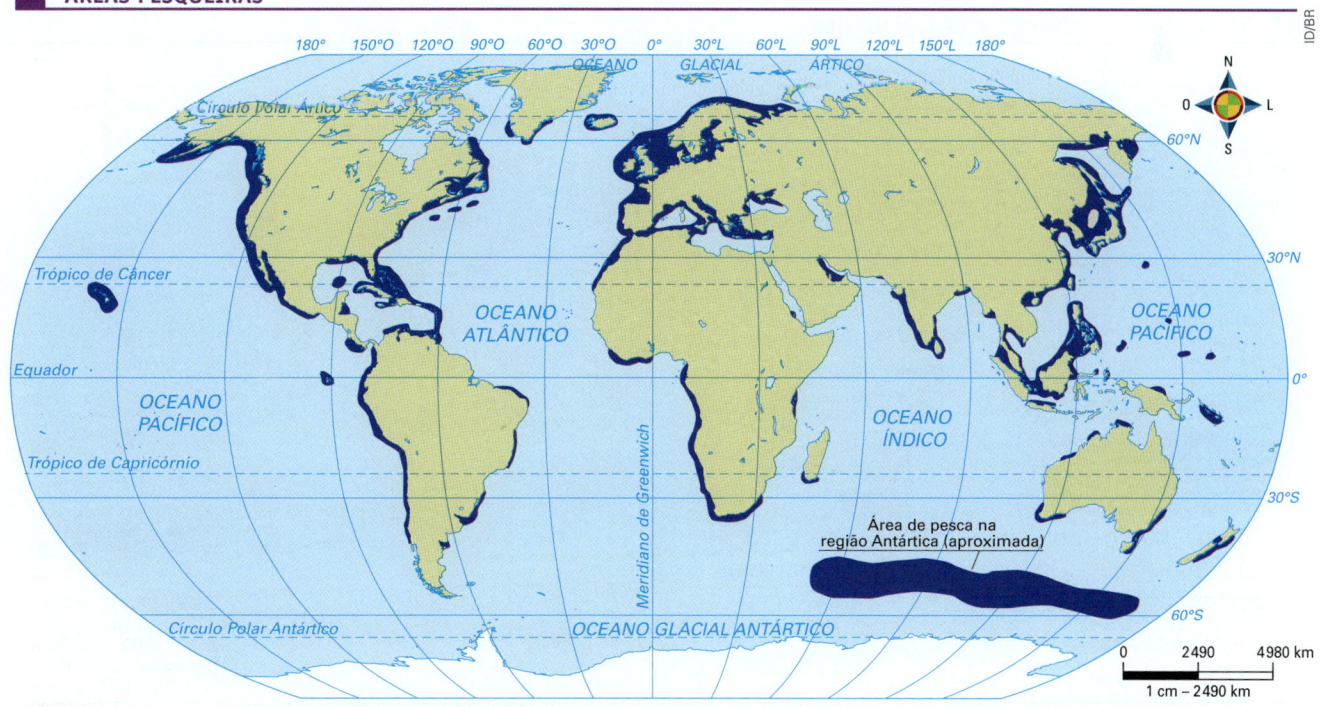

Fonte de pesquisa: Geographica. *Atlas ilustrado do mundo*. Lisboa: Dinalivros, 2005. p. 44.

A exploração do petróleo e do gás natural

Nas últimas décadas, a descoberta de jazidas de petróleo e de gás natural levou muitos países a explorá-las comercialmente.

Os depósitos desses combustíveis fósseis formaram-se pelo acúmulo, há milhões de anos, de detritos de organismos marinhos. Esses depósitos, ou jazidas, encontram-se sobretudo sob as águas, nas chamadas **plataformas continentais**, áreas das margens dos continentes que estão submersas pelas águas dos oceanos.

A extração de petróleo e de gás natural muitas vezes ocorre em águas profundas. Esse tipo de extração é difícil e cara, mas o avanço na tecnologia de perfuração possibilitou a exploração dessas jazidas.

Entre os principais depósitos submarinos de petróleo e de gás natural destacam-se os do mar do Norte, do golfo do México, da costa ocidental da Índia e da costa do Brasil.

Entre os países que retiram o petróleo do subsolo oceânico estão Inglaterra, Escócia, Noruega e Brasil. A Petrobras, empresa brasileira, é pioneira na exploração de petróleo e de gás natural em águas profundas. Veja o esquema ao lado.

NOTA
Esquema em cores-fantasia e fora de proporção.

PLATAFORMAS COM ALCANCE DE MAIORES PROFUNDIDADES NO ESTADO DO RIO DE JANEIRO

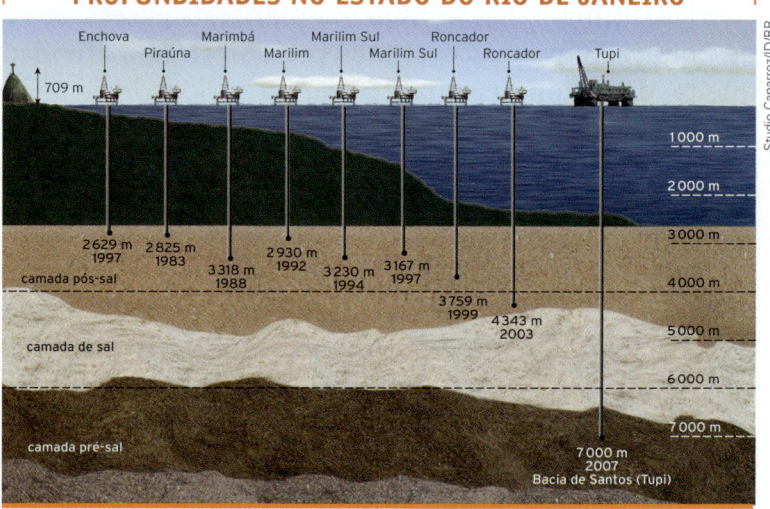

Fonte de pesquisa: Petrobras. Disponível em: <http://www.petrobras.com.br>. Acesso em: 18 jun. 2014.

Atualmente, o Brasil está entre os poucos países que dominam todo o ciclo de perfuração submarina em águas profundas e ultraprofundas. No esquema acima, algumas plataformas marinhas no estado do Rio de Janeiro, construídas até 2007, e seu alcance de profundidade.

AS JAZIDAS DE PETRÓLEO E DE GÁS NATURAL

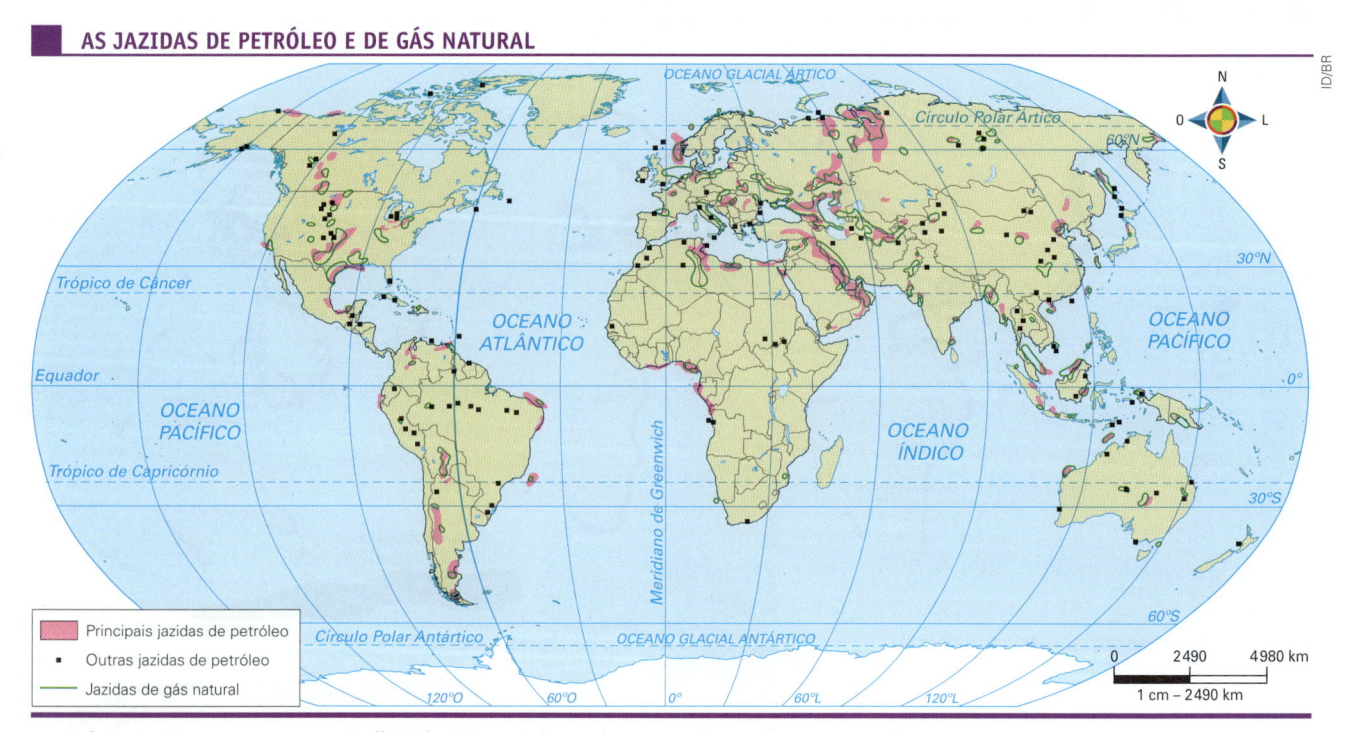

- Principais jazidas de petróleo
- Outras jazidas de petróleo
- Jazidas de gás natural

1 cm = 2490 km

Fonte de pesquisa: Discovery - How Stuff Works. Disponível em: <http://static.howstuffworks.com/gif/maps/pdf/WOR_THEM_Resources.pdf>. Acesso em: 18 jun. 2014. (Ver nota na página 36.)

O transporte oceânico

Os oceanos e os mares são utilizados há muitos séculos para o **transporte** de pessoas e mercadorias. Atualmente, cerca de 90% de todo o fluxo de cargas é realizado por transporte marítimo. As embarcações de grande porte transportam de uma só vez grandes quantidades de bens e mercadorias.

A maior eficiência do transporte marítimo requer a rápida e constante modernização da indústria naval. Os estaleiros constroem grandes navios com elevada capacidade de carga, capazes de transportar os mais variados produtos. Há embarcações que levam minérios para um destino e retornam com grãos ou produtos industrializados.

Além das embarcações, é necessário modernizar as áreas portuárias. Os portos modernos podem receber os navios de grande porte, pois têm equipamentos que agilizam a retirada e a colocação de mercadorias nas embarcações e permitem o rápido escoamento das cargas, interligando o porto a terminais ferroviários, rodoviários e aeroviários.

Área portuária em Valparaíso, Chile, 2009.

A ocupação das zonas litorâneas

Ao longo dos séculos, os seres humanos ocuparam áreas litorâneas, fundando cidades, em especial junto a portos naturais.

Atualmente, calcula-se que mais de 40% da população mundial, ou seja, cerca de 2,5 bilhões de pessoas, vivam nas zonas litorâneas. Nelas há intensa atividade industrial, comercial e turística.

A construção de portos favorece a ampliação de atividades ligadas ao comércio marítimo, levando à expansão das cidades. Ao mesmo tempo crescem os complexos turísticos em outras áreas costeiras. Porém, a ocupação sem planejamento das zonas litorâneas vem provocando problemas ambientais, como a eliminação de áreas de reprodução e de alimentação de muitas espécies marinhas, ameaçando-as de extinção.

Ocupação de área litorânea em Lima, Peru, 2011.

●●● A poluição e a degradação das águas oceânicas

A poluição marinha vem crescendo muito nos últimos anos. As áreas litorâneas das regiões altamente industrializadas são as mais atingidas. Os maiores poluentes dos mares e oceanos são os **esgotos domésticos** e **industriais**, despejados sem tratamento no mar, e os **vazamentos de petróleo**.

Os dejetos do esgoto doméstico e os produtos químicos presentes nos esgotos industriais, bem como aqueles usados nas lavouras, como pesticidas e fertilizantes, poluem as águas do mar e intoxicam muitos animais e plantas marinhas.

Os vazamentos de petróleo acontecem, principalmente, por acidentes com navios petroleiros e vazamentos de plataformas de exploração submarina ou de oleodutos. O óleo forma uma película na superfície da água, não se misturando com ela. Ao atingir as penas, os pelos e a pele dos animais, impede-os de se movimentar e respirar, podendo sufocá-los até a morte. Ao atingir a raiz das plantas, impede sua nutrição, matando-as. Quando o óleo chega às praias, contamina a areia, sendo muito difícil e caro o processo de limpeza.

RESÍDUOS JOGADOS AO MAR

- 48% Barcos
- 11% Atmosféricos
- 17% Industriais
- 24% Urbanos

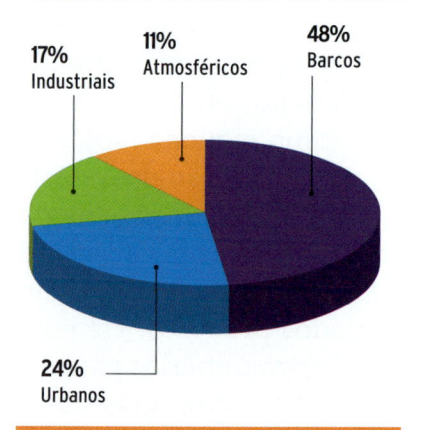

Fonte de pesquisa: *Milenio. Comunidad de Madrid*. Madrid: SM, 2006. p. 49.

Pelicano atingido por vazamento de óleo no golfo do México, em 2010.

Verifique o que aprendeu ●●●

1. Cite exemplos de aproveitamento econômico das águas oceânicas.
2. Os peixes podem ser retirados dos oceanos de diferentes maneiras. Cite e explique cada uma delas.
3. Quais são os principais causadores da poluição dos oceanos?

A CONTAMINAÇÃO DOS MARES E DOS OCEANOS

Contaminação dos mares
Resíduos industriais, agrícolas e urbanos
- Permanente
- Intermitente
- Vazamento de petróleo

1 cm – 2880 km

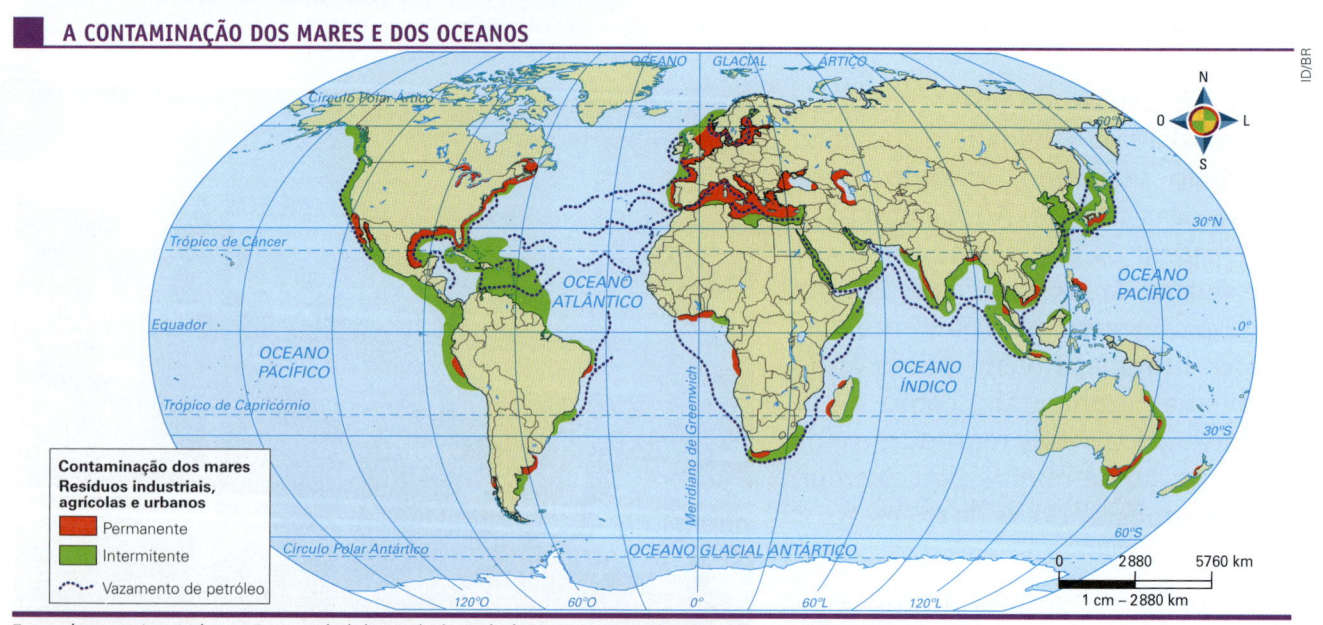

Fonte de pesquisa: *Milenio. Comunidad de Madrid*. Madrid: SM, 2006. p. 49. (Ver nota na página 36.)

ATIVIDADES

1. Com um colega, observem a imagem abaixo e respondam às questões.

Navio cargueiro no Rio de Janeiro, 2010.

a) Mencionem que tipos de mercadoria podem ser transportados por navios como esses.

b) Pesquisem imagens de outros navios que cruzam os oceanos. Recortem e colem as imagens e escrevam que tipos de produto são transportados.

c) Concluam sua pesquisa mencionando a importância do transporte marítimo para a economia global.

2. Discuta com seus colegas qual é a importância dos oceanos para os seres humanos. Escreva as conclusões.

3. Procure, em jornais, revistas ou outras fontes de informação, uma notícia sobre algum episódio de poluição das águas oceânicas. Recorte-a e cole-a. Grife as seguintes informações: local, fonte de contaminação, causas e consequências da contaminação.

4. A superexploração da pesca vem trazendo consequências em várias partes do mundo. Escreva o nome da atividade pesqueira responsável por ela e que prejuízos ela pode causar para a natureza e para os seres humanos. Apresente também uma alternativa para esse problema.

5. Observe as imagens abaixo e resolva as questões.

Óleo acumulado na área costeira da baía de Barataria, na Louisiana (EUA). Fotos de 2010.

a) Descreva as duas fotos. Qual é a relação entre elas?

b) Quais são as consequências desse tipo de situação para a sociedade e o meio ambiente?

MÓDULO 3

As águas continentais

As águas continentais são indispensáveis para a vida de plantas, de animais e do ser humano. A poluição desse recurso e a consequente escassez de água para o consumo são os principais desafios a serem enfrentados pela população mundial.

••• Distribuição das águas continentais

Águas continentais são aquelas que formam as geleiras, os rios, os lagos e as águas subterrâneas. Também chamadas de água doce, as águas continentais correspondem a 2,5% do total de água do planeta e estão distribuídas em águas superficiais e subterrâneas.

Observe, no gráfico ao lado, que quase 70% das águas continentais se concentram nas calotas polares.

A água para uso humano vem principalmente dos lagos, dos rios, da umidade do solo e dos reservatórios de águas subterrâneas. Em conjunto, essas fontes correspondem a menos de 1% de toda a água do mundo.

Assim, apenas uma pequena porção da água doce do planeta é aproveitável. Além disso, no caso do Brasil, grande parte da água disponível está localizada longe das regiões em que a maioria da população está concentrada, o que dificulta sua utilização.

DISTRIBUIÇÃO DAS ÁGUAS CONTINENTAIS

- 0,9% Outros reservatórios (nuvens, vapor de água, etc.)
- 30% Aquíferos
- 0,3% Rios e lagos
- 69% Calotas polares

Fonte de pesquisa: *Almanaque Brasil socioambiental*. São Paulo: ISA, 2007. p. 293.

••• As geleiras

As geleiras são grandes e espessas massas de gelo formadas em camadas pela compactação de neve. Partes das geleiras, por causa do aumento da temperatura, deslocam-se lentamente durante o verão e provocam o intemperismo mecânico por abrasão e um tipo de erosão denominada **erosão glacial**.

As geleiras são classificadas em dois tipos: **geleiras continentais de áreas polares**, ou **calotas polares**, que cobrem permanentemente as regiões de altas latitudes, e **geleiras alpinas**, presentes em elevadas altitudes, podendo ocorrer também em regiões tropicais (nos Andes, por exemplo). Estas últimas dão origem a diversos rios.

A ameaça de escassez de água potável intensificou as pesquisas sobre a viabilidade econômica do uso da água das geleiras para o abastecimento da população.

Geleiras na Antártida, 2011.

156

••• Os rios

Os rios são cursos regulares de água que desembocam no mar, em um lago ou em outro rio. Formam-se por precipitações, afloramento de água subterrânea ou derretimento de gelo das montanhas.

A quantidade de água varia muito de um rio para outro e também ao longo do ano. Todos os rios têm uma época em que recebem maior quantidade de chuvas (período de cheias) e outra em que a quantidade é menor (estiagem).

Os rios podem ser **perenes** ou **intermitentes**. Os intermitentes, também chamados de **rios temporários**, são aqueles que secam durante o período de estiagem. Já os perenes são aqueles que nunca secam. Os rios perenes são muito importantes em regiões de clima seco.

Sobretudo nas maiores cidades, os rios sofrem grande interferência humana, como alterações em seu curso e poluição de suas águas. Esse é o caso do rio Tietê no trecho que cruza a cidade de São Paulo (SP). Foto de 2007.

Partes de um rio

Nascente é o ponto onde o rio começa seu curso. Forma-se pelo derretimento de gelo ou pela presença de **fontes** constituídas pelas águas subterrâneas que brotam na superfície.

Os **afluentes** são os rios que deságuam em um rio principal. O ponto de encontro entre cursos de água é a **confluência**. A **foz** é onde o rio termina, ou seja, deságua no mar, em um lago ou em outro rio maior e mais caudaloso.

Observe o mapa a seguir, que representa a bacia hidrográfica do rio Parnaíba, que banha os estados do Piauí, do Maranhão e do Ceará.

BACIA DO RIO PARNAÍBA

Fonte de pesquisa: *Atlas geográfico escolar*. Rio de Janeiro: IBGE, 2009. p. 162 e 163.

BACIAS HIDROGRÁFICAS

Bacia hidrográfica é a porção do território formada por um rio principal e seus afluentes. As bacias são delimitadas por regiões de altitude mais elevada, chamadas de **divisores de águas**.

●●● As águas subterrâneas

As águas subterrâneas são muito importantes para o ciclo hidrológico, pois brotam em determinados pontos do solo, formando nascentes de rios.

Os reservatórios de água subterrânea se formam quando a água da chuva se infiltra no subsolo até encontrar uma camada de rocha impermeável. Esses reservatórios naturais de água doce são chamados de **aquíferos**.

Os aquíferos se encontram em unidades rochosas porosas e permeáveis que acumulam a água subterrânea. Eles contêm água suficiente para serem usados como fonte de abastecimento.

Há diferentes tipos de aquíferos: os **aquíferos livres**, que se encontram perto da superfície, e os **aquíferos confinados** ou **artesianos**, que se encontram em maior profundidade, intercalados por camadas de rochas impermeáveis. Nesse caso, a água está sob pressão e, quando se constroem poços nessas regiões, a água sobe até a superfície.

Lençol freático é o nome que se dá ao limite entre a zona saturada (em que a água preenche todos os espaços porosos e fraturas das rochas do subsolo) e a zona não saturada (onde os espaços porosos são ocupados por água e ar).

O lençol freático geralmente acompanha o relevo, e seu nível aumenta ou diminui de acordo com o volume de água que se infiltra com a chuva. Em geral, a água dos lençóis subterrâneos é potável, pois o solo e as rochas podem filtrar suas impurezas.

Aquífero Guarani

O aquífero Guarani forma um manancial de água doce subterrânea que ocupa uma área de 1,2 milhão de km², estendendo-se pelo Brasil, Paraguai, Uruguai e Argentina.

Sua maior ocorrência se dá em território brasileiro (66% da área total), abrangendo os estados de Goiás, Mato Grosso do Sul, Minas Gerais, São Paulo, Paraná, Santa Catarina e Rio Grande do Sul.

Estima-se que esse aquífero seja o maior e um dos mais importantes do mundo. Contudo, ainda estão sendo realizados estudos para confirmar seu volume de água. Por ser uma reserva de água tão importante, são muito relevantes os estudos para o uso sustentável desse recurso. É fundamental desenvolver técnicas de uso que não poluam nem comprometam a recarga do manancial.

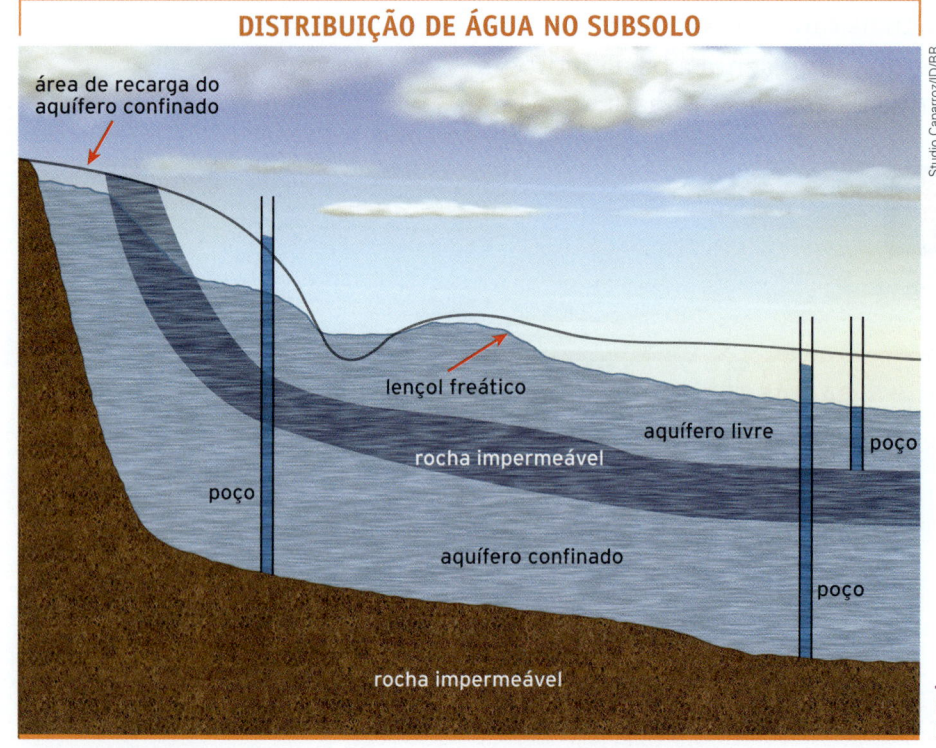

DISTRIBUIÇÃO DE ÁGUA NO SUBSOLO

(Esquema: área de recarga do aquífero confinado, lençol freático, aquífero livre, rocha impermeável, aquífero confinado, poço, rocha impermeável)

NOTA
Esquema em cores-fantasia.

●●● O uso das águas continentais

As principais atividades econômicas relacionadas com as águas continentais são o abastecimento doméstico, a produção industrial, a obtenção de energia elétrica, o transporte e a irrigação agrícola.

Cerca de 70% da água doce do mundo é usada na **irrigação**, evitando que as lavouras dependam exclusivamente das chuvas e possibilitando a exploração de áreas secas para atividades agropecuárias.

Nas áreas de relevo acidentado, as quedas-d'água naturais são aproveitadas para a obtenção de **energia hidrelétrica**. A água do rio é represada, e a queda de grande volume de água faz girar as turbinas das usinas hidrelétricas.

Usina hidrelétrica de Itaipu, na fronteira do Brasil com o Paraguai, em 2009. Nas usinas hidrelétricas, obtém-se energia elétrica pelo aproveitamento da força das águas dos rios.

O **transporte** de mercadorias e pessoas por rios e lagos também é muito importante para diversos países no mundo.

Observe, no mapa abaixo, os principais usos das águas continentais em cada um dos países.

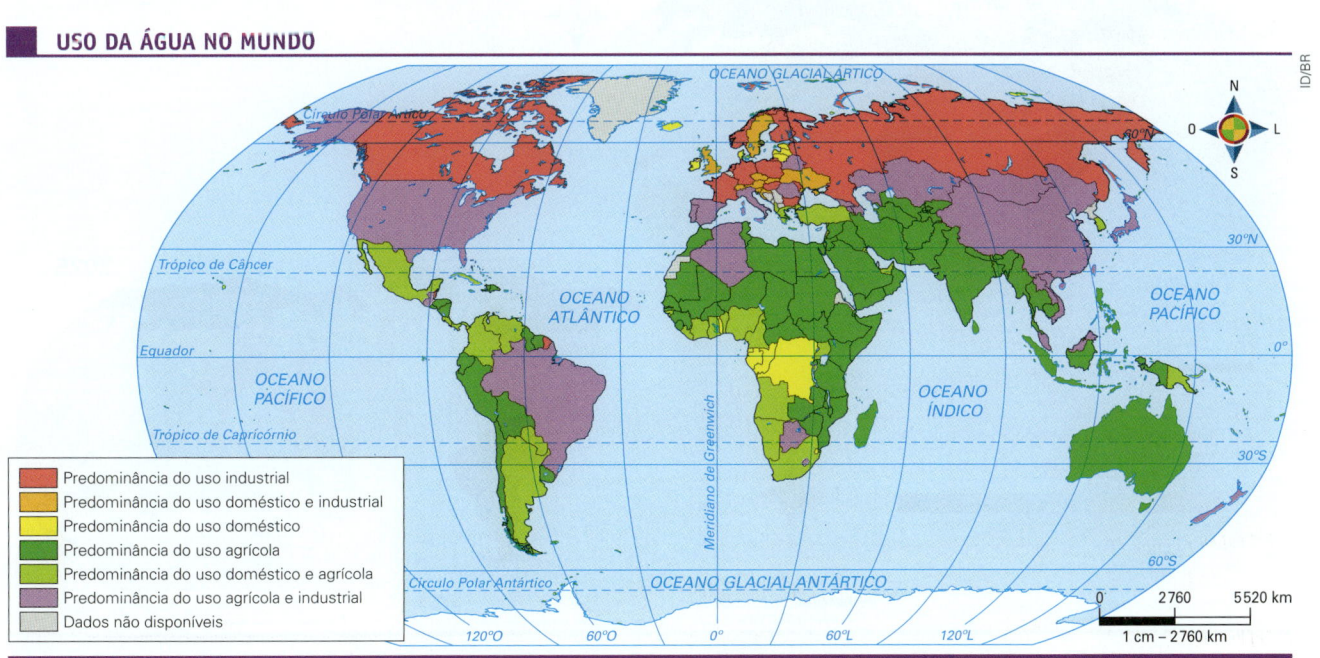

USO DA ÁGUA NO MUNDO

- Predominância do uso industrial
- Predominância do uso doméstico e industrial
- Predominância do uso doméstico
- Predominância do uso agrícola
- Predominância do uso doméstico e agrícola
- Predominância do uso agrícola e industrial
- Dados não disponíveis

1 cm – 2760 km

Fonte de pesquisa: *Atlas du monde diplomatique*. Paris: Armand Colin, 2006. p. 16. (Ver nota na página 36.)

159

●●● Um recurso ameaçado

O consumo de água no mundo vem aumentando nos últimos anos, enquanto a disponibilidade de água potável vem diminuindo. A principal causa desse fenômeno é o aumento da produção industrial, da urbanização e da irrigação.

A ação humana tem provocado a **poluição** dos rios e dos lagos. Dia após dia eles se tornam mais poluídos, por receberem esgotos domésticos e industriais sem tratamento, além de produtos químicos usados na agricultura, que são levados até esses rios e lagos pelas chuvas nas áreas agrícolas. A contaminação dos rios, dos lençóis de água subterrâneos e das nascentes diminui a disponibilidade de água potável.

Contribuem também para a diminuição da oferta de água potável o **desmatamento** das áreas de nascentes, o **assoreamento** de rios e a impermeabilização do solo, que colabora para reduzir a reposição das águas dos aquíferos.

Um futuro preocupante

Segundo a ONU, se nada for feito, em 2025 mais de 1,8 bilhão de pessoas viverão em áreas com grave escassez de água e 5 bilhões não conseguirão ser atendidas em todas as suas necessidades. Veja os mapas abaixo.

A diminuição da disponibilidade de água deve agravar-se sobretudo em áreas com poucos recursos hídricos, como o Oriente Médio, o norte da África e os países ao sul do Saara. Mesmo os países ricos enfrentarão problemas de abastecimento, por exemplo, a Alemanha.

Recuperação do rio Tâmisa

O rio Tâmisa, em Londres, Inglaterra, é um exemplo bem-sucedido de recuperação de um rio poluído.

Desde a década de 1930 até meados dos anos 1960, esgotos e detritos haviam transformado o Tâmisa num rio morto, sem oxigênio e sem peixes. Além disso, o rio apresentava cor escura e odor desagradável.

Para mudar a situação, nessa época foram realizadas diversas obras de recuperação, como a construção de duas enormes estações de esgoto.

Na década de 1970, o rio já estava recuperado, e diversas espécies de peixes voltaram a habitá-lo.

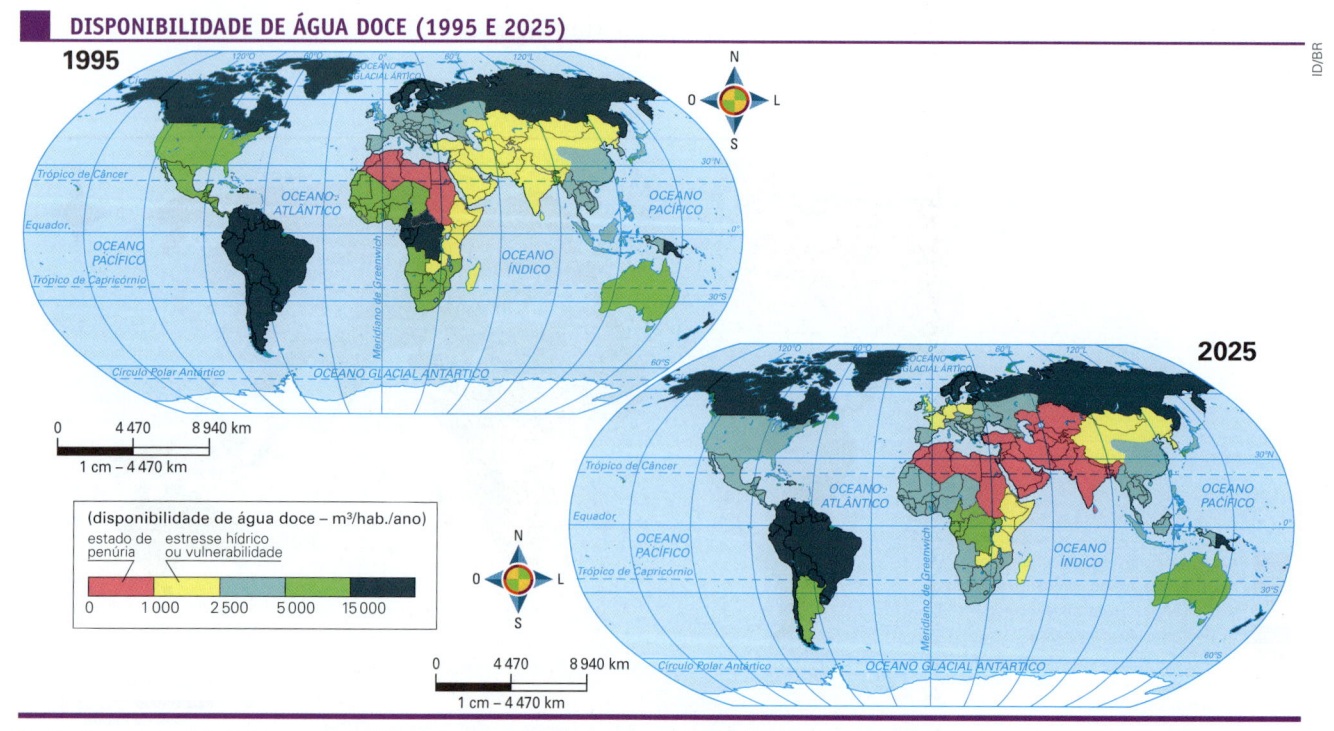

DISPONIBILIDADE DE ÁGUA DOCE (1995 E 2025)

Fontes de pesquisa: World Meteorological Organization (WMO), Geneva, 1996; Global Environment Outlook 2000 (GEO), Unep, Earthscan: London, 1999. Disponível em: <http://www.unep.org>. Acesso em: 18 jun. 2014.

Escassez de água potável

Parte considerável da água utilizada para uso doméstico não recebe tratamento e, por isso, é imprópria para o consumo humano.

A falta de água tratada e de rede de esgotos nas cidades afeta a saúde humana, pois a água contaminada é fonte de muitas doenças.

Nos países pobres, os investimentos em infraestrutura são muito menores do que nas nações ricas. Assim, é comum esgotos correrem a céu aberto, prejudicando principalmente as crianças, que são mais suscetíveis a doenças.

As medidas preventivas

As previsões sobre a escassez de água no futuro requerem ações imediatas para evitar que falte água tratada para as próximas gerações. Entre as principais medidas estão a preservação de mananciais, isto é, áreas com vegetação em que se localizam muitas nascentes, o tratamento do esgoto doméstico e industrial, a despoluição de rios e córregos e o controle do desperdício.

Em relação ao uso doméstico das águas, algumas medidas podem contribuir para que sua cidade seja ambientalmente mais equilibrada: não lavar calçadas e automóveis com a mangueira; desligar o chuveiro quando estiver se ensaboando; evitar banhos demorados. É fundamental exigir das autoridades que o esgoto seja tratado.

Outra medida que pode evitar a grave situação de falta de água tratada para as populações é o **reúso** ou a **reciclagem** desse recurso. A água resultante do tratamento de esgoto pode ser utilizada nos processos que não requerem água potável, mas apenas água sanitariamente segura, o que garante o uso racional desse recurso.

Estação de tratamento de esgoto de Viena, Áustria, em 2011.

Acesso à água tratada

De acordo com o Programa das Nações Unidas para o Meio Ambiente (Pnuma), um terço da população vive em países que sofrem com a escassez de água para o consumo humano. Para muitas dessas nações, uma das maiores ameaças ambientais à saúde é o uso contínuo de água não tratada.

I. Releia o capítulo e faça um levantamento dos principais problemas causados pela escassez de água.

II. Nesta página são descritas algumas medidas para evitar o desperdício de água. Que outras medidas podem ser tomadas por você e seus colegas?

III. Você imagina como é o dia a dia das pessoas que vivem em locais onde não há água potável? Como será que elas lidam com esse problema?

Verifique o que aprendeu

1. O que são águas continentais?
2. De que forma essas águas são utilizadas em nossa sociedade?
3. O que são rios?
4. O que são aquíferos?
5. O que é bacia hidrográfica?

ATIVIDADES

1. Observe o esquema ao lado e identifique as partes de um rio representadas pelos números 1, 2 e 3.

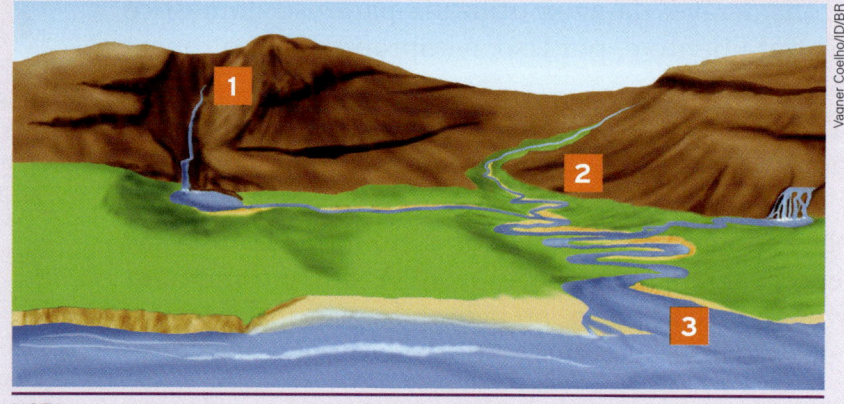

NOTA
Esquema em cores-fantasia.

2. Explique a importância dos rios perenes nas regiões de clima seco.

3. Quais são os tipos de aquífero? Qual é a diferença entre eles?

4. Observe o mapa e, com o auxílio de um planisfério político, resolva as questões.

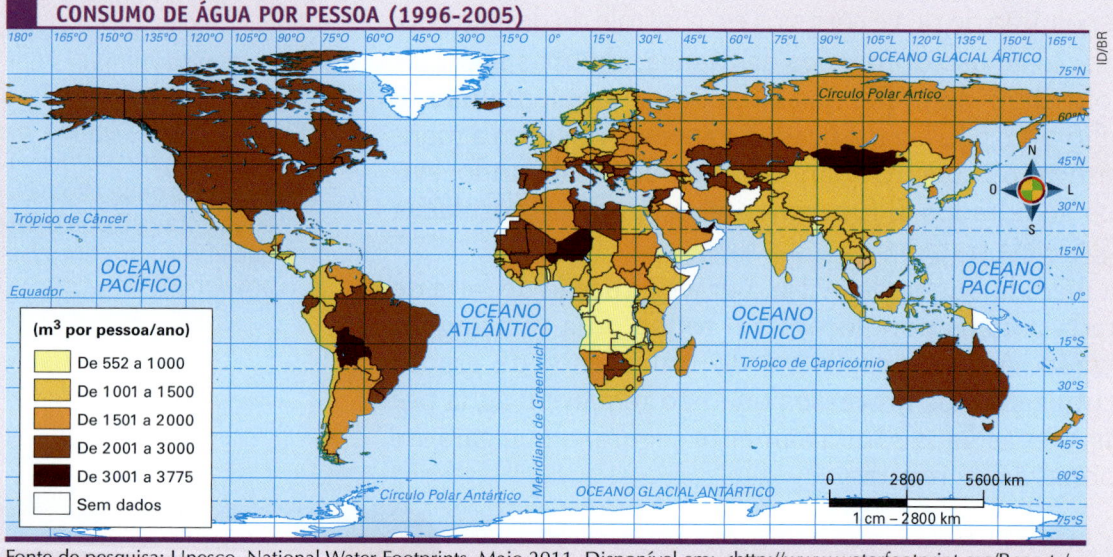

CONSUMO DE ÁGUA POR PESSOA (1996-2005)

(m³ por pessoa/ano)
- De 552 a 1000
- De 1001 a 1500
- De 1501 a 2000
- De 2001 a 3000
- De 3001 a 3775
- Sem dados

Fonte de pesquisa: Unesco. National Water Footprints. Maio 2011. Disponível em: <http://www.waterfootprint.org/Reports/Report50-NationalWaterFootprints-Vol2.pdf>. Acesso em: 18 jun. 2014. (Ver nota na página 36.)

a) Cite dois países que, no ano 2000, tinham menor consumo de água por pessoa.
b) Cite dois países que, no ano 2000, tinham maior consumo de água por pessoa.
c) Cite os continentes que apresentavam menor consumo de água por pessoa em 2000.

5. Explique por que ocorre escassez de água no mundo. Em sua resposta, considere as causas naturais e as ações humanas.

6. A bacia Amazônica é a maior bacia hidrográfica do mundo. Seu rio principal é o Amazonas, que se destaca por sua extensão, largura, profundidade e volume de água. Apesar disso, a bacia hidrográfica do Paraná é a bacia brasileira mais aproveitada para a geração de energia elétrica. Com base nessas informações e no seu conhecimento, levante hipóteses sobre o porquê de a bacia hidrográfica Amazônica não ser tão aproveitada para a geração de energia elétrica quanto a bacia hidrográfica do Paraná.

APRENDER A...

Fazer e ler um gráfico de barras

Um gráfico é uma representação que ajuda a estabelecer relações entre dados de um assunto. Uma forma bem simples de representação é feita por **gráficos de barras**. Neles, os diferentes tamanhos das barras representam os valores dos dados estudados.

Na tabela à direita (em cima) estão os dados obtidos em um estudo sobre o consumo de água nas atividades cotidianas em uma residência comum.

No gráfico, a linha horizontal indica diferentes situações de uso da água.

As barras verticais representam o quanto (em porcentagem) se gasta de água para a realização de cada atividade. Assim, quanto maior a quantidade de água usada para a realização de uma atividade, maior a altura da barra que a representa.

Usos da água em residências	
Usos	Consumo (em %)
Higiene corporal	40
Cozinha (incluindo a lavagem de louça)	21
Lavagem de roupa	24
Limpeza doméstica	15

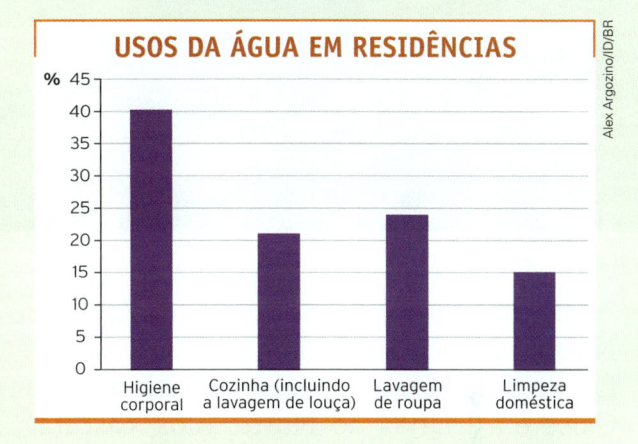

USOS DA ÁGUA EM RESIDÊNCIAS

(gráfico de barras mostrando: Higiene corporal ≈ 40%, Cozinha (incluindo a lavagem de louça) ≈ 21%, Lavagem de roupa ≈ 24%, Limpeza doméstica ≈ 15%)

Construindo

Veja como construir o diagrama de barras

Para construir um gráfico de barras, devemos seguir alguns passos.

1. Construa uma escala marcando o valor máximo (40%) em uma linha vertical. Nesse exemplo, os valores da tabela aparecem em porcentagem, mas em outros casos podem aparecer como valores absolutos.
2. Se o valor máximo marcado no eixo vertical é de 40%, a metade será 20%, e sua quarta parte será 10%. Seguindo esse critério, represente todos os valores da tabela nessa escala.
3. Se preferir, para facilitar a visualização, trace linhas horizontais paralelas a partir da indicação dos valores na escala.
4. Para cada um dos diferentes usos da água, constrói-se uma barra com a altura correspondente ao dado da tabela e usando a escala lateral (de 0 a 45%) como referência.

■ Atividades

1. Observe os dados da tabela abaixo. Eles representam a distribuição do consumo de água no mundo, de acordo com a seguinte divisão:
   - Uso urbano: consumo doméstico e no setor de serviços urbanos (escolas, supermercados, limpeza de ruas, irrigação de jardins, entre outros).
   - Uso industrial: processos industriais.
   - Uso agrícola: irrigação de lavouras, reservatórios de água para geração de energia elétrica, entre outros.

   a) Agora, tomando como base os dados da tabela ao lado, construa um gráfico de barras.
   b) Analisando a distribuição do consumo de água no mundo, crie hipóteses para explicar o perfil observado.

Distribuição do consumo de água no mundo		
Uso urbano	Uso industrial	Uso agrícola
9%	18%	73%

Fonte de pesquisa: D. Smith. *Atlas da situação mundial*. São Paulo: Companhia Editora Nacional, 2007. p. 38.

VIAJANDO PELO MUNDO — Escócia

Castelo de Urquhart e o lago Ness, em 2006.

Banhada pelas águas do oceano Atlântico e do mar do Norte, a Escócia localiza-se na ilha da Grã-Bretanha. O país faz parte do Reino Unido, bem como a Inglaterra, o País de Gales e a Irlanda do Norte. Rios, cascatas, montanhas, ilhas e lagos compõem suas paisagens naturais.

Em um dos seus lagos, a Escócia guarda um grande mistério. Trata-se do monstro de *Loch Ness*. A palavra *loch* significa "lago" na língua nacional da Escócia. Assim, *Loch Ness* significa lago Ness. Mas e o monstro?

O primeiro registro sobre uma estranha criatura habitante desse lago data do ano 565. Naquela ocasião, conta-se que um missionário irlandês estava atravessando o lago num barco quando foi surpreendido por uma criatura monstruosa. A criatura recuou e mergulhou novamente quando o missionário fez o sinal da cruz. A partir daí, contos e superstições passaram a envolver esse lago de águas escuras e geladas situado cerca de 16 metros acima do nível do mar.

Jornalistas, fotógrafos, cineastas, cientistas e milhares de turistas já propuseram explicações ou buscaram indícios para a existência do monstro. Para isso, estiveram principalmente nas ruínas do castelo de Urquhart, um dos melhores pontos de observação do *Loch Ness*.

Lenda ou realidade, o fato é que a existência de um monstro no lago Ness nunca foi provada ou documentada de forma incontestável. Mas o turismo na Escócia continua, e todos que visitam o lago têm a esperança de ver o monstro de *Loch Ness*.

ESCÓCIA – POPULAÇÃO URBANA E RURAL

89% — 11%

Fonte de pesquisa: B. Badie e S. Tolotti. *L'état du monde 2008*: annuaire économique et géopolitique mondial. Paris: La Découverte, 2007. p. 381.

Edimburgo, capital da Escócia, em 2011.

De olho no texto

1. Que elementos compõem as paisagens naturais da Escócia?
2. Em sua opinião, por que o monstro do lago Ness atrai pessoas de todo o mundo?

LENDO GEOGRAFIA

ANTES DE LER

- Com base no título do texto e na imagem que o acompanha, levante hipóteses sobre o tema central do documento abaixo.
- A fonte do texto é um jornal francês. Em sua opinião, por que o tema indicado no título é de interesse internacional?

Haverá água para todos?

Nos últimos sessenta anos, a população mundial duplicou. No mesmo período, o consumo de água pelas diferentes atividades humanas aumentou em sete vezes, enquanto a quantidade de água existente permaneceu igual. Aumentou, na mesma proporção, a degradação deste recurso fundamental para o desenvolvimento de todas as formas de vida na Terra. A deterioração e o uso excessivo têm relação direta com o homem, em especial com o crescimento e a diversificação das atividades agrícolas e industriais, aumento da urbanização e intensificação de atividades humanas nas bacias hidrográficas. A combinação do desperdício da água com a poluição dos mananciais – com exceção das regiões do planeta em que há limitações naturais – é a principal razão da escassez da água já ser um problema real para boa parte da população mundial, em especial para a que vive nas grandes cidades do planeta.

Estudos recentes alertam que 2,6 bilhões de pessoas [...] não têm acesso a saneamento adequado e 1 bilhão não tem acesso à água de boa qualidade. Ao contrário do que se pode pensar, parcela significativa desta população não está em áreas remotas, mas sim nas grandes cidades, onde vive metade da população mundial, ou 3,3 bilhões de pessoas. Até 2025, as previsões apontam para um aumento de 2 bilhões de pessoas na população do planeta. Esse crescimento se dará principalmente nas cidades dos chamados "países em desenvolvimento". O aumento da população urbana aliado à poluição e ao mau uso da água compõem um quadro preocupante. Garantir água de boa qualidade nas grandes cidades será um dos principais desafios deste século.

Le monde diplomatique. Brasil, ano 2, n. 6, jan. 2008. p. 4.

A represa Billings é o maior reservatório de água de São Paulo (SP). O inchaço urbano provoca a ocupação desordenada de suas margens e vem poluindo esse manancial que abastece a população do município. Foto de 2011.

De olho no texto

1. Cite alguns fatores que, segundo o texto, se relacionam à escassez de água potável em nosso planeta.
2. Reflita sobre as atitudes que devem ser tomadas para aumentar a oferta de água potável no mundo e apresente suas conclusões.

FAZENDO GEOGRAFIA

Representação de elementos com distribuição irregular

Muitas das informações comumente representadas em mapas se referem a elementos e fenômenos (naturais ou sociais) que ocorrem ou se apresentam distribuídos irregularmente no espaço. Para representar a distribuição irregular, não basta demonstrar a localização dos elementos, mas indicar, por meio de recursos visuais, a proporção ou a quantidade de elementos presentes em cada parte do espaço mapeado. Observe o exemplo do mapa do consumo mundial de água.

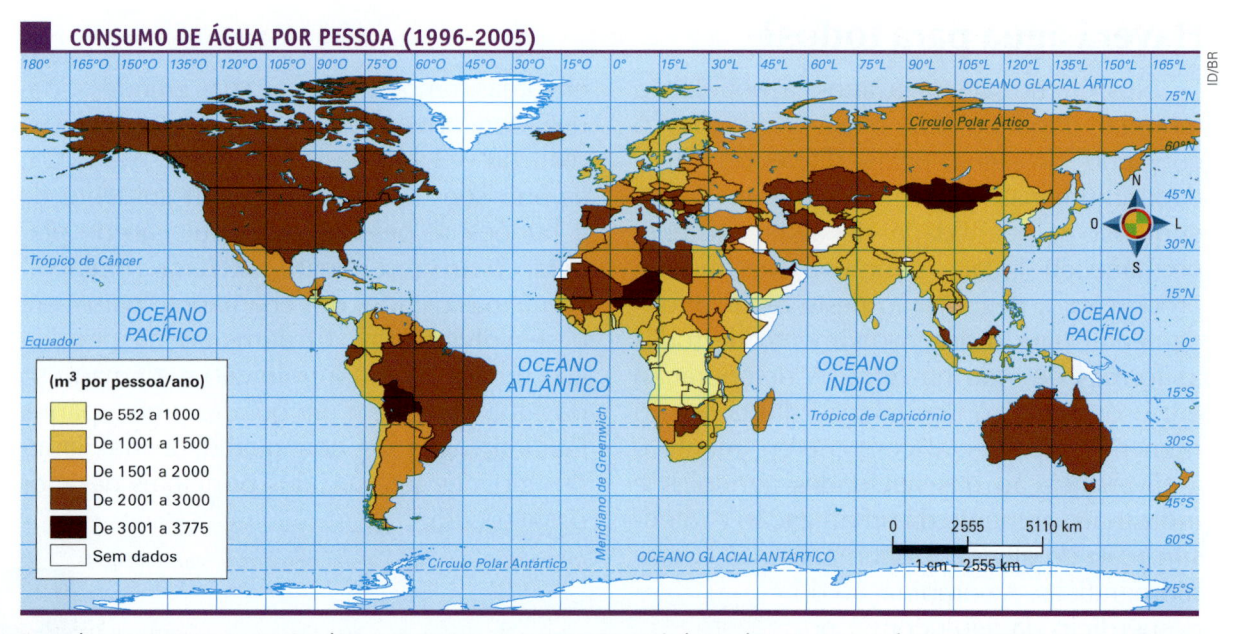

CONSUMO DE ÁGUA POR PESSOA (1996-2005)

(m^3 por pessoa/ano)
- De 552 a 1000
- De 1001 a 1500
- De 1501 a 2000
- De 2001 a 3000
- De 3001 a 3775
- Sem dados

Fonte de pesquisa: Unesco. National Water Footprints. Maio 2011. Disponível em: <http://www.waterfootprint.org/Reports/Report50-NationalWaterFootprints-Vol2.pdf>. Acesso em: 18 jun. 2014. (Ver nota da página 36.)

Nele existe uma **legenda** que explica algumas das informações contidas nessa representação. Cada cor simboliza uma quantidade diferente de consumo de água dos países na indústria, na vida doméstica e na agricultura. A cor marrom-escura, por exemplo, representa os países que mais consomem água no mundo. Nesses países o consumo total dividido pelo número de habitantes supera 50 000 m^3 de água por ano.

Entre esses países encontramos Peru, Butão e Papua-Nova Guiné, que possuem áreas com clima relativamente seco e que dependem da irrigação para a prática da agricultura. Além disso, nesses países, quando o consumo de água é dividido pelo número de habitantes, nota-se que, por causa do baixo contingente populacional, o índice é elevado.

É por isso que Estados Unidos e China, países altamente industrializados e que consomem grandes quantidades de água, por terem população muito numerosa, apresentam índices de consumo mais baixos.

A cor laranja representa os países com baixo consumo de água (média de menos de 1 000 m^3 de água por pessoa ao longo de um ano). Observando a distribuição dessa cor no mapa, percebemos com clareza que no continente africano se encontra a maioria dos países que apresentam baixo consumo de água. Isso se explica porque grande parte da população desses países vive sem água encanada e o emprego de mecanismos de irrigação na agricultura é muito pequeno.

Além das cores, todo mapa pode apresentar variáveis visuais, como símbolos, linhas ou pontos, que permitem que as informações divulgadas sejam facilmente reconhecidas pelos leitores.

No mapa a seguir, também temos a distribuição de informações referentes à água. Nesse caso, está sendo considerada a disponibilidade de água em relação à quantidade de pessoas que habita cada país.

Do mesmo modo que o mapa da página anterior, neste as cores também representam diferentes valores (quantidade média de água por habitante ao longo de um ano). As cores adotadas são consideradas quentes, variando do amarelo ao vermelho. Quanto mais quente a cor, maior a disponibilidade de água por pessoa no país. Portanto, os países representados com a cor vermelha são aqueles cuja população mais dispõe de água; em contraposição, os representados com a cor amarela são aqueles com menos água por habitante.

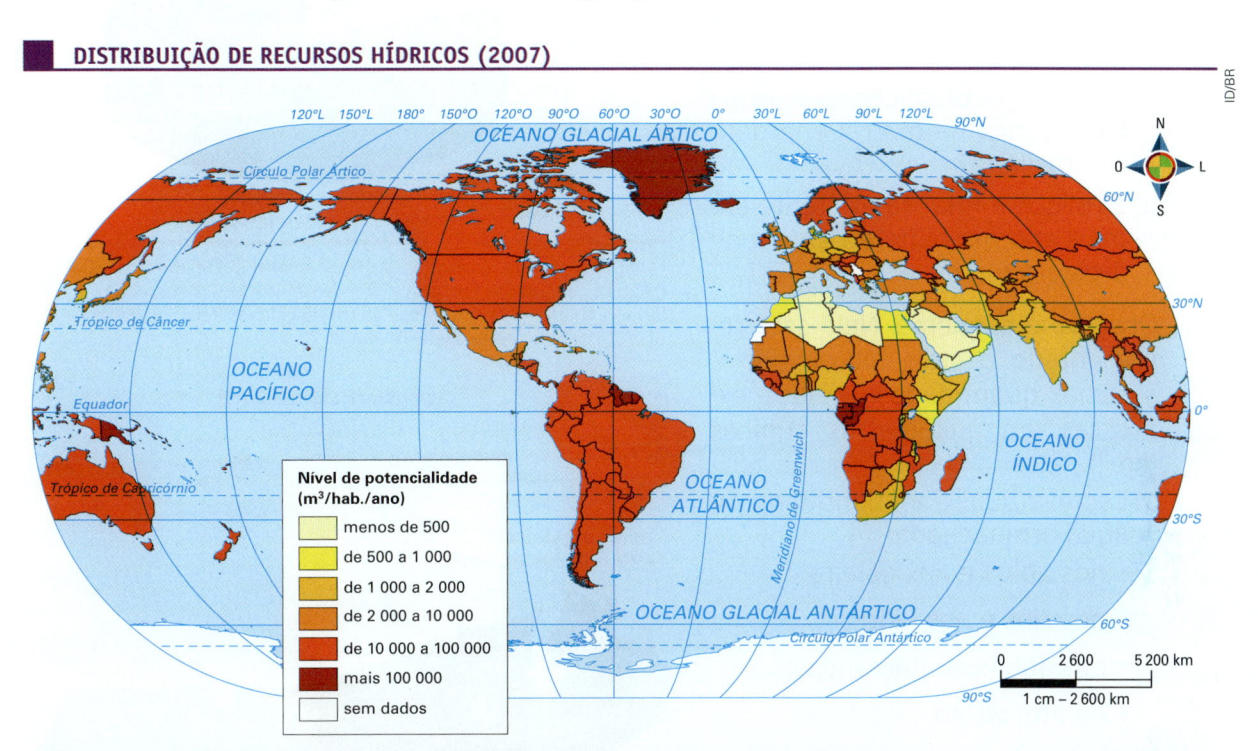

DISTRIBUIÇÃO DE RECURSOS HÍDRICOS (2007)

Nível de potencialidade (m³/hab./ano)
- menos de 500
- de 500 a 1 000
- de 1 000 a 2 000
- de 2 000 a 10 000
- de 10 000 a 100 000
- mais 100 000
- sem dados

Fonte de pesquisa: *Atlas geográfico escolar*. Rio de Janeiro: IBGE, 2009. p. 66. (Ver nota da página 36.)

Comparando esse mapa com o da página anterior, podemos perceber que nem todo país que dispõe de muita água consta entre os que mais consomem e que nem todo país que apresenta grande consumo dispõe de grande quantidade de água. A disponibilidade desse recurso natural depende da existência de rios, lagos, lençóis freáticos e outras fontes. O consumo está relacionado não apenas à capacidade tecnológica para captar, tratar e distribuir a água para a população, mas também ao grau de desenvolvimento do país.

Por fim, ao analisar os dois mapas é preciso levar em consideração que os valores são calculados estabelecendo médias, ou seja, fazendo a divisão do consumo total ou da disponibilidade total de água pelo número de habitantes de cada país. Isso pode gerar distorções de interpretação, uma vez que dentro de cada país também pode haver distribuição irregular da disponibilidade e do consumo de água.

■ Atividades

1. Com o auxílio de um atlas geográfico, analise o mapa da página anterior e identifique, em cada continente, no mínimo um país que conste entre os que mais consomem água, segundo as médias anuais por habitante.

2. Comparando os dois mapas, aponte um país que apresenta:
   a) grande consumo e modesta disponibilidade de água;
   b) pequeno consumo e grande disponibilidade de água.

QUESTÕES GLOBAIS

1. Observe o gráfico sobre a matriz energética brasileira e resolva as questões.

    a) Quais são as fontes de energia predominantes no Brasil?

    b) Estabeleça a relação entre essa matriz energética e as águas dos oceanos.

    c) Qual é a participação da energia hidrelétrica na matriz energética brasileira?

    d) Explique a relação existente entre a energia hidrelétrica e a hidrosfera terrestre.

MATRIZ ENERGÉTICA BRASILEIRA (2009)

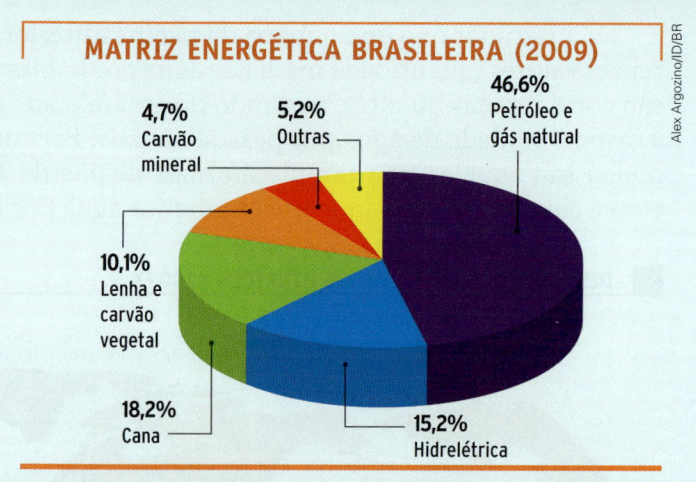

- 46,6% Petróleo e gás natural
- 5,2% Outras
- 4,7% Carvão mineral
- 10,1% Lenha e carvão vegetal
- 18,2% Cana
- 15,2% Hidrelétrica

Fonte de pesquisa: Balanço energético nacional 2010: ano-base 2009. Empresa de Pesquisa Energética. Rio de Janeiro: EPE, 2010. p. 34. Disponível em: <https://ben.epe.gov.br/downloads/Relatorio_Final_BEN_2010.pdf>. Acesso em: 18 jun. 2014.

2. Observe o esquema. Nele está representado o ciclo hidrológico e algumas quantidades de água expressas em quilômetros cúbicos (km^3).

    a) Escreva qual é a quantidade de água armazenada:
    - nos polos e nas geleiras;
    - nos rios e nos lagos;
    - nas águas subterrâneas;
    - na atmosfera.

    b) Onde se localiza o maior volume de água?

    c) Onde se localiza o menor volume de água?

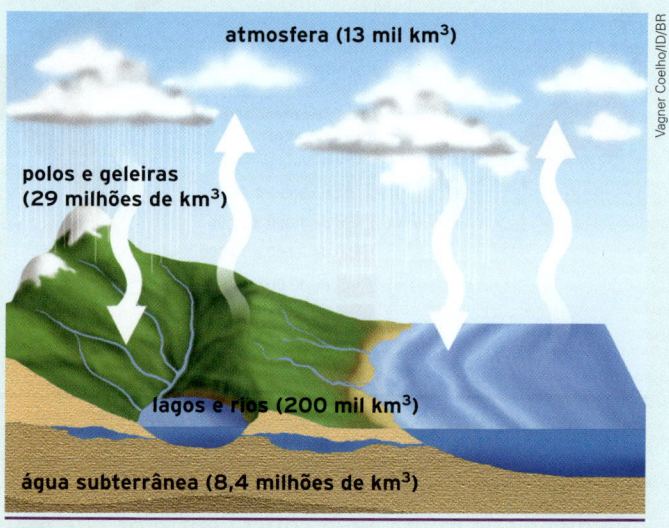

- atmosfera (13 mil km^3)
- polos e geleiras (29 milhões de km^3)
- lagos e rios (200 mil km^3)
- água subterrânea (8,4 milhões de km^3)

NOTA
Esquema em cores-fantasia.

3. Veja o mapa ao lado.

    a) Quais estados apresentavam, em 2009, a menor porcentagem de residências com acesso à rede de esgoto?

    b) Cite três unidades da federação que apresentavam maior porcentagem de residências com acesso à rede de esgoto.

    c) Explique qual é a importância do tratamento de esgoto para a população.

ACESSO À REDE DE ESGOTO (2009)

% dos domicílios ligados à rede geral de esgotos
- Até 20
- De 21 a 50
- De 51 a 80
- Mais de 80

Fonte de pesquisa: *Síntese dos indicadores sociais*, 2010. IBGE.

4. Reúna-se com alguns colegas. Considerando o que vocês aprenderam no capítulo, escrevam um pequeno texto falando sobre as consequências sociais, ambientais e econômicas da diminuição da oferta de água potável no mundo.

Síntese

A hidrosfera terrestre

A água na Terra
- A hidrosfera é formada por toda a água presente no planeta.
- A quantidade de água na Terra é sempre a mesma; o que muda é seu estado físico: sólido, líquido ou gasoso.
- As mudanças de estado físico da água, que acontecem permanentemente, são chamadas de ciclo hidrológico, ou ciclo da água.
- As águas presentes na Terra são classificadas em águas oceânicas e águas continentais.

O uso das águas oceânicas
- A pesca e a extração de petróleo são as atividades econômicas mais frequentes nos oceanos e mares.
- A pesca predatória é realizada sem respeitar o ciclo de vida dos cardumes. A aquicultura dedica-se à criação de peixes em cativeiro.
- A extração de petróleo e gás natural muitas vezes ocorre em subsolo oceânico de águas profundas.
- Atualmente cerca de 90% do fluxo de cargas é realizado por transporte marítimo.
- Os principais poluentes das águas oceânicas são os esgotos domésticos e industriais e os vazamentos de petróleo.

As águas continentais
- As águas continentais encontram-se desigualmente distribuídas no planeta Terra.
- Os rios são cursos regulares de água que desembocam no mar, em um lago ou em outro rio.
- Bacia hidrográfica é a porção do território formada por um rio principal e todos os seus afluentes.
- Aquíferos e lençóis de água são reservatórios de água subterrâneos.
- O desmatamento e o assoreamento dos rios contribuem para a diminuição da oferta de água potável.
- Nas regiões pobres do planeta, os investimentos em saneamento básico são inferiores aos das regiões ricas.

[PARA SABER MAIS]

Livro
Pelos caminhos da água, de Cristina Strazzacappa e Valdir Montanari. São Paulo: Moderna. Esse livro trata de questões como abastecimento, saneamento básico e recursos hídricos e toma como referencial a preservação dos ecossistemas, visto que nos dias de hoje esse tema se tornou uma questão de interesse mundial.

Sites
<http://www.amigodaagua.com.br/>
Site dedicado à água, possui farto material para pesquisa sobre hidrografia.

<http://www.canalkids.com.br/meioambiente/planetaemperigo/planeta.htm>
Site que traz informações sobre a distribuição da água na Terra e os problemas ambientais relacionados a sua poluição e escassez.
Acessos em: 18 jun. 2014.

A atmosfera é uma camada da Terra que, associada a outros fatores, permite a existência dos seres vivos. Estudar os fenômenos da natureza, como o tempo atmosférico e o clima, ajuda a sociedade a planejar suas atividades e a controlar a poluição do ar.

A atmosfera terrestre

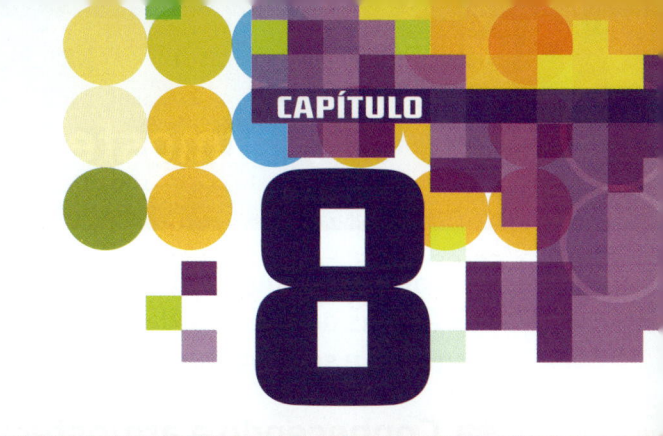

CAPÍTULO 8

O QUE VOCÊ VAI APRENDER

- A importância da atmosfera e seu funcionamento
- Elementos da atmosfera
- Dinâmicas climáticas
- Poluição atmosférica e suas consequências

CONVERSE COM OS COLEGAS

Observe a foto. Ela mostra uma porção de pipas no ar. Podemos ver o céu claro e sem nuvens e imaginar um tempo muito agradável.

1. Em sua opinião, as condições do tempo influenciam nossas atividades cotidianas? Explique sua resposta.
2. Para você, quais são as condições do tempo ideais para brincar de pipa?
3. Você já consultou a previsão do tempo para planejar alguma atividade? Qual?
4. Quais são as características do clima no estado em que você vive?
5. Por que é importante conhecer o clima de determinado lugar?

A pipa também é conhecida por arraia, papagaio, quadrado, cafifa ou pandorga, dependendo da região do Brasil. Foto de New Jersey, EUA, 2010.

MÓDULO 1 — A atmosfera

É a atmosfera que controla a temperatura e a umidade do planeta. Combinada às dinâmicas da litosfera, da hidrosfera e da biosfera, ela permite que a vida se desenvolva e se mantenha na Terra.

●●● Conhecendo a atmosfera

A atmosfera terrestre tem mais de 800 quilômetros de espessura e é formada por gases como o oxigênio (21%) e o nitrogênio (78%), importantes para a existência da vida na Terra. O restante, 1%, corresponde a vapor de água e outros gases, entre eles o gás carbônico.

Além de conter o ar que respiramos, a atmosfera filtra grande quantidade dos raios solares prejudiciais à vida e mantém a temperatura do planeta equilibrada. Apenas pouco mais da metade dos raios solares atinge a superfície terrestre. A outra parte é absorvida, difundida e refletida na atmosfera. A quantidade de radiação recebida é chamada de **insolação**.

A composição da atmosfera varia, entre outros fatores, de acordo com a altitude em relação à superfície da Terra.

A atmosfera terrestre divide-se em camadas. A mais próxima da superfície é a troposfera, onde se concentram aproximadamente 75% dos gases da atmosfera. É nessa camada que ocorrem fenômenos como ventos, chuvas e formação de nuvens, entre outros.

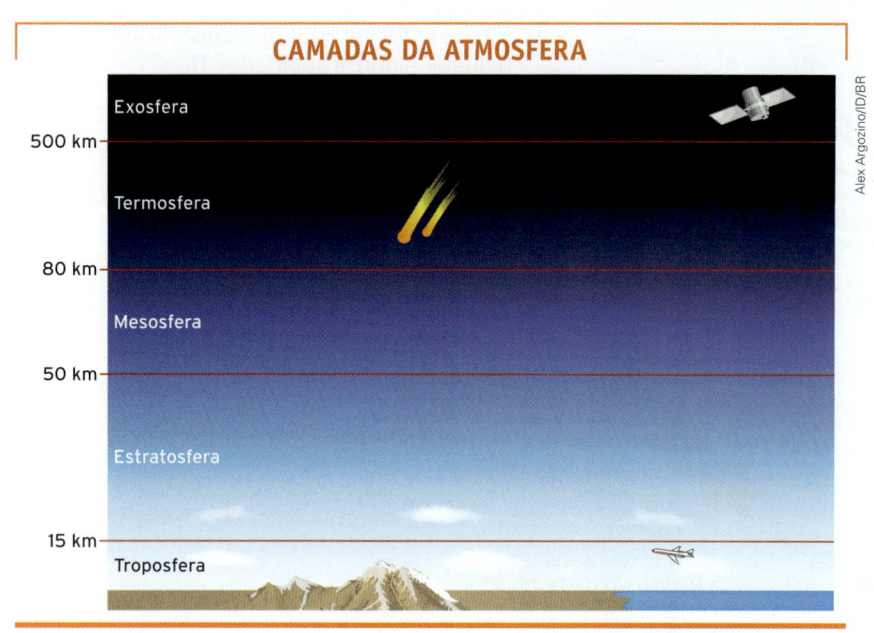

A exosfera

A **exosfera**, camada mais externa da atmosfera terrestre, faz contato com o espaço exterior. Suas temperaturas variam de 1200 °C a 1700 °C.

Para atravessar essa camada, as naves espaciais, que sofrem forte atrito com a atmosfera, precisam ser construídas com materiais resistentes a altas temperaturas.

Lançamento do ônibus espacial Atlantis, em 2010.

CAMADAS DA ATMOSFERA

- 500 km — Exosfera
- 80 km — Termosfera
- 50 km — Mesosfera
- 15 km — Estratosfera
- Troposfera

Fonte de pesquisa: UENF – Universidade Estadual do Norte Fluminense. Disponível em: <http://www.uenf.br/uenf/centros/cct/qambiental/ar_estrutcomp.html>. Acesso em: 18 jun. 2014.

NOTA
Esse esquema não obedece à escala real das camadas da atmosfera nem dos tamanhos dos objetos representados.

O tempo atmosférico e o clima

Apesar de a maioria das pessoas considerar as palavras **tempo** e **clima** como sinônimas, elas têm significados diferentes. Esses fenômenos se diferenciam pela duração e pela extensão da área em que atuam.

Quando dizemos que o dia está frio, estamos nos referindo ao **tempo atmosférico**. Este é um estado da atmosfera em um local da superfície terrestre em determinado momento.

O tempo atmosférico pode mudar rapidamente, de um dia para outro ou mesmo de uma hora para outra. Na foto, nuvens de tempestade na China, em 2011.

Quando dizemos que determinado país é muito frio, estamos nos referindo ao **clima**. Clima é o conjunto das situações atmosféricas mais recorrentes na região. Para determiná-lo, é necessário observar as características do tempo atmosférico durante um período de, pelo menos, trinta anos.

O clima pode ser um fator determinante do turismo de uma região. O sol, presente quase o ano inteiro, atrai muitos turistas às praias do litoral da Região Nordeste. Na foto, banhistas em Tibau do Sul (RN), 2011.

Cada lugar do planeta apresenta um conjunto de características do tempo, principalmente de **temperatura** e **precipitação**, que se repetem com certa regularidade em determinados períodos do ano.

Normais climatológicas

As **normais climatológicas** são as médias dos valores de temperatura, precipitação, pressão atmosférica, evaporação e umidade relativa do ar, entre outras coisas. As médias são calculadas com base nos valores desses parâmetros meteorológicos em um intervalo de tempo de trinta anos.

No Brasil, o primeiro intervalo considerado foi entre 1931 e 1960; o segundo ocorreu entre 1961 e 1990. Hoje, os valores são medidos pelas 27 estações do Instituto Nacional de Meteorologia (Inmet). Esse levantamento possibilita detectar diferenças entre as médias das condições do clima dos lugares e também observar se as condições climáticas sofreram alterações de um período para outro.

••• A previsão do tempo

Desde a Antiguidade, os seres humanos vêm observando as características do tempo com o objetivo de planejar suas atividades diárias e agrícolas, além de prever mudanças repentinas das condições atmosféricas. Com o avanço da tecnologia, os cientistas criaram equipamentos capazes de fazer a **previsão do tempo**.

A previsão do tempo tornou-se fundamental para atividades como agricultura, turismo, transportes aéreo e marítimo, etc. A ciência que estuda a atmosfera e seus fenômenos é a **meteorologia**. Dados relacionados à variação das temperaturas, da umidade do ar e da pressão atmosférica de várias localidades são coletados e depois analisados por meteorologistas.

Atualmente, a previsão do tempo é feita com dados obtidos por meio de tecnologias avançadas, como os satélites meteorológicos. Fenômenos atmosféricos, como as chuvas, as tempestades, os furacões, os tornados, entre outros, podem ser previstos por equipamentos sofisticados, com os quais é possível presumir a rota de furacões, a intensidade das chuvas e as grandes tempestades de chuva ou neve. Essas informações são importantes para alertar a população, permitindo que as pessoas se preparem para enfrentar esses fenômenos, diminuindo os riscos de prejuízos e a perda de vidas.

A previsão do tempo é importante para as atividades agrícolas, pois auxilia o agricultor, por exemplo, a decidir o melhor momento para o plantio e a colheita. Na foto, colheita de abacaxi na Costa Rica, em 2007.

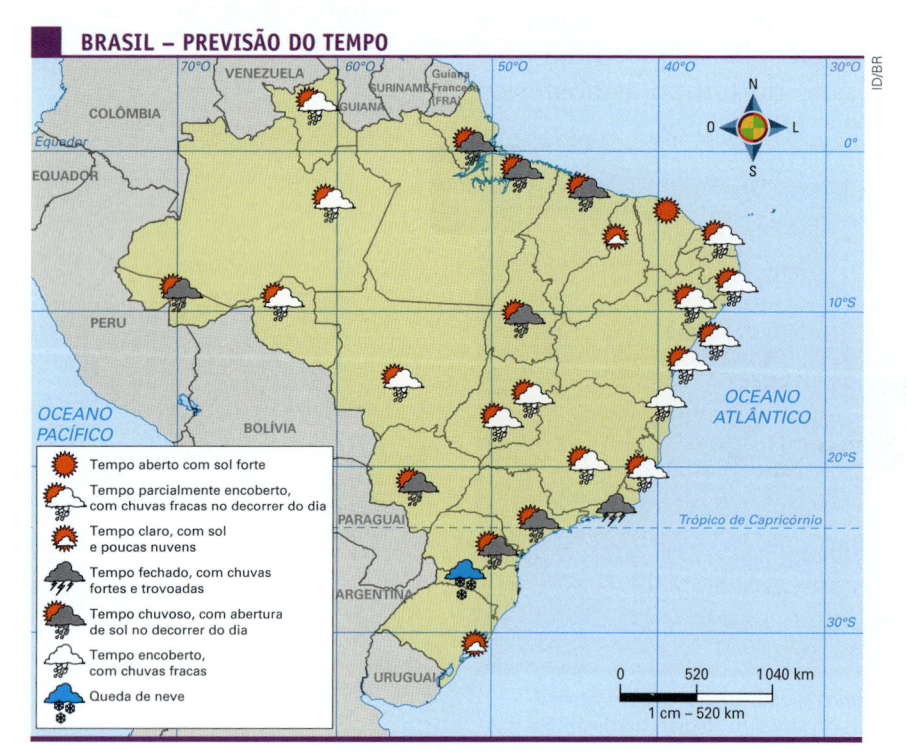

Fonte de pesquisa: Climatempo. Disponível em: <http://www.climatempo.com.br>. Acesso em: 18 jun. 2014.

NOTA
Esse mapa foi elaborado com base em imagens de satélite. Mapas assim apresentam informações do tempo atmosférico do país.

Verifique o que aprendeu •••

1. Quais são as camadas da atmosfera?
2. Por que a atmosfera é tão importante para a vida na Terra?
3. Defina clima e tempo.
4. Como é feita a previsão do tempo?

ATIVIDADES

1. Numa folha avulsa, desenhe uma paisagem para ilustrar os fenômenos meteorológicos que você conhece. Depois, exponha sua ilustração aos colegas e explique-a.

2. Descreva o clima do local onde você mora. Como ele interfere em suas atividades diárias?

3. Leia o texto e responda às questões.

   > O ar seco e quente garante sol e calor em praticamente todo o Nordeste, ainda sem chuva. A umidade mais elevada causa pancadas de chuva a partir da tarde no oeste e no sul do Maranhão. No litoral leste, também chove de forma passageira.

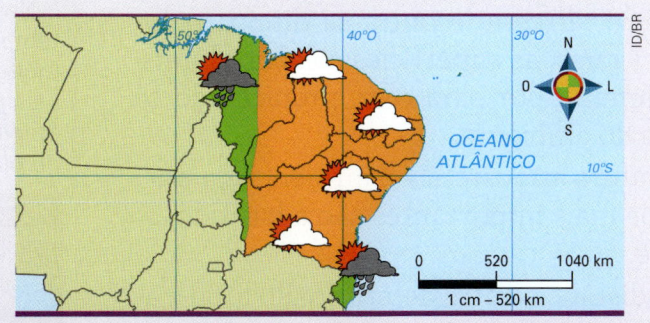

   Fonte: Climatempo. Disponível em: <http://www.climatempo.com.br>. Acesso em: 18 jun. 2014.

   a) Que tipo de informação o texto e o mapa fornecem? Explique sua resposta.
   b) Com base em sua resposta ao item anterior, dê um título para esse mapa.

4. Leia o texto e identifique as referências ao tempo e ao clima.

   > Faz três dias que não podemos ir à praia: faz frio, o céu está coberto de nuvens e chove sem parar. É muito estranho, porque esta vila está situada em uma zona em que os verões são quentes e secos.

5. Com base no que você estudou e nas imagens a seguir, faça uma redação que contenha algumas hipóteses sobre o tipo de técnica ou tecnologia que pescadores e marinheiros utilizam para a navegação.

   Pescadores em áreas próximas à costa brasileira, na baía de Guanabara (RJ). Foto de 2007.

   Navio cargueiro no rio Negro, em Manaus (AM). Foto de 2011.

MÓDULO 2

Elementos atmosféricos

O clima é definido por uma série de elementos, como a temperatura, as precipitações, a pressão atmosférica e os ventos. Esses elementos variam de um lugar para outro, principalmente em razão da latitude, da altitude e da proximidade do mar.

●●● A temperatura

Ao incidir sobre a Terra, os raios solares atingem a superfície com intensidades diferentes. Uma parte dos raios solares é absorvida pela superfície terrestre e outra se dissipa pelo espaço. Ao absorver esses raios, as superfícies sólidas e líquidas se aquecem e transferem calor para o ar, propiciando o aumento da temperatura do ambiente.

A variação na temperatura atmosférica é influenciada por vários fatores. Alguns dos mais importantes são a latitude, a altitude e a maritimidade.

A **latitude**, ou seja, a distância entre determinado local e a linha do Equador, exerce forte influência sobre a temperatura de uma região: quanto mais próximo da linha do Equador, maior tende a ser a temperatura de um lugar. A temperatura também varia conforme a **altitude** do local: quanto maior a altitude, menor a temperatura média.

A **maritimidade**, ou seja, a distância dos lugares em relação a mares e oceanos, também influencia as temperaturas. Quanto mais perto do mar, maior a umidade e menor a **amplitude térmica**, isto é, a diferença entre a temperatura mais alta e a mais baixa de uma região durante determinado pe-ríodo. Há locais no mundo onde ocorre grande amplitude térmica e outros onde ela é muito pequena.

Os desertos

Nos desertos, as temperaturas variam muito entre o dia e a noite. Eles possuem as maiores amplitudes térmicas do planeta.

Deserto do Saara, em Marrocos. Foto de 2006.

BRASIL – TEMPERATURA MÉDIA ANUAL

Temperatura média anual*, em °C
- 27
- 24
- 21
- 18

* Considerado o período de 1931-1990.

1 cm – 475 km

Fontes de pesquisa: G. Girardi e J. V. Rosa. *Novo atlas geográfico do estudante*. São Paulo: FTD, 2008. p. 25; INMET – Instituto Nacional de Meteorologia. Disponível em: <http://www.inmet.gov.br/html/clima.php#>. Acesso em: 18 jun. 2014.

••• As precipitações

Como vimos, o ar contém vapor de água proveniente dos oceanos, dos rios, dos lagos, das plantas e de outras fontes. O vapor de água, quando atinge certa altitude, se condensa formando as nuvens.

As chuvas não ocorrem na mesma quantidade e frequência em todos os pontos da Terra. Observe no mapa a seguir a distribuição das precipitações pelo território brasileiro.

BRASIL – PRECIPITAÇÃO MÉDIA ANUAL

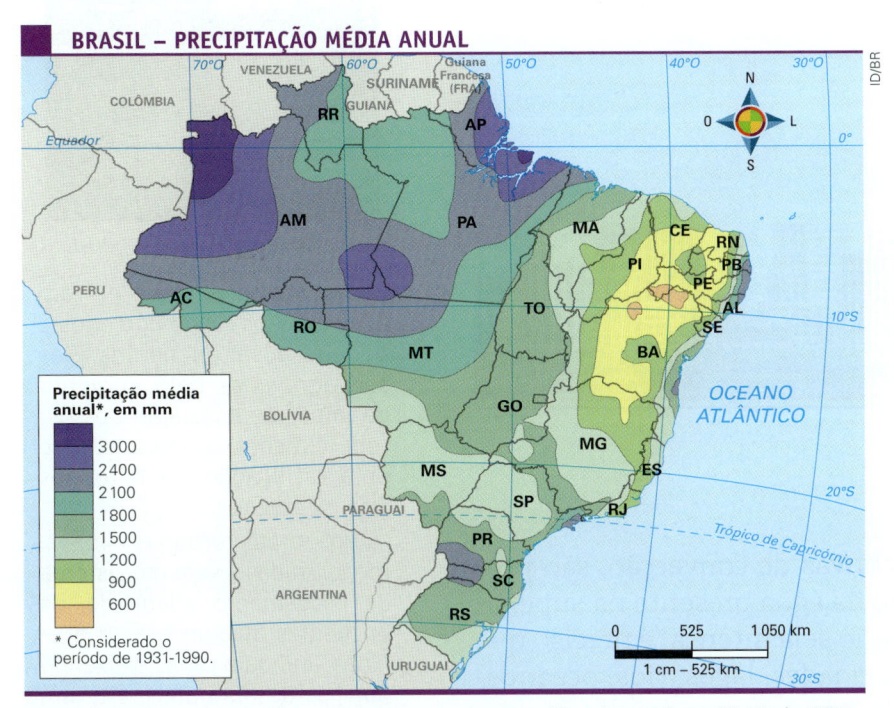

Precipitação média anual*, em mm: 3000, 2400, 2100, 1800, 1500, 1200, 900, 600.
*Considerado o período de 1931-1990.

Fontes de pesquisa: G. Girardi e J. V. Rosa. *Novo atlas geográfico do estudante*. São Paulo: FTD, 2008. p. 25; INMET– Instituto Nacional de Meteorologia. Disponível em: <http://www.inmet.gov.br/html/clima.php#>. Acesso em: 18 jun. 2014.

O granizo

Em dias quentes, quando o vapor formado pode atingir camadas muito elevadas e frias da atmosfera, é possível ocorrer a formação e a precipitação de pedras de gelo de tamanhos variados, em vez de gotículas de água.

Essas pedras de gelo, também chamadas de granizo, podem quebrar vidros de carros e de casas, destruir plantações, etc.

Rua tomada por gelo após chuva de granizo na cidade de Guarulhos (SP), 2010.

Tipos de chuva

Há três tipos de chuva: as **orográficas**, as **frontais** e as de **convecção**.

Chuvas orográficas

As chuvas orográficas ocorrem quando o vento carregado de umidade encontra algum obstáculo natural e por isso sobe. Esses obstáculos podem ser morros, serras ou montanhas.

Sabemos que a temperatura do ar cai conforme ele se eleva na atmosfera. Assim, o vapor de água presente no ar que sobe se condensa, formando gotículas de água que caem sob a forma de chuva.

No Brasil, as chuvas orográficas ocorrem sobretudo quando os ventos que chegam do oceano Atlântico carregados de umidade encontram as escarpas das serras, em especial nas regiões Sudeste e Nordeste do país.

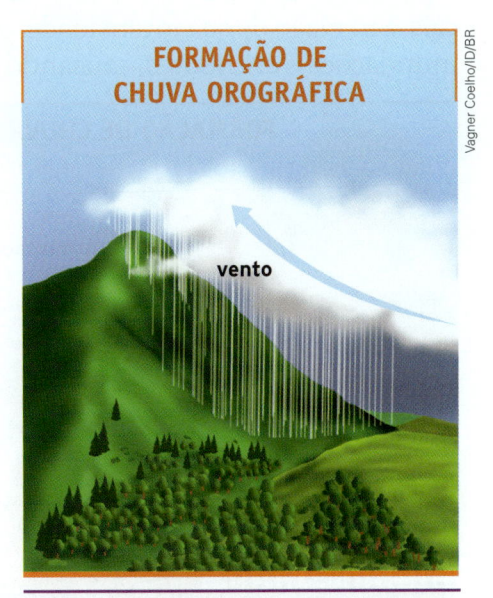

FORMAÇÃO DE CHUVA OROGRÁFICA

vento

NOTA
Figura em cores-fantasia.

Chuvas frontais

Quando duas massas de ar com diferentes temperaturas (uma quente e outra fria) se encontram, formam as chuvas frontais, ou chuvas de frente. A massa de ar frio tende a descer; já a massa de ar quente, que é mais leve, sobe, se resfria e se condensa, causando precipitações.

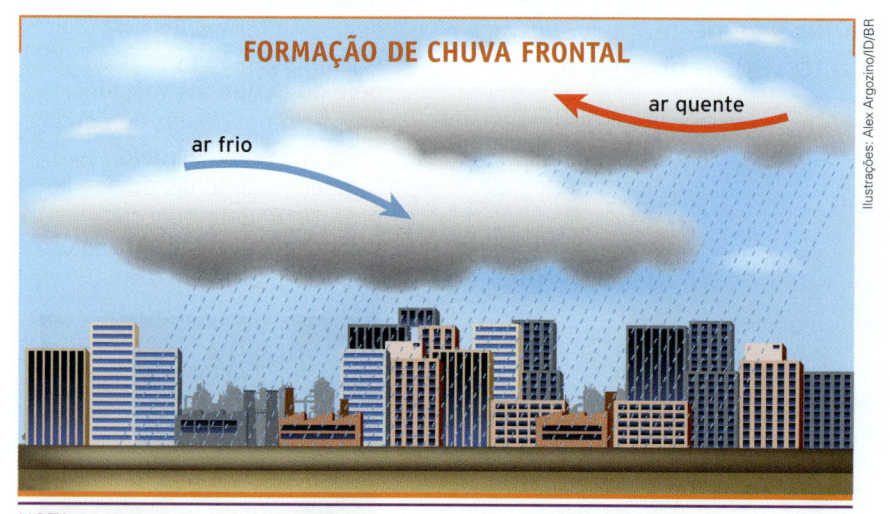

FORMAÇÃO DE CHUVA FRONTAL

NOTA
Figura em cores-fantasia.

Chuvas de convecção

As chuvas convectivas, ou chuvas de convecção, são provocadas pela intensa evaporação da água presente na superfície terrestre. Para que a evaporação seja intensa, é preciso que a superfície terrestre (florestas, cidades, lagos, rios, oceanos) seja aquecida. Assim, o ar úmido e quente que resulta da evaporação sobe, a umidade se condensa e ocorre a precipitação.

As chuvas de convecção costumam acontecer em climas equatoriais e, durante o verão, nas zonas temperadas e tropicais. Em razão de sua intensidade, essas chuvas podem provocar inundações e enchentes, causando danos e prejuízos materiais.

FORMAÇÃO DE CHUVA DE CONVECÇÃO

condensação

evaporação

NOTA
Figura em cores-fantasia.

Chuvas torrenciais e enchentes

Enchente em São Paulo (SP), 2011.

Chuvas torrenciais elevam os níveis dos rios e córregos e podem causar enchentes. Elas são agravadas pelo aumento da impermeabilização do solo (por cimento, asfalto, etc.) e pela retificação do leito dos rios e córregos.

Nas áreas urbanas, impermeabilizadas e sem um sistema de escoamento adequado, as enchentes alagam ruas e avenidas, inundam casas, deixando famílias desabrigadas, e levam sujeira e doenças para a população.

I. Por que as chuvas torrenciais podem gerar enchentes? Cite exemplos desse tipo de chuva de que você já teve notícia.

II. O que acontece quando há enchente em uma cidade? Normalmente qual é a população mais atingida?

III. O que você pode fazer para evitar as enchentes?

••• A pressão atmosférica e os ventos

A pressão que o ar exerce sobre a superfície da Terra e sobre todos os corpos que se encontram em contato com ele é chamada de **pressão atmosférica**. Ela varia conforme a temperatura do ar: o ar mais frio exerce mais pressão que o quente. Varia também conforme a altitude: à medida que a altitude aumenta, a pressão atmosférica diminui.

Entre as zonas de alta e de baixa pressão atmosférica aparece uma corrente de ar que se move de áreas de alta para áreas de baixa pressão. Essa corrente é o **vento**, o ar em movimento.

Assim, o vento desloca-se sempre de uma área de alta pressão para uma área de pressão mais baixa.

As zonas polares e as zonas situadas em torno das médias latitudes são áreas de maior pressão. Os ventos tendem a se locomover dessas áreas em direção a outras zonas do planeta. Os ventos que se deslocam das áreas subtropicais para as zonas equatoriais são chamados de **alísios**. A direção dos ventos também é determinada pelo movimento de rotação da Terra.

O conjunto de ventos planetários é denominado **circulação geral da atmosfera**.

CIRCULAÇÃO GERAL DA ATMOSFERA

NOTA
Esquema em cores-fantasia.

••• Os ventos locais

Muitos deslocamentos de ar são provocados por fatores locais. É o caso das **brisas**, que ocorrem em regiões costeiras.

Durante o dia, a terra se aquece mais depressa que a água do mar; o ar dessa região esquenta e sobe. Em seu lugar chega um vento suave originado pelo ar frio do mar. Esse vento é chamado de **brisa marinha**.

Durante a noite, a terra resfria mais depressa que o mar, fazendo o ar dessa região se resfriar. O ar sobre o mar, como é mais quente, sobe, e seu lugar é ocupado pelo ar mais frio procedente da costa. Sopra, então, uma brisa da costa até o mar. Essa brisa é chamada de **brisa terrestre**.

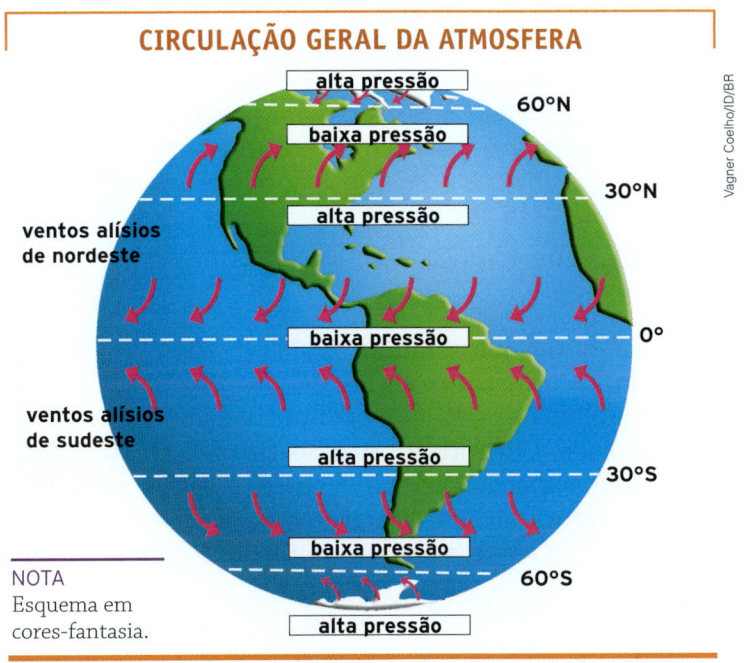

> **Verifique o que aprendeu** •••
> 1. Quais são os principais elementos que influenciam o clima?
> 2. Qual é a diferença entre as chuvas orográficas e as frontais?
> 3. Como se formam os ventos?

BRISA MARINHA

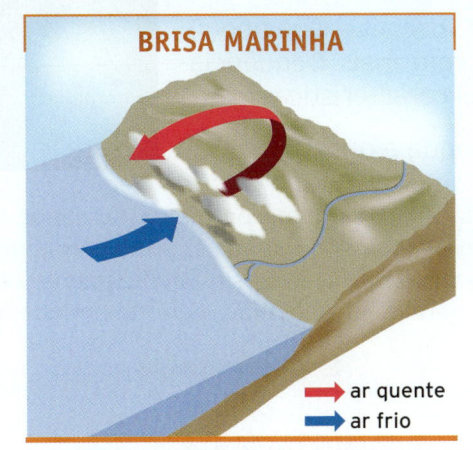

BRISA TERRESTRE

→ ar quente
→ ar frio

NOTA
Figuras em cores-fantasia.

ATIVIDADES

1. Observe a fotografia ao lado, que mostra a geração de energia eólica em Osório, no Rio Grande do Sul (RS), e responda às questões.
   a) Você sabia que é possível produzir energia a partir do vento? Conte aos colegas o que você conhece sobre esse assunto.
   b) O que é vento e como ele se movimenta?

   Aerogeradores em Osório (RS), 2008.

2. Imagine que a cidade em que você mora amanheceu com temperatura mínima de 12 °C, céu encoberto e chuviscos. Durante a tarde, o céu ficou limpo, parou de chuviscar e a temperatura atingiu a marca máxima de 26 °C. Qual é a amplitude térmica da sua cidade nesse dia?

3. Leia o texto.

   > Às vésperas do plantio da safra de grãos 2007/08, as chuvas abaixo da média histórica começam a preocupar agricultores do Centro-Oeste, do Paraná e de Minas Gerais, [...]. De acordo com levantamento da Climatempo, algumas regiões do Paraná tiveram em agosto [uma quantidade de chuvas abaixo do esperado]. Também choveu abaixo da média em Santa Catarina e no Noroeste do Rio Grande do Sul.
   >
   > Disponível em: <http://www.revistacafeicultura.com.br>. Acesso em: 18 jun. 2014.

   a) Qual é o assunto tratado no texto acima?
   b) A que tipo de atividade econômica e a que fenômeno natural o texto se refere?
   c) Quais são os problemas que a não ocorrência desse fenômeno atmosférico traz à agricultura?
   d) Levante hipóteses sobre formas de atenuar os efeitos desse tipo de problema.

4. Observe a imagem ao lado e responda:
   a) Qual é o tipo de chuva representado na imagem?
   b) Como ela se forma?
   c) Agora, pense no lugar onde você vive. Que tipo(s) de chuva você reconhece com mais frequência nesse lugar? Quais são suas características?

5. Leia a notícia a seguir e responda à questão.

   > A leptospirose é considerada um importante problema de saúde pública e pode ser adquirida pelo contato com reservatórios de animais, principalmente ratos, ou ambientes contaminados por sua urina. No Brasil, e mais especificamente no Rio de Janeiro, as epidemias da doença ocorrem geralmente no verão, período em que há maior volume de chuvas [...].
   >
   > Disponível em: <http://www.saudeemmovimento.com.br>. Acesso em: 18 jun. 2014.

   Por que a quantidade de pessoas que contraem leptospirose no Rio de Janeiro aumenta nos meses mais chuvosos?

MUNDO ABERTO

Quais são as pessoas mais atingidas pelos desastres naturais?

Hoje em dia são comuns no noticiário imagens de devastações provocadas por furacões, enchentes e desabamentos, em países pobres ou ricos. Nenhum lugar está a salvo de um desastre natural. E, com a mudança climática que ocorre no planeta, a possibilidade dessas catástrofes é cada vez maior.

Será que os desastres naturais atingem todas as pessoas da área afetada?

A resposta é não. Tanto nos países pobres como nos ricos, a população nunca é atingida igualmente pelos desastres, porque, mesmo nos países com mais recursos, as pessoas não vivem em condições iguais.

Em quase todos os países, as principais "zonas de risco" são áreas em que faltam recursos e serviços, onde as pessoas mais pobres se concentram porque não podem arcar com os custos de morar em regiões com melhor infraestrutura. São essas pessoas – que muitas vezes sofrem também discriminação racial ou outro tipo de preconceito – as mais atingidas, as que correm mais risco quando há furacões, chuvas torrenciais, enchentes e desabamentos.

Um exemplo ilustra essa realidade. Em agosto de 2005, o violento furacão Katrina, com ventos de 280 quilômetros por hora, atingiu a costa sudoeste dos Estados Unidos. Furacões como esse não são novidade na região. E os habitantes de Nova Orleans – a cidade mais atingida pelo desastre – sabiam disso: a cidade possuía um sistema de diques projetados justamente para impedir a invasão das águas. No caso de falha desse sistema, havia ainda um plano para orientar a população e amenizar o impacto.

Desastre natural e desigualdade social

No entanto, na época, o governo federal estadunidense ignorou o pedido para que fosse feita a manutenção nos diques. Além disso, não liberou o dinheiro necessário para que tal plano fosse executado. O resultado foi que, quando aquilo que era previsto aconteceu, a população foi entregue à própria sorte.

Quando soou o alerta de furacão, muitos conseguiram fugir. Mas a população mais pobre, que é também a que vive nos bairros mais sujeitos a inundação, não tinha carro, dependia do serviço público. E esse serviço não foi organizado para atendê-la. Milhares de pessoas se viram abandonadas diante da inundação.

Em Nova Orleans essa tragédia teve um aspecto particular: nos bairros mais atingidos, a população negra correspondia a 87%, e os pobres eram 50%. Segundo a opinião de uma das vítimas da catástrofe: "Se era uma emergência, eles poderiam ter mandado ônibus para retirar as pessoas, negros e brancos [...]. Mas, para os negros como eu, não havia emergência [...]".

Tragédias como a de Nova Orleans mostram que a destruição atinge pessoas que, muito antes das catástrofes, já eram vítimas de desigualdade e discriminação.

Os diques que protegiam Nova Orleans não conseguiram conter as águas, e a inundação provocada pelo furacão Katrina atingiu a maior parte da cidade, causando grande destruição. Fotografia de 2005.

■ Atividades

1. Na região em que você mora já houve alguma catástrofe natural (vento forte, inundação, desabamento)? O que aconteceu? Converse sobre esse assunto com seus colegas, com o professor e com as pessoas de sua casa. Quais as áreas mais atingidas pelo desastre?

MÓDULO 3

Dinâmicas climáticas

As mudanças no tempo atmosférico e as características do clima são determinadas por diversos fatores climáticos. Dentre eles, destaca-se o deslocamento das massas de ar.

●●● Circulação das massas de ar

Massas de ar são grandes porções de ar da atmosfera com características semelhantes de pressão, temperatura e umidade. A superfície terrestre está sob a influência de massas de ar, que se originam sobre os continentes ou oceanos e se deslocam de um lugar para outro.

As massas de ar que se originam na zona tropical são quentes, e as que se formam nas zonas polares são frias. As que se formam nas zonas temperadas terão suas características definidas de acordo com o período do ano. Se a formação ocorre sobre os mares e oceanos, elas tendem a absorver a umidade, tornando-se mais úmidas do que as que se originam nos continentes. Sobre as regiões equatoriais também se formam massas de ar úmido.

Quando as massas de ar se deslocam, levam para outras regiões características das condições de temperatura e umidade das áreas de origem. Porém, ao longo do percurso, podem-se modificar, perdendo ou ganhando umidade e tornando-se mais quentes ou mais frias. A influência das massas de ar sobre determinada região pode gerar mudanças no tempo e influenciar as características climáticas da região em que atuam.

Satélites meteorológicos

Os satélites meteorológicos são desenvolvidos e colocados na órbita terrestre para monitorar o tempo e o clima. Além da formação das nuvens, os satélites identificam as luzes das cidades, as queimadas, os efeitos da poluição, as tempestades, a poeira, as superfícies cobertas por gelo, os limites das correntes oceânicas, etc.

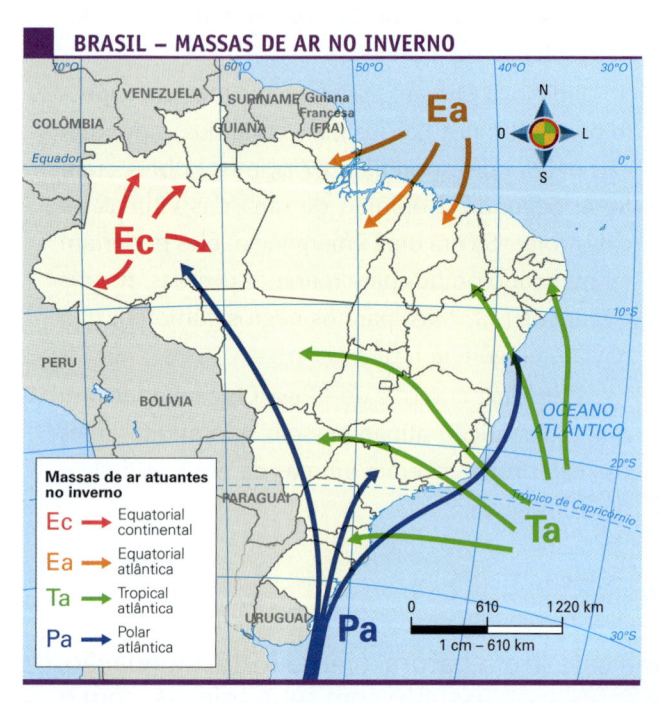

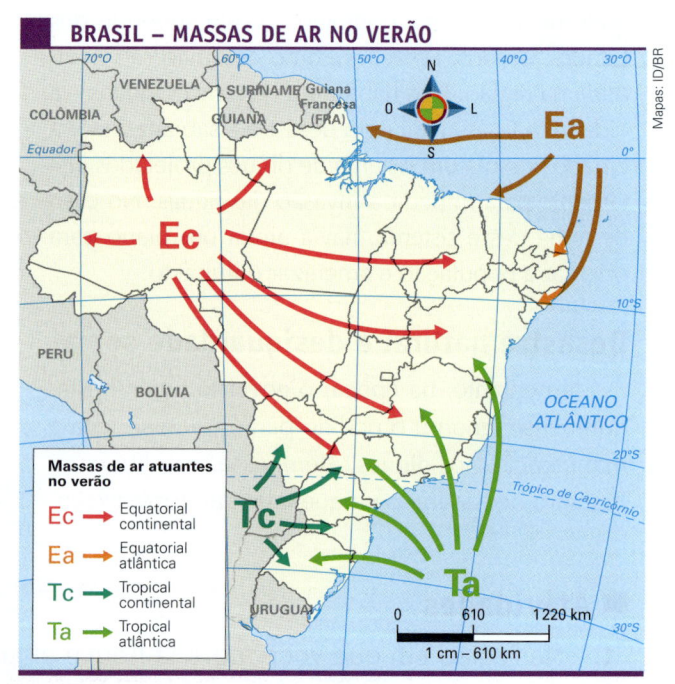

BRASIL – MASSAS DE AR NO INVERNO

Massas de ar atuantes no inverno:
- Ec → Equatorial continental
- Ea → Equatorial atlântica
- Ta → Tropical atlântica
- Pa → Polar atlântica

BRASIL – MASSAS DE AR NO VERÃO

Massas de ar atuantes no verão:
- Ec → Equatorial continental
- Ea → Equatorial atlântica
- Tc → Tropical continental
- Ta → Tropical atlântica

Fontes de pesquisa: G. Girardi e J. V. Rosa. *Novo atlas geográfico do estudante*. São Paulo: FTD, 2008. p. 25; CPTEC/INPE. Disponível em: <http://clima1.cptec.inpe.br/>. Acesso em: 18 jun. 2014.

Os climas do Brasil

Em geral, os **climas quentes e úmidos** predominam na maior parte do território brasileiro. Existem algumas diferenças de uma região para outra e variações ao longo do ano. Isso ocorre por causa da localização geográfica do território brasileiro – que em sua maior parte está situado na zona tropical – e da ação das massas de ar.

Por isso, nessas regiões o ano pode ser dividido em um período curto e seco, que em quase todo o território nacional corresponde ao inverno, e outro longo, quente e chuvoso, que quase sempre se dá no verão. O litoral nordestino é uma exceção, pois as chuvas se concentram no inverno. Observe o mapa abaixo e verifique as principais características dos climas brasileiros.

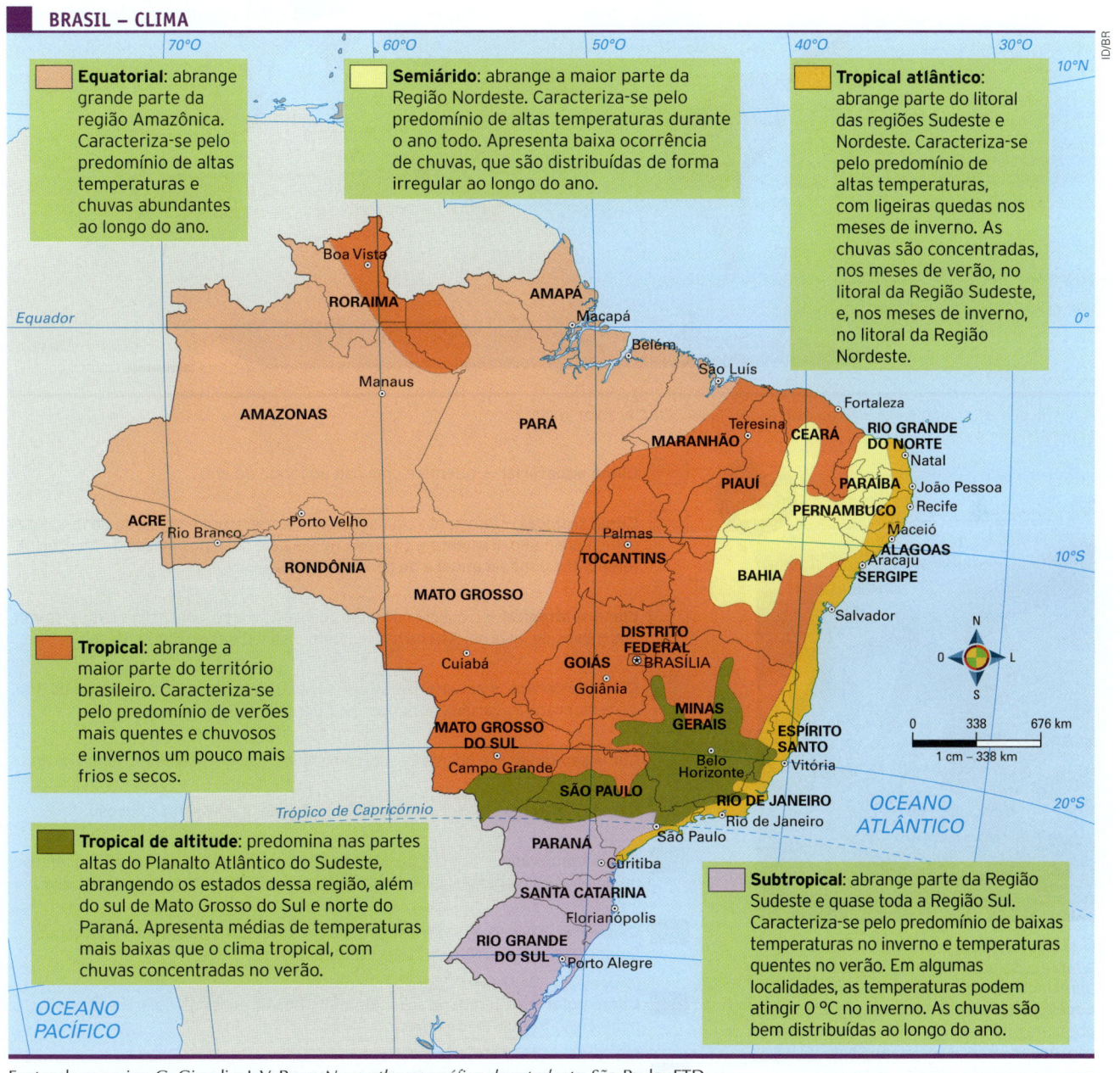

BRASIL – CLIMA

Equatorial: abrange grande parte da região Amazônica. Caracteriza-se pelo predomínio de altas temperaturas e chuvas abundantes ao longo do ano.

Semiárido: abrange a maior parte da Região Nordeste. Caracteriza-se pelo predomínio de altas temperaturas durante o ano todo. Apresenta baixa ocorrência de chuvas, que são distribuídas de forma irregular ao longo do ano.

Tropical atlântico: abrange parte do litoral das regiões Sudeste e Nordeste. Caracteriza-se pelo predomínio de altas temperaturas, com ligeiras quedas nos meses de inverno. As chuvas são concentradas, nos meses de verão, no litoral da Região Sudeste, e, nos meses de inverno, no litoral da Região Nordeste.

Tropical: abrange a maior parte do território brasileiro. Caracteriza-se pelo predomínio de verões mais quentes e chuvosos e invernos um pouco mais frios e secos.

Tropical de altitude: predomina nas partes altas do Planalto Atlântico do Sudeste, abrangendo os estados dessa região, além do sul de Mato Grosso do Sul e norte do Paraná. Apresenta médias de temperaturas mais baixas que o clima tropical, com chuvas concentradas no verão.

Subtropical: abrange parte da Região Sudeste e quase toda a Região Sul. Caracteriza-se pelo predomínio de baixas temperaturas no inverno e temperaturas quentes no verão. Em algumas localidades, as temperaturas podem atingir 0 °C no inverno. As chuvas são bem distribuídas ao longo do ano.

1 cm – 338 km

Fontes de pesquisa: G. Girardi e J. V. Rosa. *Novo atlas geográfico do estudante*. São Paulo: FTD, 2008. p. 24; CPTEC/INPE. Disponível em: <http://clima1.cptec.inpe.br/>. Acesso em: 18 jun. 2014.

●●● Os climas da Terra

Há uma grande variedade de climas na superfície terrestre. O mapa abaixo mostra a distribuição dos climas no planeta. O tipo de clima de uma região influencia o modo de vida das pessoas e as características das plantas e dos animais. Observe o mapa com os principais climas do mundo.

MUNDO – CLIMA

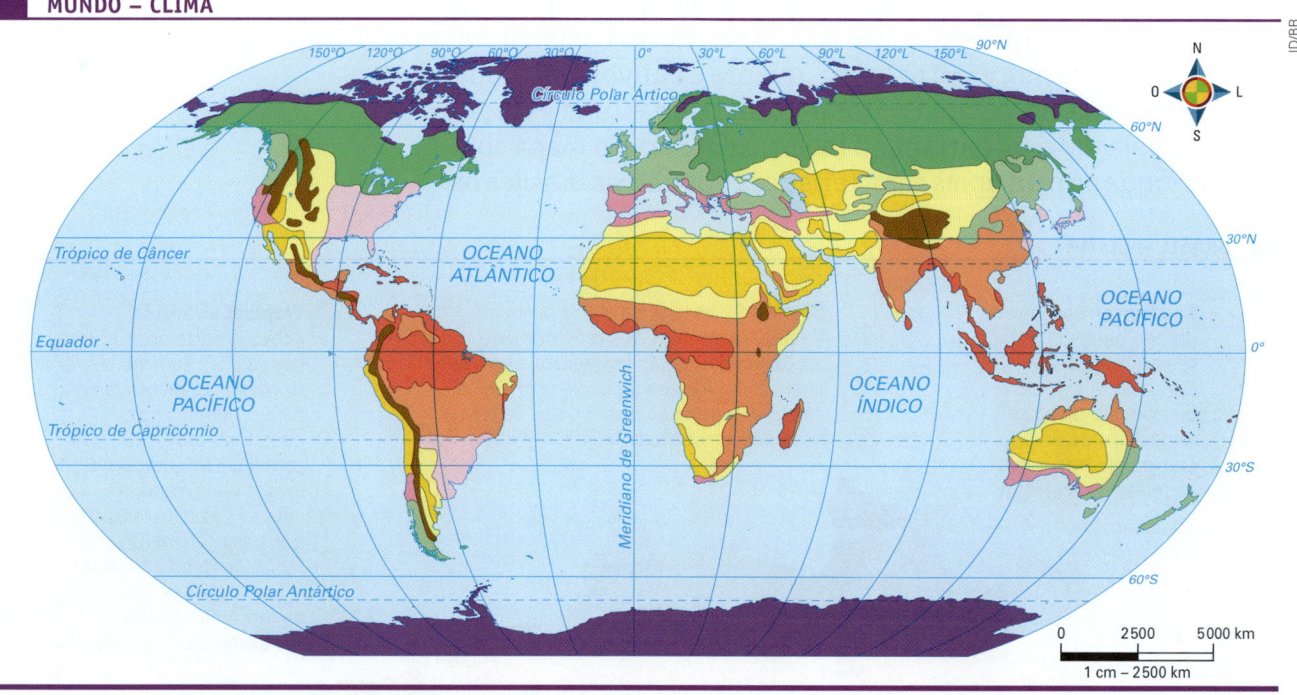

Fonte de pesquisa: *Atlas geográfico escolar*. Rio de Janeiro: IBGE, 2009. p. 58.

O clima ameno da Nova Zelândia faz a recreação ao ar livre ser bastante apreciada pela população. Os esportes aquáticos e as caminhadas são muito populares no país. No verão, as pessoas são incentivadas a vestir roupas leves, passar protetor solar e usar chapéus ou bonés. Foto de 2007.

- **Clima equatorial** – quente e chuvoso ao longo do ano.
- **Clima tropical** – apresenta oscilações de temperatura e umidade ao longo das estações do ano. É quente e chuvoso no verão e seco nos meses de inverno. A temperatura média anual é de cerca de 20 °C.
- **Clima subtropical** – é quente nos meses de verão e apresenta baixas temperaturas nos meses de inverno. As chuvas são bem distribuídas ao longo do ano.
- **Clima desértico** – caracteriza-se por ser extremamente seco ao longo do ano. As temperaturas variam, podendo ser quentes ou frias.
- **Clima semiárido** – é quente e seco, com chuvas mal distribuídas ao longo do ano.
- **Clima mediterrâneo** – o verão é quente e seco, e o inverno, chuvoso.
- **Clima temperado** – as estações do ano são bem definidas, com verões quentes ou amenos e invernos frios. A umidade é variável. Em certas áreas pode nevar.
- **Clima frio** – apresenta verões curtos com temperaturas amenas e invernos longos, com predomínio de baixas temperaturas e neve.
- **Clima polar** – as temperaturas são muito baixas ao longo do ano e há ocorrência frequente de neve.
- **Clima frio de montanha** – apresenta características semelhantes ao clima frio e aparece em áreas de grandes altitudes.

Os fatores do clima

As condições climáticas de uma região são influenciadas por diversos fatores, como a **latitude**, a **altitude**, a **continentalidade**, a **maritimidade** e as **correntes marítimas**.

Latitude

A latitude influencia a temperatura da Terra. Isso ocorre por causa da sua forma esférica e da inclinação do seu eixo, o que faz os raios solares atingirem o planeta com intensidades diferentes. Nas áreas próximas à linha do Equador, os raios solares atingem o planeta de forma mais perpendicular e, consequentemente, aquecem mais essas regiões. Nas áreas próximas aos polos, os raios solares atingem a Terra de forma mais inclinada, aquecendo menos essas regiões.

Assim, nas latitudes baixas tendem a ocorrer temperaturas mais elevadas; já as áreas localizadas em latitudes altas apresentam temperaturas mais baixas.

Altitude

A altitude também influencia a temperatura dos lugares, pois, quanto maior a altitude, menor a temperatura.

Isso ocasiona a existência dos climas de altas montanhas, que se encontram nas partes mais elevadas das grandes cordilheiras. Esse tipo de clima se caracteriza por baixas temperaturas o ano todo.

Continentalidade e maritimidade

A continentalidade é um fator que caracteriza as regiões situadas no interior dos continentes, distantes de mares e oceanos. Por isso, nessas regiões geralmente há pouca umidade e maior variação de temperatura.

O contrário ocorre nas regiões litorâneas, onde a maritimidade, decorrente da evaporação das águas do mar, determina a ocorrência de maior umidade e menores variações de temperatura.

Correntes marítimas

As correntes marítimas podem ser frias ou quentes e influenciam as características das massas de ar. As correntes frias tornam o ar mais frio e seco, e as correntes quentes o tornam mais quente e úmido.

AMÉRICA DO SUL – FATORES DO CLIMA

Fonte de pesquisa: *Atlas geográfico escolar*. Rio de Janeiro: IBGE, 2009. p. 40 e 58.

Observe que a maior parte da América do Sul é situada na Zona Intertropical.
Compare a localização da cordilheira dos Andes com o tipo climático presente no mapa-múndi da página anterior.
Observe a variação média das temperaturas máximas e mínimas de Cuiabá, que se localiza no interior do continente, e de Recife, que se localiza no litoral, no período de 1961 a 1990.

Verifique o que aprendeu

1. Explique o que são massas de ar.
2. Como são os climas brasileiros?
3. De que maneira a altitude influencia nas características do clima? Cite exemplos.

ATIVIDADES

1. Observe os mapas da página 182 e identifique a região onde você mora. Cite as massas de ar que atuam sobre ela no verão e no inverno.

2. Leia a notícia abaixo.

> No sábado, 9 de julho de 2011, começa o frio na Região Sul. No domingo, o tempo fica chuvoso no litoral do Paraná e de Santa Catarina. Em Porto Alegre, mínima de 5 °C no sábado. Na Região Nordeste, as temperaturas permanecem altas, porém o tempo fica chuvoso em grande parte do dia.

   a) Caracterize o clima das regiões Nordeste e Sul do Brasil.
   b) Qual é a massa de ar responsável pela queda das temperaturas nos estados da Região Sul do Brasil?
   c) Quais são as consequências provocadas pela entrada dessa massa de ar na Região Nordeste?
   d) Há outras massas de ar atuando nas regiões Nordeste e Sul? Quais?

3. Observe as fotografias e responda às questões.

Floresta Amazônica, 2011.

Sertão nordestino, 2010.

   a) Qual é o clima predominante nas regiões representadas pelas fotografias?
   b) De que maneira a latitude influencia o clima dessas regiões?
   c) Caracterize os climas da região Amazônica e do Sertão nordestino em relação à umidade.
   d) Qual massa de ar influencia a Região Nordeste do Brasil no verão? E no inverno?

4. Que relação existe entre as massas de ar e as mudanças do tempo nas localidades para onde elas se deslocam?

APRENDER A...

Ler um climograma

O climograma é um gráfico que registra as informações de temperatura e chuva de uma localidade ao longo de um ano. Para obter os dados climáticos, recorre-se a diversos aparelhos, que são reunidos em uma estação meteorológica. O aparelho que mede a quantidade de chuva de um local chama-se **pluviômetro**.

A água da chuva é armazenada num recipiente graduado como uma régua e diariamente os dados são anotados para se saber a quantidade de chuva que ocorre em uma semana, em um mês ou em um ano.

Depois, os dados são transportados para um gráfico de barras. No exemplo abaixo, em vez das barras, foram utilizadas gotas azuis, um recurso visual que o torna mais atrativo. As gotas maiores representam 50 milímetros de chuva por mês; as menores representam valores inferiores a 50 milímetros.

Pluviômetro da estação meteorológica da Universidade Federal de Goiás, em Goiânia (GO), 2010.

A quantidade de chuva é determinada em milímetros (mm), e as letras, na linha horizontal, indicam as iniciais dos meses do ano: J – janeiro, F – fevereiro, e assim por diante. Nesse gráfico, podemos ver que os meses de janeiro e dezembro foram os mais chuvosos, cada um com 200 mm (ou 20 cm) de chuva.

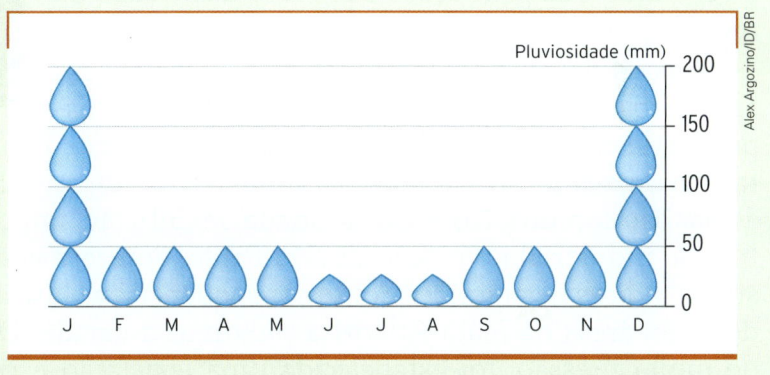

Agora que você aprendeu a ler a quantidade de chuva no gráfico, precisa observar também a temperatura. Ela é medida em graus Celsius (°C) e é indicada por uma linha geralmente traçada em vermelho ou laranja (cores quentes).

Os termômetros da estação meteorológica registram as temperaturas diárias e mensais de uma localidade. Com as médias de temperatura é construído um gráfico de linha.

No gráfico ao lado, a linha vermelha indica as temperaturas ao longo de um ano. Novamente você precisa olhar as iniciais dos meses do ano para conhecer as temperaturas médias.

Note que este gráfico é composto de duas informações: a temperatura, indicada na escala à esquerda, e a pluviosidade, indicada à direita.

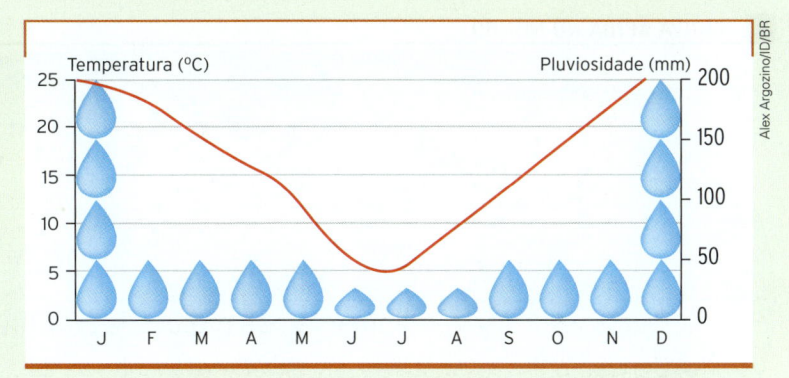

■ Atividades

1. Observe o climograma completo acima e responda às questões.
   a) Quais são os meses mais quentes do ano? E os mais chuvosos?
   b) Descreva as características de temperatura e chuva dos meses de junho, julho e agosto.

MÓDULO 4
Poluição atmosférica e suas consequências

A poluição atmosférica pode trazer sérias consequências ao ambiente e aos seres vivos. Ela é provocada principalmente pela queima de combustíveis fósseis, como o carvão mineral e o petróleo, e pelos gases tóxicos lançados na atmosfera pelos escapamentos dos veículos, pelas indústrias e pelas queimadas em áreas rurais.

●●● Chuva ácida

Os gases tóxicos lançados na atmosfera entram em contato com o vapor de água existente no ambiente. Esses poluentes elevam o teor de acidez da água, contaminando-a. O vapor de água se condensa e cai sob a forma de chuva com altos níveis de acidez. Na superfície terrestre, a água mais ácida altera a composição do solo e dos recursos hídricos, destrói a vegetação e as plantações e provoca a corrosão de construções, monumentos e estruturas metálicas.

Apesar de os poluentes se concentrarem em áreas urbanas e industriais, o vento facilita sua dispersão, levando à ocorrência de chuvas ácidas em áreas distantes desses locais. Nos países industrializados, as chuvas ácidas são comuns. No Brasil, a cidade de Cubatão, importante polo industrial no estado de São Paulo, apresentava altíssimos índices de poluição. Como consequência, a chuva ácida destruiu áreas da mata Atlântica próximas à cidade. Depois de muita pressão, foi estabelecida uma legislação e rigorosa fiscalização para conter a emissão de gases poluentes em Cubatão. Atualmente, a cidade deixou de ser uma das mais poluídas do mundo e ficou praticamente livre da chuva ácida.

Vegetação danificada por chuva ácida. Carolina do Norte, Estados Unidos, 2009.

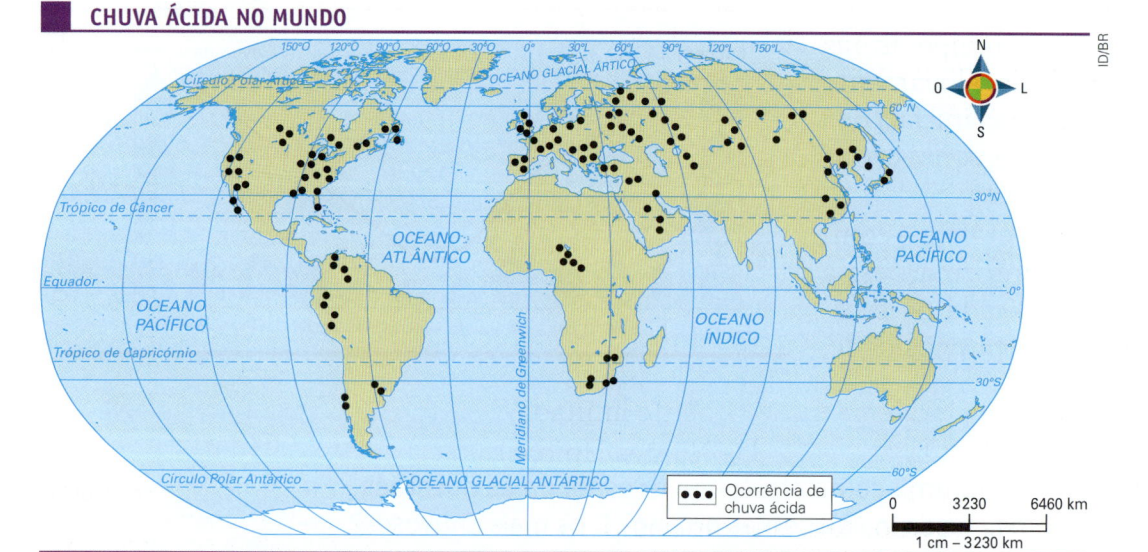

CHUVA ÁCIDA NO MUNDO

●●● Ocorrência de chuva ácida

1 cm – 3230 km

Fonte de pesquisa: G. Girardi e J. V. Rosa. *Novo atlas geográfico do estudante*. São Paulo: FTD, 2005. p. 126.

●●● Inversão térmica

A **inversão térmica** é um fenômeno atmosférico que ocorre geralmente nos meses mais frios e nas primeiras horas da manhã.

Nas metrópoles e nos grandes centros urbanos, a inversão térmica acarreta a queda da qualidade do ar, pois em situação normal o ar aquecido tende a subir, levando consigo os poluentes presentes na atmosfera, o que não acontece quando há inversão térmica.

A inversão térmica ocorre principalmente no inverno porque a superfície da Terra não aquece a atmosfera o suficiente, provocando uma inversão nas camadas de ar próximas à superfície. Assim, a camada com a menor temperatura fica posicionada abaixo da camada mais aquecida. Como o ar frio é o que pesa mais, ele tenderá a ficar parado e mais perto da superfície, dificultando a dispersão da poluição.

Esse fenômeno compromete a qualidade do ar, causando ou agravando sobretudo problemas respiratórios.

NOTA
Esquema em cores-fantasia e fora de proporção.

●●● Destruição da camada de ozônio

A **camada de ozônio** fica a 30 quilômetros de altura e funciona como um filtro que absorve os raios solares ultravioleta de determinado tipo (UVB), prejudiciais à vida no planeta. No final dos anos 1970, foi detectada a presença de "buracos" ou falhas nessa camada, principalmente sobre o continente antártico.

Após pesquisas, descobriu-se que os CFCs (clorofluorcarbonos), gases presentes em aerossóis, geladeiras e aparelhos de ar-condicionado, reagem com as moléculas de ozônio, transformando-as em outras substâncias, não eficazes contra os raios ultravioleta. A diminuição da camada de ozônio aumenta a incidência dos raios ultravioleta, que podem provocar câncer de pele, cegueira e queimaduras.

No final dos anos 1990, iniciou-se uma campanha de conscientização mundial pela substituição gradual dos CFCs por outros produtos. Um tratado internacional garante que a fabricação de produtos com CFCs seja drasticamente limitada.

De acordo com a ONU (Organização das Nações Unidas), mesmo com a redução da emissão de substâncias químicas prejudiciais à camada de ozônio, tais substâncias permanecem por décadas na atmosfera.

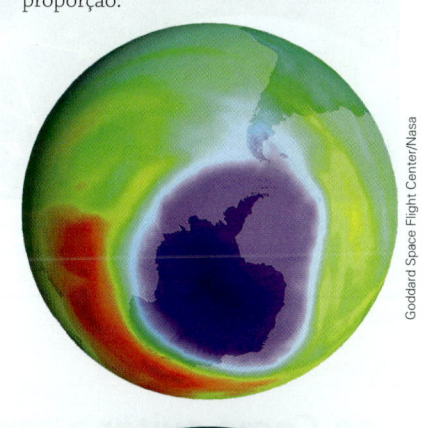

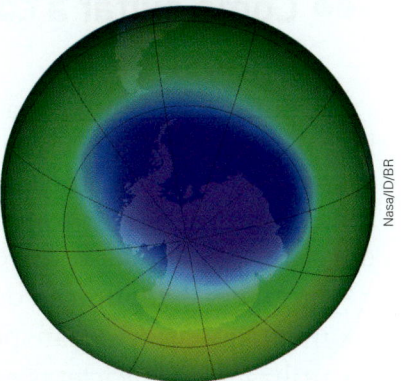

Imagens de satélite que mostram, na cor roxa, o buraco na camada de ozônio sobre a Antártida. A primeira imagem é de outubro de 1998, e a segunda é de novembro de 2011.

●●● Efeito estufa

Quando a radiação solar atinge o planeta, ela é transformada em calor, que aquece a atmosfera. Parte desse calor perde-se no espaço. Outra parte é bloqueada por elementos presentes na atmosfera, como umidade, gases e poeira, mantendo aquecida a superfície terrestre. Esse é um fenômeno natural conhecido por **efeito estufa**.

Nos últimos anos, estudos indicaram que o efeito estufa tem se tornado mais intenso, aumentando a temperatura média do planeta. Admite-se que esse fato esteja associado ao aumento da emissão de gases poluentes na atmosfera, como o gás carbônico e o gás metano. A esse processo denominamos **aquecimento global**.

Muitos cientistas acreditam que o aquecimento global pode provocar mudanças na frequência e intensidade das chuvas e o aumento de furacões e de períodos de seca. Além disso, o derretimento das geleiras das regiões polares pode elevar o nível da água dos mares e oceanos, o que traz o risco do desaparecimento de ilhas e até mesmo de cidades litorâneas.

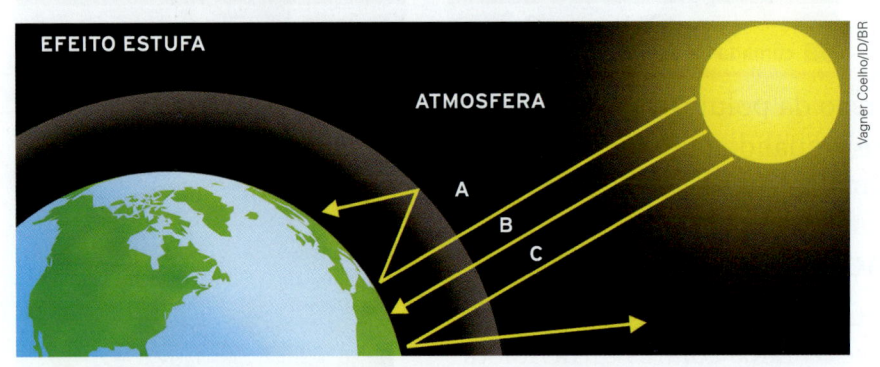

EFEITO ESTUFA

A Parte da radiação solar que atravessa a atmosfera é refletida pela superfície terrestre.
B Parte da radiação que atravessa a atmosfera é absorvida pela superfície terrestre.
C Parte da radiação solar que é refletida volta para o espaço.

NOTA
O esquema não representa a escala de tamanho nem de distância entre o Sol e a Terra. Uso de cores-fantasia.

●●● Como evitar a contaminação atmosférica

A poluição do ar é uma grande ameaça para o meio ambiente e para os seres vivos. É preciso diminuir a emissão de gases poluentes na atmosfera. Para isso, existem algumas medidas que podem ser tomadas tanto em âmbito local como em âmbito mundial. Entre elas, podemos citar:

- filtragem e **depuração** dos gases tóxicos;
- investimento em transporte público de qualidade;
- utilização de bicicletas em percursos curtos e seguros;
- controle das queimadas em plantações, matas e pastagens;
- preservação das florestas e áreas verdes;
- uso de fontes alternativas de energia (solar e eólica).

O protocolo de Kyoto

Em 1997, na cidade japonesa de Kyoto, mais de uma centena de países, entre eles os países mais industrializados do mundo, assinaram um acordo para diminuir a emissão de gases poluentes que provocam o aumento do efeito estufa. Com isso, pretendia-se que a temperatura média global pudesse diminuir até o final do século XXI.

Em 2005, esse tratado internacional entrou em vigor com a adesão de quase todas as nações que assinaram o protocolo de Kyoto. Os Estados Unidos, o maior poluidor do mundo, no entanto, não validaram o tratado. Desse modo, mesmo com a adesão de 36 das nações mais ricas do mundo, dificilmente os objetivos de Kyoto serão alcançados.

Verifique o que aprendeu ●●●

1. Quais são as principais atividades humanas que contribuem para o aumento da poluição do ar?
2. Quais são as principais consequências da poluição do ar?
3. O que é chuva ácida?
4. O que é inversão térmica?

ATIVIDADES

1. Explique o que a chuva ácida pode provocar ao ambiente e aos seres vivos.

2. Leia a notícia a seguir.

   > São Paulo teve hoje piora na qualidade do ar devido à inversão térmica (fenômeno que dificulta a dispersão de poluentes) no nível da superfície. Segundo a Cetesb (Companhia de Tecnologia de Saneamento Ambiental), quanto mais baixa a inversão, pior a qualidade do ar.
   >
   > De acordo com a companhia, a causa é a falta de chuva e vento, devido a uma massa de ar seco que está sobre o Sudeste.
   >
   > Disponível em: <http://www1.folha.uol.com.br/folha/cotidiano/ult95u80695.shtml>. Acesso em: 18 jun. 2014.

   a) Que fenômenos atmosféricos são citados na notícia acima?
   b) Por que a inversão térmica piora a qualidade do ar?

3. Leia o texto a seguir e responda às questões utilizando também os conhecimentos adquiridos no capítulo.

   > A Terra vai se tornar mais quente até o ano de 2100, o que significa aumento do nível do mar e catástrofes naturais mais intensas. "A emissão de gases de efeito estufa nas taxas atuais ou maiores tem 90% de chance de causar aquecimento global e alterações climáticas durante o século 21 maiores do que aquelas observadas no século 20", diz o relatório do Painel Intergovernamental de Mudanças Climáticas (IPCC, em inglês) [...].
   >
   > Na melhor das projeções dos 2500 cientistas que participaram do estudo, o aumento será de 1,8 grau [...]. Na estimativa de maior aquecimento, a Terra esquentará 4 graus [...]. Segundo o relatório, é muito possível que ondas de calor extremo e fortes precipitações de chuvas se tornem frequentes. Os tufões e furacões vão se tornar menos frequentes, porém mais intensos.
   >
   > Disponível em: <http://www.pick-upau.org.br/mundo/aquecimento_global/aquecimento_global.htm>.
   > Acesso em: 18 jun. 2014.

   a) O que é efeito estufa? Como ele ocorre?
   b) O que a intensificação desse fenômeno até o ano de 2100 pode acarretar ao planeta?

4. Cubatão, no litoral de São Paulo, tem um grande número de indústrias. A maioria fabrica produtos químicos e derivados de petróleo. Leia o texto abaixo sobre um grande problema que essa cidade enfrentou e responda às questões.

   > Nas décadas de [19]70 e [19]80, o polo industrial de Cubatão [...] era conhecido como a região mais poluída do mundo. Lançava no ar, diariamente, quase mil toneladas de poluentes. A terra, os rios e os manguezais, que formam o ecossistema da região, recebiam indiscriminadamente outras toneladas de poluição.
   >
   > Em 1984, Cubatão resolveu dar a volta por cima. [...] A Cetesb iniciou um plano de recuperação do meio ambiente, submetendo as indústrias a um rígido cronograma de controle [...].
   >
   > Os resultados apareceram rapidamente; em menos de 10 anos, os índices das fontes poluidoras foram reduzidos em 93% [...].
   >
   > Os peixes voltaram a viver no rio Cubatão e até o guará-vermelho, uma ave ameaçada de extinção, voltou a habitar os manguezais e a procriar.
   >
   > Cidades do Brasil. Disponível em: <http://www.cidadesdobrasil.com.br/cgi-cn/news.cgi?cl=099105100097100101098114&arecod=19&newcod=674>. Acesso em: 18 jun. 2014.

   a) Onde se localiza a cidade de Cubatão?
   b) Qual era o grande problema de Cubatão até a década de 1980?
   c) Como foi possível resolver esse problema?

VIAJANDO PELO MUNDO — Peru

No idioma inca, Peru significa "terra de riqueza e esperança". Mulheres vendendo artigos têxteis no mercado de Chincero, próximo a Cusco, Peru, em 2010.

O território do Peru apresenta uma grande variedade de paisagens em suas três grandes regiões naturais: a costa, de clima muito seco, a serra (os Andes, que alcançam mais de 6 mil metros de altitude) e a selva (uma grande extensão da floresta Amazônica). O país tem três línguas oficiais: o espanhol, o quíchua e o aimará.

Antes da chegada dos espanhóis, em 1520, o Peru fazia parte do grande Império Inca, que se estendia desde a Colômbia até o norte da Argentina. Os incas criaram um enorme sistema de comunicação, com estradas que percorriam os Andes, ligando as mais longínquas partes do império.

Eles tinham um profundo conhecimento sobre o ciclo solar e as estações do ano. Alcançaram grande desenvolvimento agrícola, com técnicas especiais de irrigação e plantio. Iniciaram o cultivo da batata, produzindo mais de mil variedades. Cultivavam também milho, feijão, pimentão, abacate, vários cereais, frutas e hortaliças diversas.

A riqueza cultural dos povos pré-colombianos pode ser admirada ainda hoje no artesanato, nas festas, na comida e nos costumes do povo peruano.

PERU – DISTRIBUIÇÃO DA POPULAÇÃO URBANA E RURAL (2008)

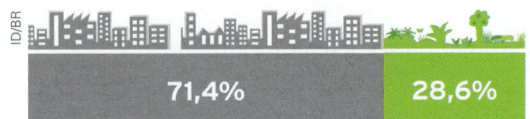

71,4% 28,6%

Fonte: Trading Economics. Disponível em: <http://www.tradingeconomics.com/peru/urban-population-percent-of-total-wb-data.html>. Acesso em: 7 jul. 2011.

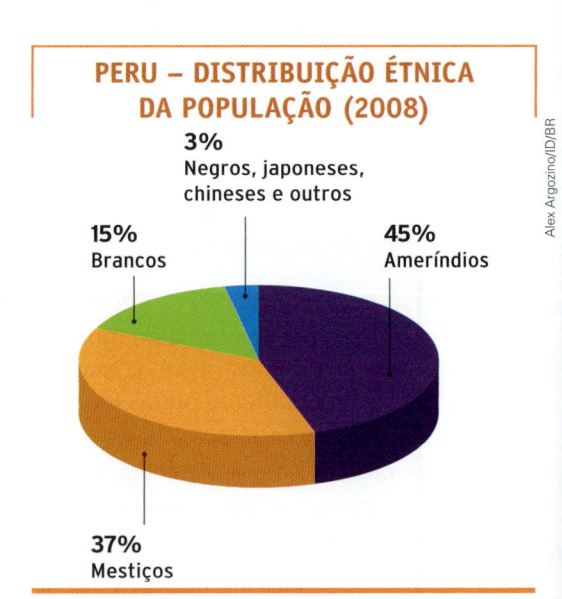

PERU – DISTRIBUIÇÃO ÉTNICA DA POPULAÇÃO (2008)

- 3% Negros, japoneses, chineses e outros
- 15% Brancos
- 45% Ameríndios
- 37% Mestiços

Fonte de pesquisa: *The world fact book*. Disponível em: <https://www.cia.gov>. Acesso em: 18 jun. 2014.

De olho no texto

1. Descreva, com base nos gráficos, as características da sociedade peruana.
2. Quais são as três grandes regiões naturais do Peru?

LENDO GEOGRAFIA

ANTES DE LER

- Com base no título e na fonte do texto, levante hipóteses sobre os temas que serão abordados.
- De que modo os ursos-polares representados na imagem podem ilustrar as informações contidas no título?

As mudanças climáticas globais e as alterações na biosfera global

[...] Vários episódios relacionam as mudanças climáticas globais com alterações na biodiversidade. No Ártico, a temperatura subiu 5 °C nos últimos cem anos e desde 1978 suas geleiras diminuem a uma taxa de 3% por década. Os modelos climáticos preveem que, em 2080, não haverá mais gelo durante os meses de verão, levando os ursos-polares à extinção por fome. As geleiras alpinas perderam metade de seu volume desde 1850, e espécies características das baixas montanhas suíças migraram para as altas montanhas. Os estoques do salmão do Atlântico Norte serão destruídos quando a temperatura regional do oceano aumentar 6 °C da média histórica. A diminuição no estoque de peixes levou à morte centenas de milhares de aves marinhas nas costas da Califórnia.

[...]

O declínio de populações de anfíbios por todo o globo surge como um dos mais dramáticos eventos de destruição maciça da fauna [...]. O pequeno sapo-dourado (*Bufo periglenes*), exclusivo das montanhas de neblina da Costa Rica, foi declarado extinto. Reproduzindo-se somente em uma específica janela climática, ocorreu que 30 mil indivíduos não se reproduziram devido à ausência de poças ocasionada pela estação muito seca de 1987 [...].

Jô Enéas Salati, Ângelo Augusto dos Santos e Carlos Nobre. As mudanças climáticas globais e seus efeitos nos ecossistemas brasileiros. Disponível em: <http://www.comciencia.br/reportagens/clima/clima14.htm>. Acesso em: 18 jun. 2014.

Ursos-polares no Canadá, em 2011.

De olho no texto

1. O texto acima é um artigo publicado em uma revista eletrônica. Quais são os principais dados que ele apresenta?

2. Com base nas informações do texto, discuta com seus colegas a importância da introdução de políticas de redução da emissão de poluentes na atmosfera.

3. Formem grupos e façam uma pesquisa em livros, jornais, revistas e na internet para saber que outros animais correm risco de extinção em razão do aumento da temperatura global. Façam um mural na sala de aula e convidem outros colegas da escola para conhecer o trabalho. Se for preciso, peçam ajuda ao professor de Ciências durante a pesquisa.

FAZENDO GEOGRAFIA

Representação da distribuição das chuvas

A chuva é um fenômeno que não ocorre regularmente nas diferentes regiões da superfície terrestre e dificilmente se distribui de forma regular ao longo do tempo em cada região. Para verificar médias históricas anuais ou mensais da quantidade de chuva, são realizadas medições das precipitações em diversas regiões do mundo por longos períodos. Essas médias podem ser utilizadas para a confecção de tabelas, gráficos ou mapas.

Observe o mapa da precipitação média anual no Brasil, elaborado com base em registros realizados ao longo de seis décadas (1931 a 1990). (O tempo mínimo ideal para estabelecer o perfil climático de uma região é de três décadas.)

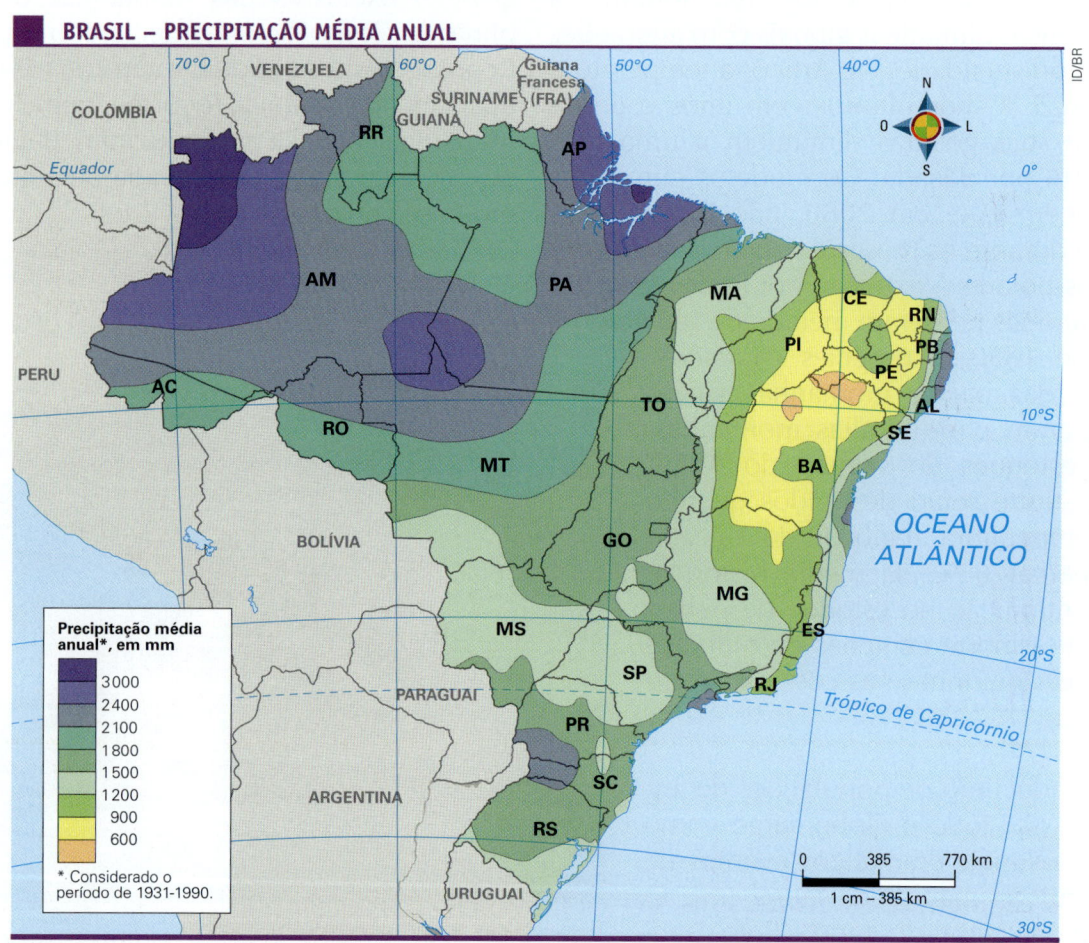

BRASIL – PRECIPITAÇÃO MÉDIA ANUAL

Fontes de pesquisa: G. Girardi e J. V. Rosa. *Novo atlas geográfico do estudante*. São Paulo: FTD, 2008. p. 25; INMET - Instituto Nacional de Meteorologia. Disponível em: <http://www.inmet.gov.br/html/clima.php#>. Acesso em: 18 jun. 2014.

Os diferentes perfis de precipitação abrangem áreas com variadas extensões. O recurso visual utilizado no mapa para representar cada região foi o emprego de cores segundo uma escala composta de cores frias e quentes. Cada região foi definida em função da quantidade anual média de chuvas (em milímetros).

As cores mais quentes (do amarelo ao laranja) são usadas para representar as regiões onde chove menos; as cores frias (do verde ao azul-escuro), as que recebem a maior quantidade de chuvas.

Observe novamente o mapa. Nele está indicado que no estado de Goiás, por exemplo, chove de 1 500 a 1 800 mm por ano. Isso significa que é uma região de média precipitação. Porém, sabe-se que em alguns meses do ano o estado sofre muito com a seca.

A utilização de valores médios anuais, apesar de importante para traçar o perfil de cada região em relação aos índices de precipitação, não mostra a irregularidade da distribuição das chuvas ao longo do ano.

Para minimizar ou evitar esse tipo de distorção, podem-se utilizar climogramas complementando a análise do mapa. Nesses gráficos, a variação dos índices de precipitação é fundamentada em valores médios mensais, quando se referem a um período. Quando representam um ano específico, a variação é dada em valores absolutos (isto é, a quantidade total de chuvas em cada mês).

Analise os climogramas de algumas cidades brasileiras, feitos com base nas médias mensais de precipitação e temperatura.

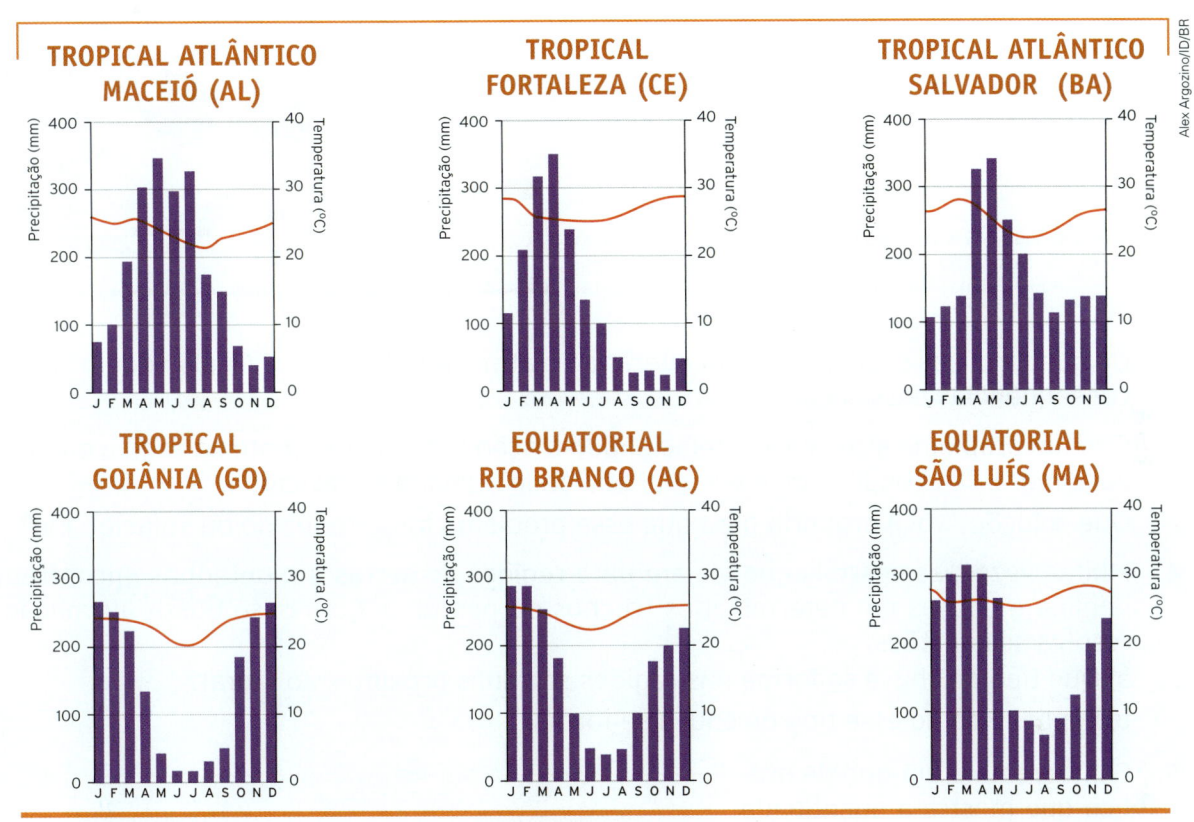

TROPICAL ATLÂNTICO MACEIÓ (AL)

TROPICAL FORTALEZA (CE)

TROPICAL ATLÂNTICO SALVADOR (BA)

TROPICAL GOIÂNIA (GO)

EQUATORIAL RIO BRANCO (AC)

EQUATORIAL SÃO LUÍS (MA)

Fonte de pesquisa: Instituto Nacional de Meteorologia. Disponível em: <http://www.inmet.gov.br>. Acesso em: 18 jun. 2014.

Note que os climogramas permitem verificar como as chuvas tendem a se distribuir ao longo do ano nas cidades representadas.

Os climogramas são utilizados, de modo geral, para representar cidades, demonstrando ocorrências em pontos pequenos do território de um país. Devemos evitar a generalização dos dados para a região onde a cidade está inserida.

■ Atividades

1. Observe o climograma de Goiânia.
   a) Em que meses chove mais nessa cidade?
   b) Qual é o período de seca em Goiânia?
   c) Quantos milímetros chove em média nos meses de inverno em Goiânia?

2. Com o auxílio de um atlas, localize no mapa da página anterior a cidade de São Luís (MA) e verifique na legenda os valores da sua precipitação média anual. Em seguida, analise as informações do climograma que representa essa cidade e responda: É possível estabelecer relações entre as informações do mapa e do climograma a respeito de São Luís? Quais?

QUESTÕES GLOBAIS

1. Observe o mapa ao lado.
   a) Escreva os tipos de clima que existem no Brasil e quais as suas principais características (temperaturas predominantes e distribuição das chuvas).
   b) Que tipo de clima ocorre no estado onde você vive?

   BRASIL – CLIMA

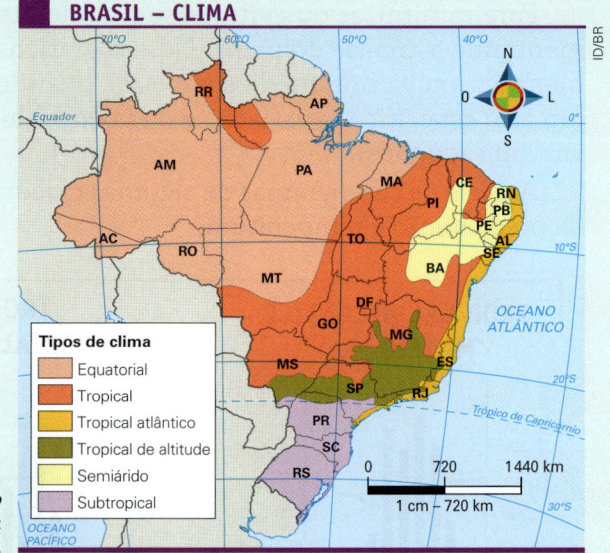

   Tipos de clima:
   - Equatorial
   - Tropical
   - Tropical atlântico
   - Tropical de altitude
   - Semiárido
   - Subtropical

   Fontes de pesquisa: G. Girardi e J. V. Rosa. *Novo atlas geográfico do estudante*. São Paulo: FTD, 2008. p. 24; CPTEC/INPE. Disponível em: <http://clima1.cptec.inpe.br/>. Acesso em: 18 jun. 2014.

2. De que forma as sociedades vêm alterando a atmosfera terrestre? Quais podem ser as consequências dessa ação?

3. Cite um problema atmosférico relacionado à ação humana existente na região em que você mora. Diga onde ocorre e a qual atividade humana se relaciona.
   Que soluções você proporia para que esse problema fosse reduzido ou solucionado?

4. Muitas vezes, as pessoas que viajam para regiões de serras e montanhas encontram neblina e chuvas em determinados trechos do percurso. Com base nessa afirmação, resolva as questões.
   a) Que tipo de chuva se forma nas regiões serranas próximas ao litoral?
   b) Explique como esse tipo de chuva se forma.

5. Climograma é um tipo de gráfico que mostra a quantidade de chuvas (medida em milímetros) e a temperatura (em °C) de determinado local. Observe o gráfico ao lado e responda às questões. 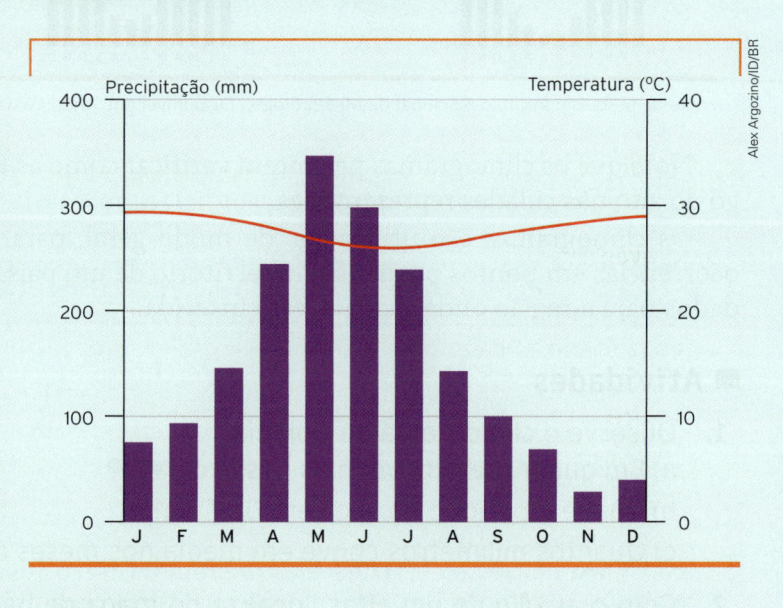
   a) O que representa a linha vermelha?
   b) O que representam as colunas roxas?
   c) Considerando que esse climograma corresponde a uma cidade brasileira, em qual estação do ano ocorrem mais chuvas e menores temperaturas?
   d) A que meses corresponde esse período?
   e) Com o auxílio do mapa de climas do Brasil (p. 183), responda: Qual clima brasileiro possui as características apresentadas pelo climograma? Cite essas características.
   f) Em qual região do país predomina esse tipo de clima?

Síntese

A atmosfera terrestre

A atmosfera
- A atmosfera é composta de gases essenciais para a existência da vida na Terra.
- É na troposfera que ocorrem os fenômenos atmosféricos, como vento, chuva e formação de nuvens, furacões e tornados.
- O tempo atmosférico é um estado da atmosfera em um local da superfície terrestre durante um curto período.
- Clima é o conjunto das condições atmosféricas mais marcantes de uma região analisadas durante um longo período.

Elementos atmosféricos
- O clima é definido por uma série de elementos. Dentre eles destacam-se a temperatura, as precipitações, a pressão atmosférica e os ventos.
- Há três tipos de chuva: orográfica, convectiva e frontal.
- Pressão atmosférica é o peso que o ar exerce sobre a superfície da Terra.
- O ar tende a se mover das zonas de alta para as zonas de baixa pressão, formando uma corrente de vento.

Dinâmicas climáticas
- Na superfície terrestre há vários tipos de clima. Essa variação ocorre sobretudo em função dos fatores do clima.
- Massas de ar são grandes porções de ar com características semelhantes de pressão, temperatura e umidade.
- A maior parte do território brasileiro situa-se na zona tropical, onde predominam climas quentes e úmidos.

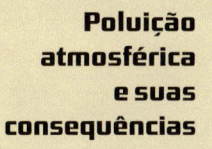

Poluição atmosférica e suas consequências
- Dentre as principais causas da poluição do ar destacam-se a queima de combustíveis fósseis e a emissão de substâncias tóxicas por escapamentos dos veículos, chaminés das fábricas e queimadas.
- A poluição vem provocando uma série de danos à saúde.

PARA SABER MAIS

Livros

Uma aventura no Triângulo das Bermudas, de Carlos Figueiredo. São Paulo: Lazuli.
   A bordo de um saveiro com tecnologia de última geração, acompanhados do pai, um renomado cientista, e do marinheiro Prata, os irmãos Dico e Alice viajam pelos oceanos do planeta pesquisando as causas do aquecimento global. Cercados de tempestades, chegam a lugares onde nenhum ser humano jamais esteve.

A poluição, de C. Vance Cast. São Paulo: Callis.
   O que é poluição? O que ela causa no ar, na água e no solo? O que você conhece sobre poluição sonora? O que pode ser feito para controlar a poluição?

Sites

<http://www.natgeo.com.br/br/especiais/dia-da-terra/teste/>
   Neste *link* você poderá fazer um teste que calcula quanto CO_2 você emite na atmosfera.

<http://www.ibge.gov.br/ibgeteen/mudancas/index.htm>
   Nesta página do IBGE Teen – *O efeito estufa e a vida na Terra* – você encontra muitas informações sobre o assunto e dicas para ajudar a melhorar o meio ambiente.
   Acessos em: 18 jun. 2014.

A biosfera é a porção do planeta onde se desenvolve a vida. Inclui partes da litosfera, da hidrosfera e da atmosfera. Na biosfera, o solo, o clima, o relevo e os demais elementos da natureza interagem intensamente.

Os ambientes resultantes dessa interação são transformados constantemente pela dinâmica natural e também pela ação dos seres humanos, o que, por vezes, pode ocasionar sérios danos ambientais.

A biosfera

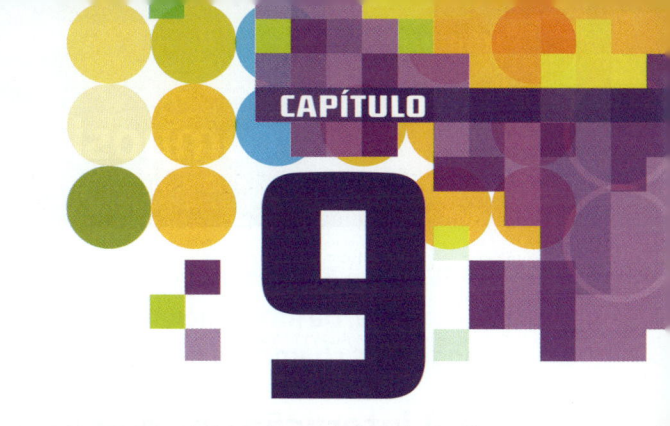

CAPÍTULO 9

O QUE VOCÊ VAI APRENDER

- A biosfera e a relação entre seus elementos
- Os biomas terrestres
- A exploração econômica dos ambientes naturais
- A preservação da biodiversidade

CONVERSE COM OS COLEGAS

A imagem ao lado mostra a vegetação de Caatinga, um bioma brasileiro que abrange parte das regiões Nordeste e Sudeste. Nos períodos de estiagem, a maior parte da vegetação da Caatinga perde sua folhagem, tornando a paisagem esbranquiçada. O nome caatinga vem da língua tupi e significa "mata branca". Segundo dados do Ministério do Meio Ambiente, 45,4% da Caatinga brasileira foi devastada até 2008. Estima-se que cerca de 70% de sua área original já tenha sofrido algum tipo de alteração pela ação humana.

1. Quais são os principais elementos naturais que interagem na formação da paisagem apresentada pela fotografia?
2. De que forma o ser humano pode utilizar os recursos naturais visíveis nessa paisagem?
3. Em sua opinião, quais motivos levam o ser humano a promover o desmatamento?
4. O desmatamento dessa região pode gerar algum tipo de consequência para a fauna? Qual?

Sertânia (PE), 2010.

MÓDULO 1

A composição da biosfera

A biosfera é constituída pela composição de elementos da atmosfera, da hidrosfera e da litosfera. Da interação entre os elementos naturais surgem áreas relativamente homogêneas chamadas de biomas.

••• A interação dos elementos da biosfera

O termo **biosfera** foi empregado pela primeira vez em 1875 por Eduard Suess, que a definiu como o local na superfície da Terra onde a vida reside, ou seja, a porção do planeta que possui condições naturais para suportar a vida. Os organismos vivos podem ser encontrados nas camadas mais baixas da atmosfera, na hidrosfera e na litosfera.

O conceito de biosfera permite estudar as espécies em interação com os demais seres vivos, e não individualmente. Por isso, passou a ser empregado como base para a ecologia e para os estudos sobre a necessidade de preservação dos ambientes terrestres.

A existência da vida depende, entre outros fatores, da disponibilidade de água e alimentos. Por exemplo, a quantidade e a regularidade das chuvas dependem das condições climáticas dos lugares. Quanto maior a quantidade de chuvas, maior a diversidade da flora.

Além disso, as espécies vegetais captam sais minerais existentes no solo. Este é repleto de microrganismos e matéria orgânica em decomposição, que ajudam na fertilidade.

A biosfera constitui-se em uma relação de interdependência entre seus elementos.

A biosfera e a dinâmica das paisagens

As paisagens da Terra nem sempre foram como as conhecemos hoje. Isso acontece porque o planeta é dinâmico. Os movimentos tectônicos e a deriva dos continentes fizeram que, em uma escala de tempo geológico, grandes extensões de terra estivessem submetidas a dinâmicas climáticas diferentes, dando origem a formações de solo, relevo e vegetação muito distintas das que existem atualmente.

Algumas teorias explicam, por exemplo, como surgiram a Caatinga e o Cerrado brasileiros. Cientistas dizem que o recuo do nível do mar e a diminuição da umidade relativa do ar, durante milhares de anos, levaram ao surgimento desses tipos de vegetação.

Capivaras no Pantanal, em Barão de Melgaço (MT). Foto de 2008.

••• Os grandes biomas terrestres

A composição e a dinâmica dos elementos da superfície terrestre dão origem à biosfera e formam diferentes paisagens naturais. Estas são constituídas por tipos específicos de vegetação e de animais que se adaptam às condições locais.

Fatores que influenciam a vegetação

O estudo da biosfera foi a base para a formulação de outros importantes conceitos, como o de **ecossistema**. Este pode ser definido como a relação entre os seres vivos e o ambiente em determinado lugar.

A interação entre o clima, a fauna, a vegetação, o relevo, o solo, as rochas, os rios, os mares e os demais elementos da natureza, ao longo do tempo, traz como resultado uma enorme diversidade de ecossistemas nas diferentes regiões do planeta.

Em escala global, os grandes conjuntos de ecossistemas formam os **biomas** terrestres. Podemos definir bioma como uma unidade biogeográfica relativamente homogênea que possui unidade e interage com o ambiente físico.

A vegetação representa a síntese do meio, uma vez que a interação dos diversos elementos naturais resulta em diferentes tipos de vegetação. De maneira geral, a ação das correntes marítimas, a dinâmica das massas de ar, a latitude e a altitude são os fatores que mais influenciam na formação dos biomas terrestres.

Como a vegetação é o elemento mais visível que se destaca nas paisagens, é ela que nomeia os grandes biomas. Os principais biomas do planeta são as florestas pluviais, as savanas, os campos, os desertos, as florestas temperadas, as florestas boreais e a tundra.

A teoria de Gaia

Na mitologia grega, Gaia era a deusa da Terra. Atualmente, Gaia refere-se a uma teoria científica que procura explicar a Terra como um organismo vivo, já que o equilíbrio ambiental do planeta é regulado pela ação dos organismos vivos. Portanto, os seres vivos são os responsáveis por manter as condições necessárias à vida no planeta.

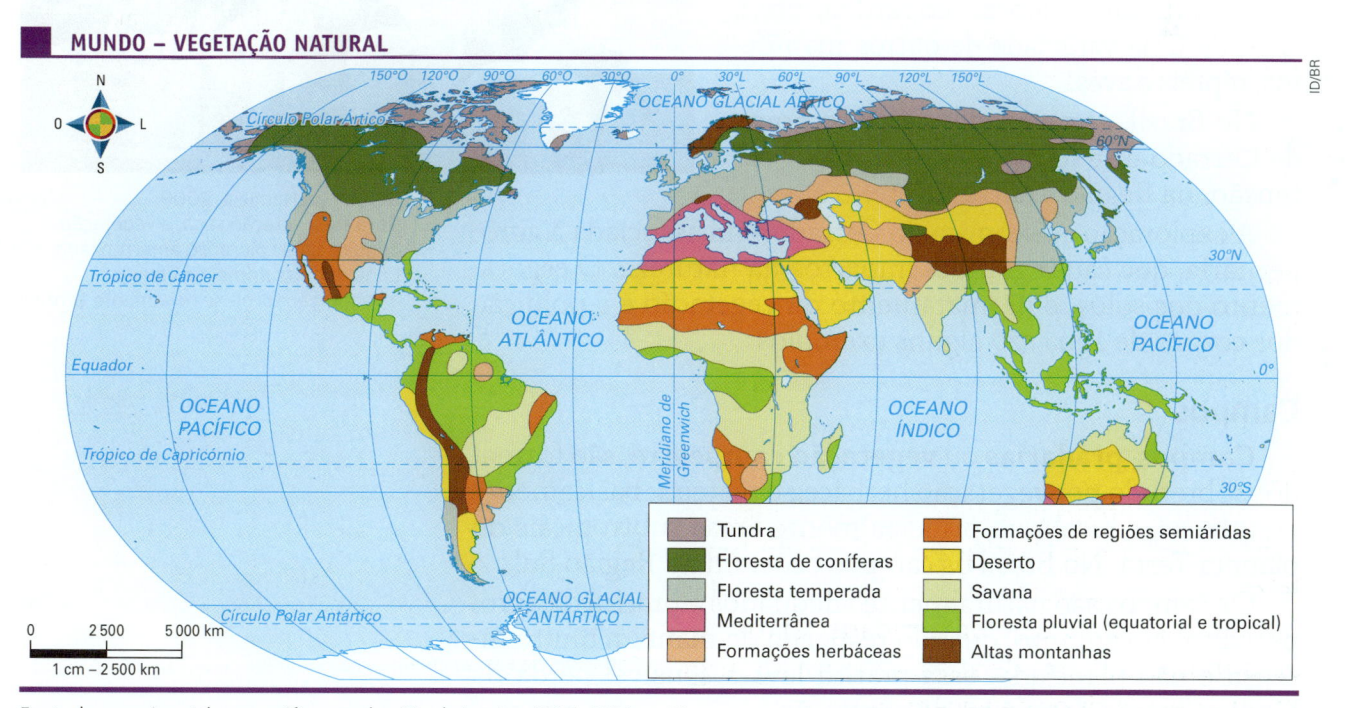

MUNDO – VEGETAÇÃO NATURAL

Legenda:
- Tundra
- Floresta de coníferas
- Floresta temperada
- Mediterrânea
- Formações herbáceas
- Formações de regiões semiáridas
- Deserto
- Savana
- Floresta pluvial (equatorial e tropical)
- Altas montanhas

Fonte de pesquisa: *Atlas geográfico escolar*. Rio de Janeiro: IBGE, 2004. p. 70.

Florestas pluviais

As **florestas pluviais** ocorrem nas regiões quentes e úmidas do planeta, onde a temperatura e a pluviosidade são altas ao longo do ano todo. São chamadas também de **florestas tropicais** e **equatoriais**, pois são encontradas na zona intertropical, ou seja, entre o trópico de Câncer e o de Capricórnio.

Caracterizam-se pela vegetação densa, com folhas sempre verdes e elevada biodiversidade.

Exemplos destacados dessa vegetação são a floresta Amazônica e a Mata Atlântica, na América do Sul, as florestas tropicais da América Central, a floresta do Congo, na África Central, e as florestas do sul e sudeste da Ásia.

O extrativismo vegetal (exploração de madeira, látex, plantas e sementes), a expansão da fronteira agrícola, a caça, a pesca predatória e a **biopirataria** provocam o desmatamento das florestas pluviais, colocando em risco sua biodiversidade.

Floresta tropical no Panamá, em 2011.

Savanas

A **savana** é uma vegetação típica das regiões intertropicais, onde ocorre o contraste entre estações secas e chuvosas durante o ano. A vegetação é predominantemente rasteira e arbustiva, de pequeno e médio porte.

Na savana africana encontram-se animais de grande porte, os herbívoros (elefantes, zebras, veados e girafas), assim como seus predadores (leões, leopardos, etc.), além de uma variedade de outros mamíferos, répteis e aves.

No Brasil, as savanas recebem o nome de Cerrado e se localizam, com maior extensão, na Região Centro-Oeste.

A exploração econômica do Cerrado está associada à agropecuária, que causa grandes impactos na natureza. O esgotamento dos solos, o desmatamento da vegetação e a poluição dos corpos de água são alguns exemplos.

Savana na Namíbia, 2009. Durante a estação seca, a vegetação adquire uma coloração amarronzada. Logo após as primeiras chuvas, a vegetação torna-se novamente verde.

Campos

Campos, **pradarias** ou **vegetação campestre**, são formados sobretudo por vegetação herbácea e rasteira, basicamente gramíneas, e recobrem principalmente áreas subtropicais do planeta Terra. No Brasil os campos ocorrem na Região Sul.

Os campos são naturalmente adequados à prática da agropecuária. No entanto, quando realizada de maneira muito intensa e não planejada, essa prática leva à sensível perda da biodiversidade desse tipo de vegetação.

Desertos

Os **desertos** são encontrados em regiões onde as chuvas são raras e irregulares. Podem ser quentes, como o do Saara, na África, ou frios, como o da Patagônia, no sul da Argentina e do Chile.

Por causa da falta de chuvas, vivem no deserto apenas as espécies que sobrevivem com pouca água, como cactos, gramíneas, camelos, algumas aves e répteis. A aridez também dificulta a ocupação humana e o desenvolvimento de atividades econômicas.

Deserto do Saara, África, em 2007.

Florestas temperadas

As **florestas temperadas** são menos densas e possuem uma biodiversidade menor que a das florestas pluviais, embora haja intensa atividade biológica em seu interior. Localizam-se em regiões temperadas e, por esse motivo, apresentam grande variação de acordo com a estação do ano. No outono, por exemplo, boa parte das árvores fica com as folhas amarelas e vermelhas, que caem no inverno.

Esse bioma ocupa grande parte do continente europeu, onde foi intensamente explorado. Atualmente há apenas poucas manchas, concentradas em áreas de conservação.

Floresta boreal

Na porção setentrional da zona temperada aparece a **floresta boreal,** também chamada de **floresta de coníferas ou taiga**, formada basicamente por pinheiros. Essa floresta é muito explorada pela indústria de papel e celulose.

Floresta temperada do Canadá durante o outono. Foto de 2006.

Tundra

Na região ártica, a flora e a fauna são escassas. A vegetação surge apenas nos poucos meses de verão, quando as temperaturas são mais amenas e ocorre o degelo. Essa vegetação é conhecida por **tundra** e caracteriza-se pela presença de liquens, musgos e plantas rasteiras. No resto do ano o solo fica congelado, impedindo o desenvolvimento de vegetação.

A ocupação humana é difícil e poucos animais, como o urso-polar, a foca, a rena e alguns roedores, conseguem sobreviver ao frio intenso.

Verifique o que aprendeu

1. Quais são os fatores que mais influenciam a formação dos biomas?
2. Por que há pequena diversidade da fauna e da flora na região ártica?
3. Como são as florestas tropicais e equatoriais?
4. Em que regiões os desertos são mais frequentes?

ATIVIDADES

1. Quais são os principais fatores que influenciam as características da paisagem das várias regiões da Terra?

2. Quais são as regiões da Terra que possuem uma baixa biodiversidade de espécies? Explique os motivos para isso ocorrer.

3. Monte um quadro em que na primeira coluna estejam os seguintes biomas: tundra, floresta pluvial e savana. Complete o quadro com as informações a seguir.
   a) As espécies vegetais existentes em cada domínio.
   b) As regiões do planeta onde elas predominam.
   c) As principais maneiras de ocupação e o aproveitamento econômico dessa vegetação.

4. Leia o texto e responda às questões.

   > Amanhece nesse ambiente natural. A extensa planície vai clareando e distinguimos a vegetação rasteira, os arbustos e algumas árvores esparsas. Os safáris ocorrem nessa paisagem, de manhã ou à noite, porque é nesses momentos que os animais de grande porte se reúnem para beber água.

   a) A que tipo de vegetação o texto acima se refere?
   b) Durante os safáris, que tipos de animais podem ser observados e fotografados?

5. Identifique o tipo de vegetação mostrado na imagem abaixo. Descreva-o e explique de que forma ele é explorado economicamente.

   Ontário, Canadá, 2009.

6. Descreva as principais características dos desertos e relacione-as com a biodiversidade existente neles.

MUNDO ABERTO

O capim dourado do Jalapão

Na história do Brasil, foi muito comum o surgimento de comunidades de raiz afro-indígena – aquelas formadas pela mistura de populações indígenas e negras. Um exemplo é o quilombo de Mumbuca, na região do Jalapão.

O Jalapão localiza-se no estado do Tocantins, na divisa com a Bahia, o Piauí e o Maranhão. Ali está a maior área contínua de Cerrado, que compõe algumas das mais belas paisagens do Brasil.

No início do século XX, devido a uma grande seca que castigou o Nordeste, um grupo de antigos escravos vindos da Bahia migrou até o Jalapão. A região era ocupada havia muitos séculos pelos índios Xerente, e com o tempo as famílias foram se misturando, originando a comunidade de Mumbuca. Praticamente toda a população atual de Mumbuca é descendente desses primeiros grupos de negros e indígenas.

A população de Mumbuca vive da agricultura de subsistência, da pecuária e do extrativismo. O principal produto extraído é o capim dourado, uma planta nativa do Cerrado que só existe lá, no Jalapão.

Como o nome diz, o caule dessa sempre-viva é cor de ouro e brilha como ouro. Com ele os moradores da região produzem cestos, bolsas, chapéus e lindas "joias", como brincos, colares e pulseiras. Durante quase um século, essa arte foi praticada apenas para uso doméstico: uma sacola aqui, um chapéu ali, para as atividades do dia a dia.

Essa situação se modificou com a criação do estado do Tocantins, em 1988. A partir da década de 1990, cresceu muito a exploração da região por grandes fazendeiros de arroz e soja e foram criados três parques estaduais e duas áreas de proteção ambiental. A comunidade de Mumbuca já não vivia tão isolada.

Mulher cata capim para artesanato. Mateiros (TO), 2010.

A Associação Capim Dourado

Para se organizar diante das novas mudanças, em 2001 os moradores criaram a Associação Capim Dourado. Com a facilidade de acesso à região e o aumento do turismo, o artesanato com capim dourado passou a ser uma alternativa econômica para os moradores de Mumbuca.

Inicialmente organizada por dona Miúda, considerada matriarca da comunidade, a produção de artesanato se desenvolveu pela iniciativa das mulheres de Mumbuca. No começo eram as filhas de dona Miúda; hoje são cerca de 150 artesãos na região, vários deles homens. Muitas melhorias nas condições de vida das famílias se devem à renda propiciada pela venda das peças de capim dourado.

Além disso, a Associação é uma organização dos moradores na luta pelo uso de suas terras tradicionais. É através da associação que os artesãos e moradores de Mumbuca podem reivindicar seus direitos junto ao Estado.

Como a demarcação do Parque Estadual do Jalapão inclui a área de Mumbuca, muitas pessoas são a favor de que a comunidade seja retirada do local. A associação iniciada por dona Miúda e continuada até hoje pelas mulheres de lá é a garantia da defesa dos direitos das populações tradicionais do Jalapão.

Artesanato de capim dourado em Mateiros (TO), 2010.

■ Atividades

1. Por que a Associação Capim Dourado é importante para os moradores da comunidade de Mumbuca?

MÓDULO 2 — A atuação humana e os ambientes naturais

As paisagens naturais são constantemente alteradas pela inter-relação dos elementos da biosfera. Durante a maior parte da história da Terra, essas mudanças ocorreram de forma lenta, mas a ação humana acelerou e intensificou o ritmo dessas modificações.

●●● A influência mútua entre a natureza e as sociedades humanas

O ser humano influencia a natureza e também é influenciado por seus elementos. Ao mesmo tempo que retira do ambiente uma grande variedade de recursos naturais, sofre a influência dos ambientes naturais em seu cotidiano.

Áreas em que predominam relevo suave com solos férteis, temperaturas amenas e abundância de água tendem a reunir maiores concentrações populacionais.

Por meio da cultura, o ser humano conseguiu se estabelecer em áreas inóspitas, como as densas florestas ou as altas montanhas, os desertos, as zonas polares. Apesar disso e do grande desenvolvimento tecnológico atual, em geral essas áreas permanecem com população relativamente pequena.

No Rio de Janeiro (RJ), a floresta da Tijuca, replantada por ordem de dom Pedro II no século XIX, é resultado da interação entre o ser humano e a natureza. Foto de 2006.

Estrada íngreme na Cordilheira dos Andes, Peru, em 2010.

••• A exploração econômica dos ambientes naturais

Os seres vivos dependem da disponibilidade dos recursos da natureza para sobreviver.

As sociedades podem interferir na dinâmica da natureza sem impedir que ela se regenere, sem comprometer o abastecimento de recursos naturais para as próximas gerações. Podem também interferir de modo predatório, explorando a natureza de maneira tão rápida e intensa que ela não consiga se regenerar, ameaçando a existência de recursos naturais para as gerações seguintes.

A exploração dos ambientes florestais

Os recursos florestais são explorados desde o surgimento da humanidade como fontes de alimentos, matérias-primas e energia. Mas esses recursos não são usados apenas para a sobrevivência das pessoas que se estabeleceram no entorno das florestas. Eles também são explorados economicamente ao serem comercializados em larga escala.

A exploração econômica das florestas pode ocorrer de muitas maneiras. Nas florestas temperadas, realiza-se a extração de madeira para abastecer as indústrias de papel e celulose e de móveis, entre outras.

As florestas tropicais e equatoriais, além de serem intensamente devastadas pela ação de madeireiras, vêm sendo desmatadas para a ampliação das áreas de cultivo agrícola e criação de gado, a instalação de mineradoras e a abertura de estradas.

O desmatamento das florestas promove alterações significativas no hábitat dos animais, dificultando assim sua sobrevivência. É responsável ainda por alterações na dinâmica climática local, como os regimes de chuvas ou a intensidade dos ventos, e pode gerar a contaminação de rios por elementos químicos utilizados em lavouras. Há também a perda do solo provocada pela intensificação da erosão, dificultando o desenvolvimento da flora e da fauna nas áreas desmatadas.

> **Os impactos ambientais**
>
> Impactos ambientais são alterações no meio ambiente provocadas por ações humanas.
>
> Em muitos países existe legislação que prevê o estudo de possíveis impactos ambientais antes da intervenção humana no meio ambiente – por exemplo, antes da construção de uma estrada. Esses estudos, associados a outras medidas, procuram evitar grandes e destrutivas alterações no ambiente natural.

Madeiras retiradas da floresta Amazônica em Santarém, Pará, 2009.

A exploração ecológica das florestas

Além das áreas de exploração comercial mais intensa, é possível um aproveitamento econômico sustentável da floresta. Nesse caso, busca-se uma interação entre os aspectos naturais e da biodiversidade e as necessidades econômicas da população local. Podemos citar como exemplo os sistemas agroflorestais, nos quais plantio e floresta nativa ocupam o mesmo espaço. Há também as reservas extrativistas, de onde se retiram produtos da floresta (borracha, açaí, castanha, etc.) sem prejudicá-la.

As práticas de uso dos recursos das florestas sem devastá-las são adotadas pelos povos indígenas e também por outros dos chamados "povos da floresta", como os seringueiros e os ribeirinhos (populações que vivem à beira dos rios) e ainda por comunidades quilombolas.

A exploração mineral

As regiões montanhosas são fontes valiosas de recursos naturais (água, recursos minerais e energéticos, entre outros). Os **recursos minerais** são muito importantes na construção e nas indústrias. Os minérios podem ser transformados em metais, utilizados em diversas atividades em nosso cotidiano.

A exploração desses recursos pode causar graves danos ao ambiente. Como exemplo, lembramos a destruição do pico do Cauê, em Minas Gerais, para a extração de ferro. Veja novamente as imagens e o texto da página 90.

A vegetação, o solo e os animais das regiões montanhosas, por exemplo, são muito vulneráveis à ação humana. As baixas temperaturas das altitudes elevadas dificultam a regeneração da vegetação devastada por atividades econômicas. A acentuada inclinação dos terrenos intensifica a erosão do solo. O avanço da urbanização em direção a essas regiões e a atividade mineradora em larga escala são outros fatores que deterioram esses ambientes, provocando a redução da biodiversidade e destruindo os recursos hídricos.

Exploração de mármore em Carrara, Itália, em 2007. Essa atividade modifica intensamente o ambiente explorado.

A exploração das zonas polares

Além de conter a maior parte da água doce congelada do planeta, as regiões polares são ricas em muitos outros recursos. No polo Sul, a exploração econômica dos recursos naturais e minerais está proibida, por meio do Tratado da Antártida, até 2041. O mesmo não ocorre no polo Norte.

O aquecimento global, apesar de despertar preocupação, tem aumentado as possibilidades de exploração econômica da região ártica (polo Norte). A redução das geleiras, em razão do aumento das temperaturas, permite a utilização do oceano Glacial Ártico como importante rota comercial e facilita a pesca industrial e a sondagem do subsolo em busca de riquezas minerais. Se a exploração econômica do Ártico se tornar intensa, os prejuízos ambientais poderão ser irreparáveis.

Preservação da biodiversidade

Nas últimas décadas, houve uma perda acelerada da biodiversidade em todo o planeta. Atualmente a extinção de espécies ocorre num ritmo muito superior ao que poderia ser considerado natural. Essa constatação reforça ainda mais a necessidade de se tomarem medidas de controle da ação humana sobre a natureza.

Viveiro de mudas de árvores nativas da Mata Atlântica. Extrema (MG), 2010.

O plantio de florestas

O reflorestamento, que consiste no replantio de árvores no local onde outras foram extraídas, pode ser utilizado para a recuperação de áreas florestais degradadas. No entanto, quando a finalidade é comercial, não ocorre a preservação da biodiversidade. Empresas que atuam no setor madeireiro ou de papel e celulose, por exemplo, plantam e replantam árvores com o objetivo de obter a matéria-prima de que necessitam.

Apesar de poupar a derrubada de novas florestas naturais, o plantio comercial de árvores é feito como **monocultura**, privilegiando as espécies que crescem rapidamente, como o pínus e o eucalipto. Dessa forma, altera bastante as características do solo e da biodiversidade local.

Unidades de conservação

Unidades de conservação são áreas que possuem recursos naturais de grande importância ambiental. Tais características levaram as autoridades a restringir seu acesso ao público e a exploração econômica dos seus recursos.

No Brasil, existem várias categorias de unidades de conservação, como as reservas biológicas, os parques nacionais e as áreas de proteção ambiental. Cada categoria possui uma legislação específica determinando as restrições de uso e exploração dos recursos, que podem ir desde a proibição da entrada de pessoas não autorizadas nas unidades de conservação à possibilidade do uso de seus recursos por meio de práticas não destrutivas. No Brasil, contudo, o cumprimento dessas leis esbarra na falta de fiscalização.

Desenvolvimento sustentável

O conceito de **desenvolvimento sustentável** surgiu como uma tentativa de conciliar a necessidade de preservação da natureza com os interesses econômicos. A ideia do desenvolvimento sustentável consiste no uso dos recursos naturais sem provocar prejuízos ambientais no presente, garantindo, dessa forma, a utilização desses recursos pelas gerações futuras.

A preservação por meio da cidadania

Reduzir o consumo de produtos, economizar água e energia, realizar a coleta seletiva do lixo são ações importantes do dia a dia para a redução dos problemas ambientais.

I. Se em seu bairro houver coleta seletiva de lixo, faça uma campanha com seus colegas para divulgar essa ação na escola.

II. Se não houver esse serviço, converse com os professores e as pessoas de sua casa sobre a importância dele e procure saber como reivindicar das autoridades sua implantação.

Verifique o que aprendeu

1. Dê exemplos da exploração de áreas florestais.
2. Que atividades causam danos às florestas?
3. Por que as montanhas são importantes fontes de recursos naturais?
4. Cite ao menos três medidas que contribuem para a preservação da biodiversidade.

ATIVIDADES

1. Que consequências o desmatamento das florestas pode provocar?

2. A imagem ao lado representa a monocultura de eucalipto em uma área antes devastada.
   a) Qual seria a finalidade dessa monocultura?
   b) Que transformações podem ocorrer no ambiente em que a monocultura do eucalipto foi efetuada?

Sengés (PR), 2010.

3. A exploração econômica da região ártica é a principal peça de um grande círculo vicioso. A emissão de gases poluentes na atmosfera, principalmente os gerados pela queima de combustíveis fósseis, como o petróleo, contribui para o aquecimento global, que, por sua vez, provoca o derretimento das calotas polares. A redução das geleiras no Ártico facilita a exploração dos recursos naturais da região, entre eles o petróleo, cujo consumo gerará mais gases poluentes.

   Interprete o parágrafo acima e responda: Por que podemos afirmar que, no caso do Ártico, o aquecimento global é um fenômeno que traz, ao mesmo tempo, preocupação para a humanidade e vantagens econômicas para algumas empresas e países?

4. Compare a seguir três modelos de exploração de florestas.

Modelo 1	Exploração baseada no lucro imediato, em que uma área completamente devastada é abandonada e uma nova área passa a ser explorada.
Modelo 2	Exploração que retira apenas parte da vegetação de uma área, priorizando as árvores de maior porte ou as que estejam doentes. Posteriormente, a área permanece intocada por longo período, antes de ser explorada novamente.
Modelo 3	Exploração dos recursos da floresta pelas populações que vivem na área, sem destruí-la e proporcionando melhoria de vida para a comunidade.

   a) Quais modelos seguem os princípios do desenvolvimento sustentável? Justifique sua resposta.
   b) Explique as vantagens ambientais e econômicas desses modelos.

5. Leia o texto a seguir e responda às questões.

   > O parque nacional tem como objetivo básico a preservação de ecossistemas naturais de grande relevância ecológica e beleza cênica, possibilitando a realização de pesquisas científicas e o desenvolvimento de atividades de educação e interpretação ambiental, de recreação em contato com a natureza e de turismo ecológico.
   > Disponível em: <http://www.planalto.gov.br/ccivil_03/leis/L9985.htm>. Acesso em: 18 jun. 2014.

   a) Que atividades podem ser realizadas nos parques nacionais?
   b) As atividades feitas nessa unidade de conservação podem causar prejuízos ambientais? Justifique sua resposta.

APRENDER A...

Construir um pluviômetro e medir a precipitação

O pluviômetro é um instrumento meteorológico que auxilia na medição da quantidade de chuva (precipitação) que cai em determinada região da superfície terrestre. Ele é composto de um recipiente com um funil que capta a água da chuva. A quantidade de água que cai no recipiente é medida em milímetros e anotada numa ficha de acompanhamento. Trata-se de importante instrumento que ajuda os agricultores a planejar seu plantio, sendo também utilizado por pesquisadores para detectar o comportamento do clima ao longo do tempo.

Nas estações de meteorologia, o pluviômetro possui medidas padronizadas internacionalmente. Porém, é possível construir um pluviômetro doméstico para aprender a observar o comportamento da chuva da região, mesmo não seguindo as medidas-padrão.

Para construir um pluviômetro, você vai precisar de caneta, garrafa plástica, tesoura sem ponta, fita adesiva e régua.

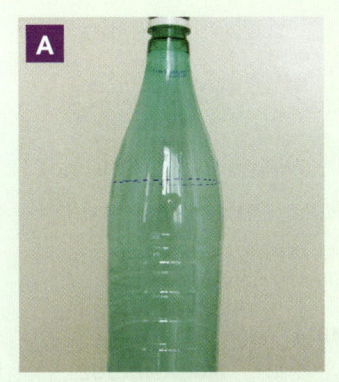

A Marque com a caneta a área da parte superior da garrafa que deve ser cortada.

B Peça a ajuda de um adulto para cortar a área demarcada.

C Encaixe a parte cortada na garrafa e fixe-a com fita adesiva.

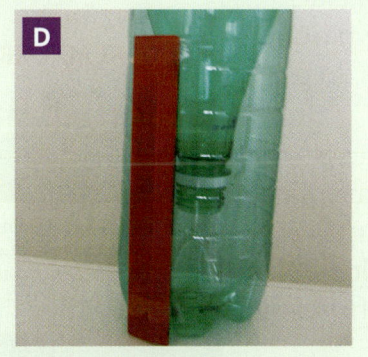

Fotos: Alice de Martini/ID/BR

D Fixe uma régua na lateral da garrafa para medir a quantidade de chuva.

E Observe como ficou seu pluviômetro.

■ Atividades

1. Deixe seu pluviômetro em um local que possa receber água da chuva por um mês.
2. Todos os dias, anote a data e a quantidade de água captada, medida pela régua. Lave o recipiente e recoloque-o no local de captação.
3. Após um mês, some os valores anotados.
4. Escreva se, durante o mês pesquisado, choveu pouco (até 100 mm/mês), medianamente (entre 100 e 170 mm/mês) ou muito (mais de 170 mm/mês) no lugar onde você fez a coleta.
5. Compare seus dados com os de seus colegas.

VIAJANDO PELO MUNDO — Tanzânia

Zebras no Parque Nacional do Serengeti, em 2010.

A Tanzânia é um país que apresenta paisagens naturais com características muito específicas. Localizada na parte oriental da África, é dominada pela savana, bioma que abriga os animais de grande porte do continente.

A maior reserva natural da Tanzânia é o Parque Nacional do Serengeti, com mais de 15 mil km^2. Nesse parque vivem as maiores populações de animais silvestres do planeta.

O Ngorongoro é a enorme cratera de um vulcão adormecido. Em seu interior há uma infinidade de animais de espécies variadas. A diversidade da fauna é tanta que o Ngorongoro recebeu a denominação "Arca de Noé". Na cratera também é possível observar uma vasta floresta tropical.

A Tanzânia possui ainda paisagens de altitude. O monte Kilimanjaro, com cerca de 5 895 metros, é o ponto mais alto da África. O topo desse antigo vulcão é coberto de neve eterna, contrastando com as savanas situadas nas extensas planícies que margeiam o monte.

Ao fundo, monte Kilimanjaro na Tanzânia, África. Foto de 2010.

TANZÂNIA – DISTRIBUIÇÃO DA POPULAÇÃO URBANA E RURAL (2005)

25,5% | 74,5%

Fonte de pesquisa: Trading Economics. Disponível em: <http://www.tradingeconomics.com/tanzania/urban-population-percent-of-total-wb-data.html>. Acesso em: 18 jun. 2014.

De olho no texto

1. Por que o Ngorongoro é chamado "Arca de Noé"?
2. Que informações citadas no texto nos permitem perceber os contrastes naturais na Tanzânia?

LENDO GEOGRAFIA

ANTES DE LER

- Observe o título do mapa. O que você já estudou sobre a biodiversidade?
- A fonte do texto é a organização não governamental WWF. O que você sabe sobre ela?

BIODIVERSIDADE AMEAÇADA NO MUNDO (2002)

Áreas com biodiversidade ameaçada

Fonte de pesquisa: Disponível em: <http://www.biodiversityhotspots.org>. Acesso em: 18 jun. 2014.

Relatório Planeta Vivo

O relatório Planeta Vivo relaciona o Índice Planeta Vivo – um indicador da saúde da biodiversidade mundial – com a Pegada Ecológica e a Pegada Hidrológica, medidas de demandas da humanidade sobre os recursos naturais renováveis da Terra. Esses indicadores demonstram claramente que o aumento sem precedentes da busca por riqueza e bem-estar nos últimos 40 anos está exercendo pressões insustentáveis sobre o [...] planeta. [...]

O crescimento econômico acelerado tem alimentado uma demanda crescente por recursos: alimentos e bebidas; por energia, transportes, produtos eletrônicos, espaço de vida e espaço para o descarte de resíduos e, sobretudo, por dióxido de carbono derivado da queima de combustíveis fósseis. [...] Os efeitos dessa busca se refletem nos Índices do Planeta Vivo no caso dos países tropicais e dos países mais pobres do mundo: ambos os grupos sofreram queda de 60% desde 1970.

As implicações são claras. Os países ricos precisam encontrar formas de viver causando menor impacto sobre a Terra a fim de reduzir drasticamente sua pegada, inclusive – e em particular – sua dependência dos combustíveis fósseis. As economias emergentes em crescimento acelerado também precisam encontrar um novo modelo de crescimento; um modelo que lhes permita continuar a melhorar o bem-estar de seus cidadãos, mas de uma forma que a Terra seja de fato capaz de sustentar esse crescimento.

[...]

Falando sem rodeios: temos que encontrar formas de conseguir o mesmo, e até mais, com muito menos. A continuidade do consumo dos recursos do planeta em velocidade superior à sua capacidade de reposição está destruindo [...] os sistemas dos quais dependemos. [...]

Relatório Planeta Vivo 2010, elaborado pela WWF.
Disponível em: <http://www.wwf.org.br/informacoes/?uNewsID=26162>. Acesso em: 18 jun. 2014.

De olho no texto

1. Segundo o texto, o que tem ocorrido nos últimos 40 anos com os recursos da Terra?
2. O que os países desenvolvidos precisam fazer? E os países em desenvolvimento?
3. Cite duas medidas que podem ajudar a melhorar a nossa Pegada Ecológica (nosso impacto sobre o planeta).

FAZENDO GEOGRAFIA

Representação quantitativa da biodiversidade

Biodiversidade é o conjunto das espécies da fauna e da flora de determinada área. É possível representar cartograficamente a biodiversidade de um lugar. Podemos representar tanto as informações quantitativas (proporção ou número estimado de espécies e indivíduos, tamanho das áreas de abrangência das espécies, etc.) quanto as qualitativas (identificação dos tipos de espécies). Para isso usam-se mapas que empregam cores ou símbolos, a exemplo do que vimos nas páginas 106 e 107.

Ao analisar o mapa das florestas originais e remanescentes do continente americano, podemos perceber, por meio da legenda, que as duas tonalidades de verde indicam informações diferentes (qualitativas): o verde-claro representa a cobertura florestal original, e o verde-escuro a cobertura florestal remanescente, isto é, aquela que ainda se mantém preservada. As áreas preenchidas com cada tonalidade formam manchas cuja extensão representa o espaço total dos dois tipos de informação. Esse é um dado quantitativo.

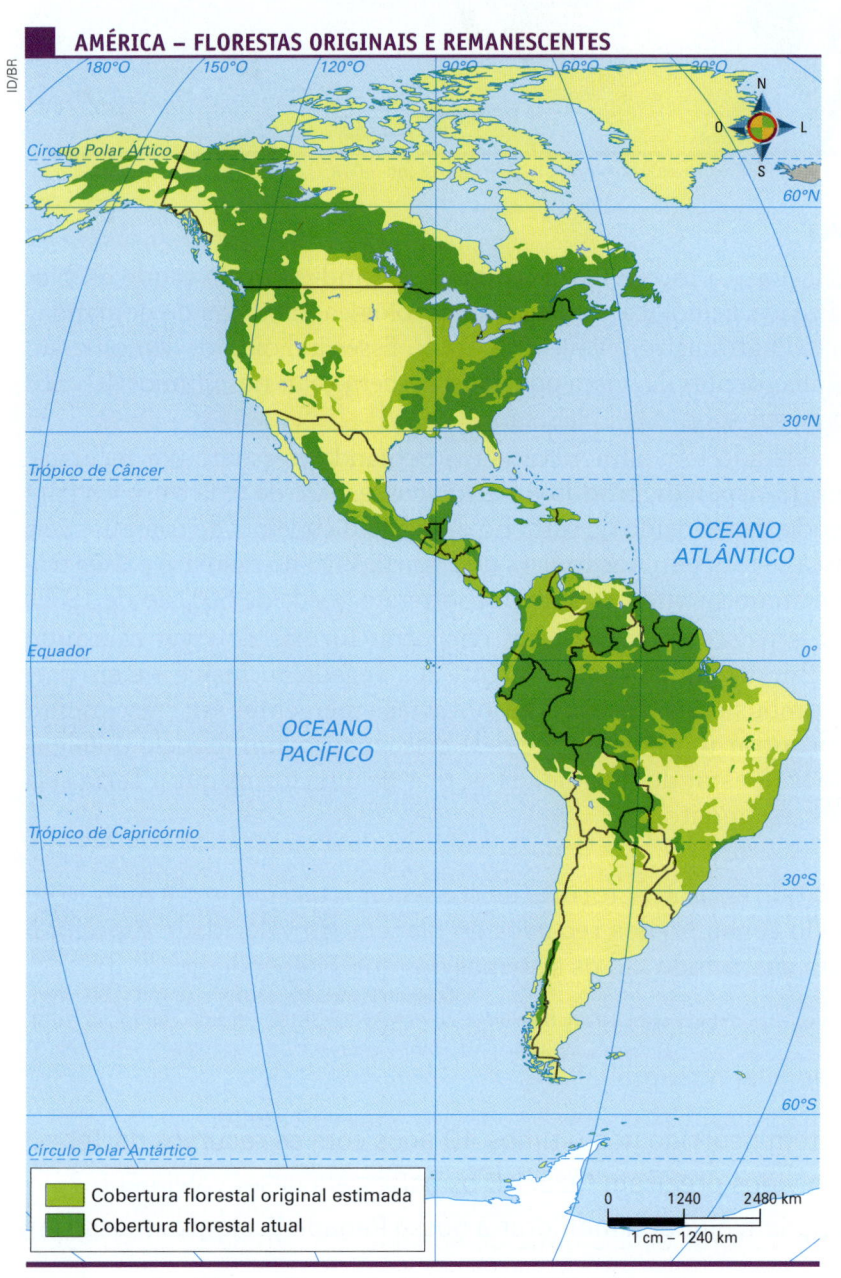

Outro dado quantitativo pode ser verificado ao comparar as áreas preenchidas com as duas tonalidades de verde. Com isso, percebemos o quanto as florestas já foram desmatadas.

Utilizando os recursos visuais do mapa, podemos também constatar as áreas com as florestas mais preservadas (norte da América do Norte e norte da América do Sul). É possível ver também as áreas mais desmatadas (faixa litorânea e Região Sul do Brasil, noroeste da América do Sul e leste dos Estados Unidos). Podem-se ver ainda as áreas onde não há ocorrência histórica de florestas, ou seja, onde a vegetação original é composta de outras formações vegetais. Nesse caso, as áreas não podem ser representadas por nenhuma das tonalidades de verde.

As áreas em amarelo indicam apenas os locais em que ocorrem formações vegetais não florestais, sem distingui-las. É o caso da parte central do Brasil, de quase toda a Argentina e do Centro e Oeste da América do Norte.

AMÉRICA – FLORESTAS ORIGINAIS E REMANESCENTES

Cobertura florestal original estimada
Cobertura florestal atual

1 cm – 1240 km

Fonte de pesquisa: *Atlas geográfico escolar*. Rio de Janeiro: IBGE, 2009. p. 63.

No mapa da página anterior, as informações quantitativas são representadas pelo tamanho das áreas, e as cores identificam apenas a variação qualitativa. Contudo, as cores também podem ser empregadas para representar variações quantitativas. Para isso, é necessário selecioná-las de acordo com uma escala de intensidades, que devem ser proporcionais aos valores.

Observe o mapa da biodiversidade no mundo.

MUNDO – NÍVEL DE BIODIVERSIDADE

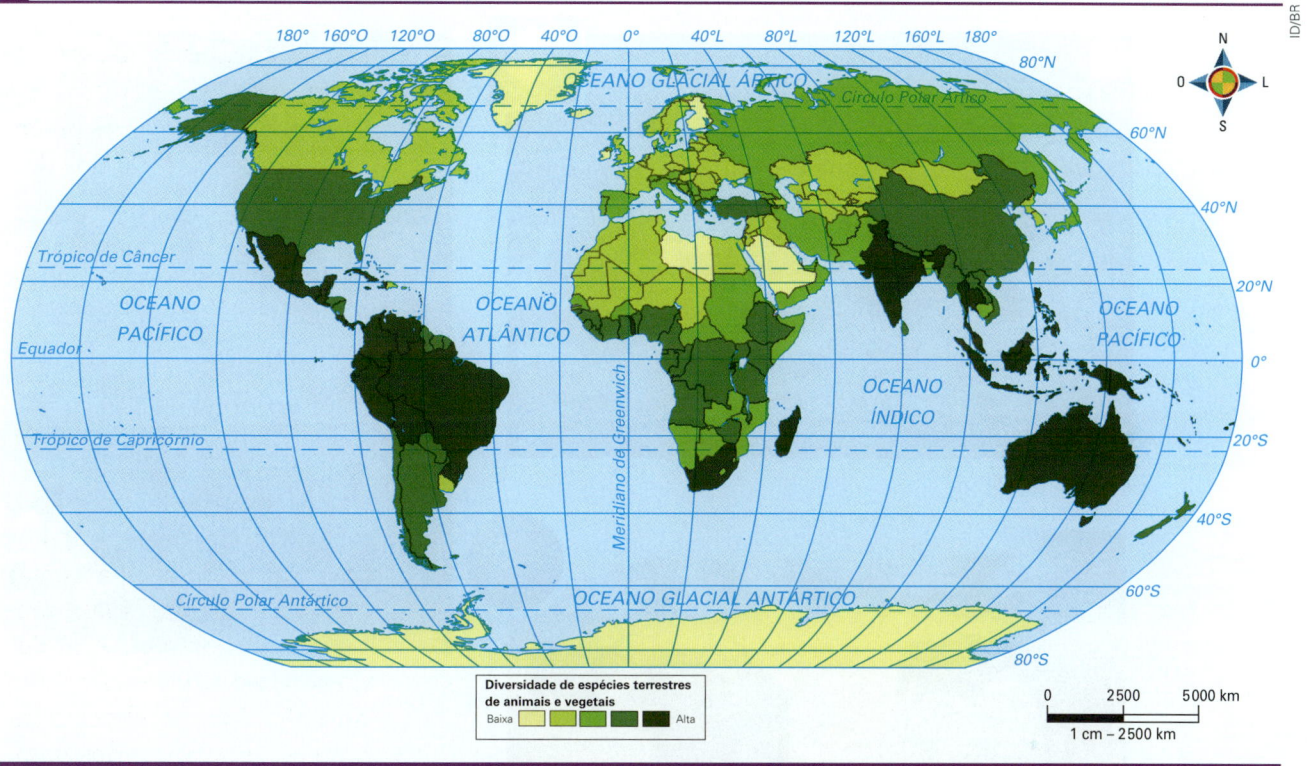

Fonte de pesquisa: *Atlas geográfico escolar*. Rio de Janeiro: IBGE, 2009. p. 62.

Nesse mapa não há a representação da abrangência de áreas específicas. As cores foram empregadas para classificar os países do mundo conforme o nível de biodiversidade, quantificada em categorias que variam em uma escala de "baixa" a "alta". Essa classificação foi definida com base em levantamentos que estimaram a diversidade de espécies de vegetais e animais terrestres em cada país.

Na escala adotada, a cor amarela representa os países que apresentam baixa biodiversidade. Os tons mais escuros de verde mostram os países com alta biodiversidade. Apesar de não ser um país, o continente antártico também está representado, sendo preenchido com a cor amarela. Isso demonstra que as baixas temperaturas do continente são um fator que restringe a biodiversidade.

■ Atividades

1. Com base em um atlas geográfico, identifique no mapa acima:
   a) dois países com baixa biodiversidade;
   b) um continente com grande número de países com alta biodiversidade.

2. É possível identificar, no mapa da página anterior, o país americano com a maior diversidade de espécies vegetais? E, no mapa da biodiversidade do mundo, é possível identificar o país com a maior diversidade de espécies de animais? Justifique suas respostas.

QUESTÕES GLOBAIS

1. Responda às questões sobre a exploração das zonas polares.
   a) Por que as transformações ocorridas nas zonas polares são menos intensas?
   b) Estabeleça a relação entre o aquecimento global e a exploração econômica no Ártico.

2. Interprete as imagens e responda às questões.
   a) Quais são os tipos de vegetação representados nas figuras 1, 2 e 3?
   b) Descreva as principais características de cada um desses tipos de vegetação.

Amajirí (RR), 2010.

Colorado, Estados Unidos, 2010.

Parque Nacional Rainha Elisabeth, Uganda, 2011.

3. Leia a notícia e responda às questões.

> O Instituto do Homem e Meio Ambiente da Amazônia (Imazon), [...] para a promoção do desenvolvimento sustentável, vai divulgar [...] uma nova versão do estudo "Fatos Florestais da Amazônia", apontado como um dos mais completos sobre a exploração da madeira na região. [...] O estudo mostra que 14% da floresta Amazônica veio abaixo nos últimos 30 anos – o que dá a média de 0,5% ao ano [...]. Legais ou ilegais, as toras que saem da floresta tropical estão empurrando as engrenagens de uma indústria cada vez mais próspera. O caso do Pará, que responde sozinho por 40% da produção madeireira da Amazônia, é exemplar. A madeira e os produtos obtidos a partir dela já figuram em segundo lugar na lista dos produtos exportados pelo estado.
>
> Disponível em: <http://www.akatu.org.br/Temas/Mudancas-Climaticas/Posts/Floresta-amazonica-esta-14-menor->. Acesso em: 18 jun. 2014.

   a) Qual é o principal assunto discutido no texto acima?
   b) Quais são os prejuízos ambientais decorrentes da exploração econômica da região?
   c) Quais são os objetivos da promoção do desenvolvimento sustentável na região?

4. Quais são as transformações provocadas pela exploração econômica das florestas equatoriais e tropicais e de coníferas? Por que isso está ocorrendo?

●●● Síntese

A biosfera

A composição da biosfera
- A biosfera compreende a porção do planeta onde a vida se desenvolve.
- Ecossistema é a relação entre os seres vivos e o ambiente em determinado lugar. A grande diversidade de ecossistemas é resultado da interação entre os elementos da natureza (clima, fauna, vegetação, relevo, solo, rochas, rios, mares, etc.) ao longo do tempo.
- Os grandes conjuntos de ecossistemas formam os biomas terrestres. Os principais fatores que influenciam os biomas terrestres são as correntes marítimas, as massas de ar, a latitude e a altitude.
- Os principais biomas são as florestas pluviais, as florestas temperadas, as florestas boreais, a tundra, as savanas, os campos e os desertos.

A atuação humana na dinâmica da natureza
- O ser humano influencia e é influenciado pelos elementos da natureza. Ao mesmo tempo que retira do ambiente os recursos necessários para sua sobrevivência, também sofre a influência dos ambientes naturais em seu cotidiano.
- Os recursos florestais são explorados economicamente pela sociedade.
- A exploração econômica de maneira não sustentável desses recursos leva à contínua destruição das florestas.
- O reflorestamento, a criação de unidades de conservação e a prática do desenvolvimento sustentável são medidas que podem minimizar os impactos ambientais provocados no meio ambiente.

[PARA SABER MAIS]

Livros

Perdido na Amazônia 1: **Dan contra a terrível Doutora Nova**, de Toni Brandão. São Paulo: SM. Dan nem acredita no que está acontecendo: um pouso estratégico de paraquedas... e bem no meio da floresta Amazônica! Sozinho, ele se aventura pela selva e descobre que há bandidos tramando planos perigosos. Enquanto tenta fugir, Dan encontra indígenas e descobre uma cultura muito diferente da sua.

Vida na Terra: **conhecer para proteger**, de Rosicler Martins Rodrigues. São Paulo: Moderna. Livro escrito para jovens interessados em conhecer melhor a natureza e os problemas ambientais, principalmente os relacionados aos ecossistemas brasileiros, para que possam agir em defesa do meio ambiente.

Sites

<http://www.sosmatatlantica.org.br>
Site da fundação de defesa ambiental, a SOS Mata Atlântica. Inclui projetos da fundação, mapas, textos informativos, além de *links* diversos.

<http://www.ibge.gov.br/ibgeteen/pesquisas/index_lista_objetivos.html>
Nesta página do IBGE Teen - *Objetivos do desenvolvimento do milênio* - você encontra informações sobre as metas que devem ser alcançadas para superar os mais graves problemas do mundo. Leia especialmente o Objetivo 7, "Assegurar a sustentabilidade ambiental".
Acessos em: 18 jun. 2014.

PROJETO

Natureza em nossas vidas

Muitas vezes os seres humanos tendem a se considerar separados da natureza. É bem verdade que o modo como atuam no meio ambiente é único, pois nenhum outro ser é capaz de impor transformações tão profundas na natureza de forma consciente. Todavia, é fato que a vida de todos os seres, incluindo a dos humanos, está diretamente relacionada com a dinâmica da natureza.

Dependemos dela para viver – basta olhar ao redor para constatar isso. Além da água e dos alimentos, todos os objetos que utilizamos no dia a dia foram obtidos de materiais extraídos da natureza: móveis de madeira, roupas de algodão, peças de metal, tijolos (argila), plásticos (petróleo)... E ainda somos a todo instante afetados por seus elementos e seus fenômenos.

O objetivo deste trabalho é montar uma exposição com exemplos de como a natureza está presente ou influencia no cotidiano dos seres humanos.

Organização

- A realização do trabalho será em grupos de quatro ou cinco alunos.

- Nas fases iniciais do trabalho (pesquisa de materiais), o grupo poderá, de maneira planejada, promover uma divisão de tarefas, isto é, atribuir a cada aluno o que ele deve pesquisar, permitindo que parte do trabalho seja realizada individualmente. É muito importante que a divisão seja feita de modo igualitário e que todos os membros do grupo se auxiliem mutuamente.

- A confecção dos trabalhos e o planejamento das diferentes etapas devem sempre ser realizados em conjunto. Dessa forma, todos colaboram para a construção do trabalho coletivo, trocando ideias e conhecimentos sobre o assunto e decidindo qual o melhor encaminhamento.

- Formato do trabalho: a proposta deste trabalho é a realização de uma exposição de imagens e objetos, montada com os materiais que serão pesquisados pelos grupos formados.

- Materiais a pesquisar: os grupos deverão pesquisar imagens (fotografias, pinturas, desenhos, colagens, etc.) com paisagens que evidenciem a influência da natureza nas sociedades humanas e objetos que possam representar de alguma maneira essa influência.

- Pesquisa: é sempre importante pesquisar em fontes variadas sobre o tema, como livros, enciclopédias, revistas especializadas, jornais e internet. Quanto à internet, peça ajuda a seu professor para ter acesso a *sites* confiáveis. Dê preferência a *sites* governamentais de organismos nacionais e internacionais e a *sites* de organizações não governamentais.

  - As imagens podem ser obtidas de diversas maneiras: pela internet, em revistas e jornais. O grupo também pode confeccioná-las fotografando ou desenhando.

  - A obtenção de objetos depende muito da criatividade dos integrantes. É interessante que haja reflexão sobre quais objetos podem simbolizar a influência da natureza e sair à procura com o objeto já em mente.

- Organização do material: todas as imagens e objetos levantados precisam ser catalogados, ou seja, precisam de fonte (indicação de onde o material foi obtido) e de título (identificação do material). É também necessária a inserção de breves textos explicativos.

- Montagem da exposição: organize os materiais segundo o tipo (imagem ou objeto) e em ordem temática. Veja alguns exemplos.

Imagens		Objetos
Homem removendo neve após tempestade em Colorado, Estados Unidos, 2005.	Casas e ruas inundadas em Goiana (PE), 2011.	Recursos naturais: minério de ferro.
Ponte na Califórnia, Estados Unidos, 2011.	Benefícios vindos da natureza: pé de milho sob a chuva.	Deterioração dos artefatos pela ação da natureza: corrente enferrujada.

Fotos: Chiyacat/Shutterstock.com/ID/BR; Alexandre Gondim/JC Imagem/Folhapress; Fabio Colombini/Acervo do fotógrafo; Marty Bicek/ZUMA Press/Corbis/Latinstock; Steve Satushek/Stone/Getty Images; Ablestock/ID/BR

Autoavaliação

- Ao final dos trabalhos, cada integrante deve se autoavaliar, considerando os seguintes critérios:
  - Realização de todas as tarefas designadas pelo grupo.
  - Qualidade e organização das tarefas realizadas.
  - Cooperação com os integrantes do grupo.
  - Contribuição na solução de conflitos.
- Ao terminar a autoavaliação, deve-se fazer uma avaliação coletiva, não apenas com os integrantes do grupo, mas com toda a classe. A classe deve conversar sobre a contribuição de cada um para o bom andamento do trabalho, refletindo sobre o que pode ser feito nas próximas atividades coletivas para obter melhor aproveitamento.

Glossário

Agrotóxico – produto utilizado no extermínio de pragas que atacam as plantações.

Arraial – pequena povoação; povoado; lugarejo.

Ascendente – que se eleva, que progride ou cresce.

Asteroide – pequeno astro; planeta ou corpo celeste de pequena dimensão que circula no espaço.

Astro – designação genérica de todo corpo celeste, quer tenha, quer não tenha luz própria, como estrelas, planetas, cometas, etc.

Biodiversidade – diversidade de espécies de seres vivos que ocupam um ambiente.

Biogeográfico – referente às relações entre a distribuição das espécies de seres vivos e as características climáticas e geológicas de uma região.

Biopirataria – prática ilegal de exploração, manipulação e comercialização de recursos naturais de um país por empresas e organizações de outro.

Camelídeo – animal da família do camelo. Na América do Sul existem quatro espécies, das quais duas são domesticadas (a lhama e a alpaca) e duas são silvestres (a vicunha e o guanaco).

Colina – pequena elevação de terreno com declive suave e menos de 50 metros de altitude.

Comunidade quilombola – povoado ou bairro constituído por pessoas que se autoidentificam como descendentes de antigos escravos, conservando tradições, memórias e modos de vida relacionados a seus antepassados.

Cordilheira – grande cadeia ou conjunto de montanhas.

Delta – forma triangular, semelhante à letra grega "delta" maiúscula (Δ), que caracteriza a foz de alguns rios em razão do grande acúmulo de sedimentos trazidos pelas águas, onde é comum a formação de ilhas e canais.

Depuração – atividade de limpeza ou exclusão de substâncias indesejáveis.

Descendente – que desce, que se dirige do alto para baixo.

Desembocadura – o mesmo que foz.

Desertificação – processo de modificação ambiental ou climática que leva à perda da produtividade do solo ou à formação de uma paisagem árida ou semelhante a um deserto.

Eixo da Terra – linha imaginária disposta na direção norte-sul que atravessa o centro da Terra de polo a polo, em torno da qual o planeta realiza seu movimento de rotação.

Erosão – remoção e transporte de sedimentos causados pela ação dos ventos (erosão eólica), da água de rios (erosão fluvial), das chuvas (erosão pluvial), dos mares (erosão marítima) ou das geleiras (erosão glacial).

Estrela – corpo celeste produtor e emissor de energia, com luz própria.

Fluvial – que se refere a rio.

Fossa abissal – região mais profunda dos oceanos, formada em zonas de encontro de placas tectônicas.

Foz – local de desaguamento de um rio, que pode ocorrer no mar, numa lagoa, num lago ou em outro rio.

Gasoduto – tubulação que transporta gases por longas distâncias.

Hemisfério – metade de uma esfera. Termo utilizado para designar as metades norte ou sul da Terra (divididas pela linha do Equador) e as metades leste (oriental) ou oeste (ocidental), divididas pelo meridiano de Greenwich.

Impermeabilização – processo que torna impermeável um tecido, uma superfície, etc., para impedir a penetração de água.

Insumo – produto ou serviço empregado na produção de outros produtos e serviços. O gás natural pode ser usado como insumo, por exemplo, no processamento de minérios para extração de minerais.

Matéria-prima – principal substância utilizada para fabricar um produto.

Mineral – material sólido natural que não é orgânico, encontrado no solo e no subsolo terrestre.

Mito – narrativa simbólica que expressa aspectos importantes da cultura de um povo (a origem da humanidade e daquele povo, sua organização, os acontecimentos fundamentais da vida, etc.). Os mitos são a base de cerimônias e festas e são constantemente atualizados e reconstruídos de acordo com a memória e a reflexão das pessoas.

Monocultura – sistema de exploração do solo com especialização em um só produto agrícola.

Morro – elevação geralmente arredondada e de altitude não expressiva.

Norte geográfico – direção do polo Norte, situado na região ártica; orientação em relação ao ponto cardeal norte.

Oleoduto – sistema de tubulações e estações de bombeamento utilizado para transportar petróleo e seus derivados.

Órbita – caminho que um astro percorre ao redor de outro no espaço celeste. A Terra, por exemplo, realiza uma órbita ao redor do Sol.

Oriente Médio – região da Ásia formada pelos territórios ao sul e a leste do mar Mediterrâneo e vizinhos do sul da Europa e do nordeste da África.

Povo ribeirinho – População tradicional que vive nas proximidades de rios e que tem na pesca sua principal atividade.

Querosene – óleo de nafta, produto derivado do petróleo, próprio para iluminação.

Radiação solar – energia emitida pelo Sol.

Reciclagem – reaproveitamento de algum material como matéria-prima para fabricar um novo produto.

Reflorestamento – replantio de espécies vegetais para reconstituir a cobertura florestal de uma área desmatada. O termo é empregado mesmo nas ocasiões em que são plantadas espécies diferentes das que existiam originalmente. No caso do plantio de árvores em locais onde não havia florestas, trata-se de florestamento.

Reserva extrativista – área criada pelo poder público em espaços utilizados por populações tradicionais que vivem das atividades extrativistas. Tem por objetivo proteger essas populações e seus modos de vida e garantir o uso autossustentável dos recursos naturais dessas áreas.

Rocha matriz – rocha da litosfera cuja decomposição dá origem ao solo.

Satélite – corpo que gravita em torno de outro.

Sedimento – material sólido desagregado, originado da alteração de rochas preexistentes e transportado ou depositado por ar, água ou gelo.

Símbolo – qualquer representação de alguma coisa, em determinado contexto, como desenhos, ícones, letras, etc.

Subsolo – camada do solo que fica abaixo da camada superficial.

Sustentável – relativo à sustentabilidade, que é a capacidade de apropriação de um recurso natural por um longo período de tempo. Assim, garante-se esse recurso às futuras gerações.

Terraceamento – técnica de preservação do solo para controle da erosão hídrica em terrenos muito inclinados. Consiste na construção de terraços nivelados que aumentam a capacidade de absorção da água pelo solo.

Vale – depressão alongada entre morros, montanhas ou outras elevações. Pode ou não ser coberta por água.

Voçoroca – grande e profundo sulco aberto no solo pela erosão causada pela água.

Referências bibliográficas

AB'SÁBER, A. N. *Os domínios de natureza no Brasil*. 6. ed. São Paulo: Ateliê, 2010.

ALMEIDA, R. D. de; PASSINI, E. Y. *O espaço geográfico*: ensino e representação. 4. ed. São Paulo: Contexto, 1992.

ANDRADE, M. C. de. *Caminhos e descaminhos da Geografia*. Campinas: Papirus, 1989.

_____. *Geografia da sociedade*: uma introdução à análise do pensamento geográfico. São Paulo: Atlas, 1987.

APPLE, M. W. *Educação e poder*. 2. ed. Porto Alegre: Artmed, 1989.

BRASIL. Ministério da Educação. Secretaria de Educação Fundamental. *Parâmetros curriculares nacionais*. História e Geografia. 2. ed. Brasília: MEC/SEF, 2000.

_____. Ministério da Educação. Secretaria de Educação Fundamental. *Parâmetros curriculares nacionais*. Geografia. Brasília: MEC/SEF, 1997.

_____. Ministério da Educação. Secretaria de Educação Fundamental. *Parâmetros curriculares nacionais*. Meio Ambiente e Saúde – Temas Transversais. Brasília: MEC/SEF, 1997.

CAPITAL. *L'Encyclopédie du monde*. Paris: Nathan, 2004.

CARLOS, A. F. A. (Org.). *Novos caminhos da Geografia*. São Paulo: Contexto, 1999.

_____. *A Geografia na sala de aula*. São Paulo: Contexto, 1999.

CAVALCANTI, L. de S. *Geografia, escola e a construção de conhecimentos*. Campinas: Papirus, 1998.

CHALIAND, G.; RAGEAU, J. P. *Atlas du millénaire*. Paris: Hachette, 1998.

_____. *Atlas politique du XXe siècle*. Paris: Éditions du Seuil, 1988.

CHIAVENATO, J. J. *O massacre da natureza*. 2. ed. São Paulo: Moderna, 2005.

CLARK JR., S. P. *Estrutura da terra*. São Paulo: Edgard Blücher, 1996.

CLARKE, R.; KING, J. *O atlas da água*. São Paulo: Publifolha, 2006.

CUNHA, L. A. *Escola pública, escola particular e a democratização do ensino*. 3. ed. São Paulo: Cortez, 1989.

DEMILLO, R. *Como funciona o clima*. São Paulo: Quark do Brasil, 1998.

DOWBOR, L.; IANNI, O.; RESENDE, P. E. A. (Org.). *Desafios da globalização*. 5. ed. Petrópolis: Vozes, 2002.

ENCICLOPÉDIA DO MUNDO CONTEMPORÂNEO. São Paulo: Terceiro Milênio/Publifolha, 2002.

FAZENDA, I. C. A. *Interdisciplinaridade*: um projeto em parceria. 3. ed. São Paulo: Loyola, 1991.

FISCHMANN, R. *Escola brasileira*: temas e estudos. São Paulo: Atlas, 1987.

FREINET, C. *Pedagogia do bom senso*. 7. ed. São Paulo: Martins Fontes, 2004.

FREIRE, P. *Ação cultural para a liberdade e outros escritos*. 14. ed. São Paulo: Paz e Terra, 2011.

_____. *Educação e mudança*. 31. ed. São Paulo: Paz e Terra, 2008.

GALEANO, E. *As veias abertas da América Latina*. 46. ed. Rio de Janeiro: Paz e Terra, 2007.

GENTILI, P.; SILVA, T. T. *Neoliberalismo, qualidade total e educação*: visões críticas. Petrópolis: Vozes, 1995.

GEORGE, P. *Os métodos da Geografia*. 2. ed. São Paulo: Difel, 1986.

_____. *Sociologia e Geografia*. Rio de Janeiro: Forense, 1969.

GERALDI, C. M. G.; FIORENTINI, D.; PEREIRA, E. M. de A. (Org.). *Cartografias do trabalho docente*: professor(a)-pesquisador(a). Campinas: Mercado de Letras, 2007.

GOODSON, I. *Currículo, teoria e história*. 10. ed. Petrópolis: Vozes, 2010.

GRANDE ENCICLOPÉDIA GEOGRÁFICA. Lisboa: Verbo, 1988. 7 v.

GUILCHER, A. *Précis d'hydrologie marine et continentale*. Paris: Masson, 1965.

INSTITUTO BRASILEIRO DE GEOGRAFIA E ESTATÍSTICA (IBGE). *Atlas geográfico escolar*. 5. ed. Rio de Janeiro: IBGE, 2009.

_____. *Manual técnico de noções básicas de cartografia*. Rio de Janeiro: IBGE, 1989.

IMAGES ECONOMIQUES DU MONDE, 2007. Paris: Armand Colin, 2006.

JOLY, F. *A cartografia*. 14. ed. Campinas: Papirus, 2011.

LACOSTE, Y. *A Geografia*: isso serve, em primeiro lugar, para fazer a guerra. 19. ed. Campinas: Papirus, 2011.

Lacoste, Y. *Contra os antiterceiro-mundistas e contra certos terceiro-mundistas*. São Paulo: Ática, 1991.

Leinz, V.; Amaral, S. E. *Geologia geral*. 14. ed. São Paulo: Ibep Nacional, 2003.

L'etat du monde 2008. Paris: La Découverte, 2007.

Martinelli, M. *Cartografia temática*: caderno de mapas. São Paulo: Edusp, 2003.

_____. *Orientação semiológica para as representações da Geografia*: mapas e diagramas. São Paulo: Orientação, 1990.

Muller-Plantenberg, C.; Ab'Saber, A. N. (Org.). *Previsão de impactos*: o estudo de impacto ambiental no leste, oeste e sul; experiências no Brasil, na Rússia e na Alemanha. 2. ed. São Paulo: Edusp, 2002.

Nações do mundo. *Time-Life Books*. Rio de Janeiro: Cidade Cultural, 1989.

Nóvoa, A. (Org.). *Os professores e sua formação*. Lisboa: Dom Quixote, 1992.

Odum, E. P. *Ecologia*. Rio de Janeiro: Guanabara Koogan, 1988.

Orelhana, M. M. P. *Fundamentos de Geomorfologia*. Rio de Janeiro: IBGE, 1983.

Penteado, H. D. *Metodologia do ensino de História e Geografia*. São Paulo: Cortez, 2001.

Piaget, J. *A representação do mundo na criança*. Aparecida: Ideias & Letras, 2005.

_____. *Formação do símbolo na criança*: imitação, jogo e sonho, imagem e representação. 4. ed. São Paulo: LTC, 2010.

Rego, N.; Suertegaray, D.; Heidrich, A. (Org.). *Geografia e educação, geração de ambiências*. Porto Alegre: UFRGS, 2000.

Revista *Veja*. Amazônia: um tesouro ameaçado. São Paulo, Abril, n. 1527, dez. 1997.

Ross, J. (Org.). *Geografia do Brasil*. 6. ed. São Paulo: Edusp, 2008.

Santos, M. *Por uma outra globalização*. 19. ed. Rio de Janeiro: Record, 2011.

_____. *Técnica, espaço, tempo*: globalização e meio técnico-científico informacional. 5. ed. São Paulo: Edusp, 2008.

_____; Silveira, M. L. *O Brasil. Território e sociedade no início do século XXI*. 13. ed. Rio de Janeiro: Record, 2011.

São Paulo. Secretaria Municipal de Educação da Prefeitura da Cidade de São Paulo (SME). *Tema gerador e a construção do programa*: uma nova relação entre currículo e realidade. São Paulo: SME, 1991.

Seabra, M. F. G. Estudos Sociais e vulgarização do magistério e do ensino de 1º e 2º graus. *Boletim Paulista de Geografia*, São Paulo, AGB, n. 58, p. 121-133, 1981.

_____. Geografia(s). *Orientação USP – Instituto de Geografia* n. 5, p. 9-17, 1984.

Teixeira, W. et al. (Orgs.). *Decifrando a Terra*. 2. ed. São Paulo: Oficina de Textos, 2009.

Vygotsky, L. S. *A formação social da mente*: o desenvolvimento dos processos psicológicos superiores. São Paulo: Martins Fontes, 2007.

_____. *Pensamento e linguagem*. 4. ed. São Paulo: Martins Fontes, 2008.

Zabala, A. *A prática educativa*: como ensinar. Porto Alegre: Artmed, 2008.

_____. (Org.). *Como trabalhar os conteúdos procedimentais em aula*. 2. ed. Porto Alegre: Artmed, 1999.